一歩先への

刑法入門

照沼亮介　足立友子　小島秀夫

有斐閣

はしがき

本書は，大学（主に法学部）でこれから刑法学を学ぶ学生の方を対象として，興味を持ちながら基本的な知識を習得し，それを用いて考えるための初歩的な訓練ができるような入門書として執筆されたものです。

より具体的には，高校までの学修においてはまずは広範な知識を正確に身に付けること，すなわち「覚えること」が中心となるのに対して，大学で専門科目として学修する際には，より深く問題を掘り下げていき，解決策について自分なりに考え，説明できるようになることが目標となります。そのため，刑法学を素材として，いわば法学的に考える・読む・書くといった体験を通じてトレーニングができるような教科書ができないだろうか，という編集部からのご提案を受けて，3名の執筆者が（悪戦苦闘しつつ）その実現を目指したのが本書であるということになります。

もっとも，「分かり易く説明する」ことを意図した教科書が既に数多く存在している中，本書の独自性はどういったところにあるのかということが問われると思いますが，大まかにいえば以下のような諸点ではないかと考えています。

・上記の執筆意図を達成するため，随所で条文や判例の「読み方」を体験してもらったり，そもそもなぜ学ぶのか（Unit 0）・期末試験の答案にはどのような内容が求められているのか（Unit 28）といった点についても本書なりの考え方を示すことによって，少しでも法律学の学修になじんでもらえるよう工夫がなされていること。

・網羅的ではないものの，一冊で総論と各論の双方を取り上げており，両者の関連性を随所で意識しながら学ぶことができること。

・各 Unit の導入として Topics を配し，読者の皆さんがこれまでに学んできたことや報道等に接して直感的に感じてきたことが，刑法学の問題とどのような接点を有しているのかを感じて貰えるよう配慮していること。

また，タイトルの意味に関連付けていえば，本シリーズの先行する入門書である片桐直人＝井上武史＝大林啓吾『一歩先への憲法入門』（有斐閣，初版 2016 年）の「はしがき」を読むと，高校までに一度は学んだことのある憲法の勉強から一歩踏み出すための手助けになるものを，という意図が込められていることが分かります。もっとも刑法学の場合には，高校までの段階で既に学んだことがある読者の方というのは想定しにくいのですが，それでも，本書で学んだのちにより本格的な教科書や論文等で深く学び考えて頂きたいという意図は，なお同書と共通しています（各 Unit の最後に教科書等の参考文献を掲げているのはそのような意図に由来しています）。

さらに付け加えるなら，導入的な授業から本格的な講義へ，講義を受けている段階から演習で報告や議論ができる段階へ，知識の修得から論述ができる段階へ……と，さまざまな局面において読者の方が「一歩先」に踏み出し，より発展的なレベルに進むための手掛かりとなるような教科書にしたいということを，執筆者としては常に念頭に置いていたつもりです。

もっとも，そういう多分に欲張りな執筆意図が実際にどこまで達成できているのかは心許ない面もあります。その原因は執筆者（とりわけ，年長者である私）の能力的な限界にありますが，叶うことであれば広範な読者の方々からの感想を得て，よりよい教科書にしていくための努力を今後も続けていきたいと考えています。

共著者である足立さんと小島さんはこれらの意図を汲んで多忙な中で執筆に加わって下さり，こちらからの無理難題に近いリクエストにも長期にわたってお付き合い頂きました。この場を借りてお礼を申し上げます。

また，お二方からも時折学生の皆さんからのフィードバックをお寄せ頂いていたのですが，私自身も普段から身近に接しているゼミ生や法曹コース生の皆さんの反応や質問等を想起しつつ，時に執筆者間でも共有しながら執筆を進めており，この間，教育と研究が連動しているものであるということもあらためて実感できました。皆さんから多くの有益な示唆を頂けたことにつき，この場を借りて感謝の意を示したいと思います（また，装丁についてユーザーの立場から率直かつ有益なご意見を頂いたことについても，お礼を申し上げたいと思います）。

最後に，コロナ禍をはじめさまざまな事情により，本書は当初の予定よりも大幅に遅れて刊行されることになってしまいましたが，有斐閣編集部の藤本依子さんは最初の企画段階から現在に至るまで常に執筆者の背中を押して下さり，その周到なご配慮のおかげで何とかここまで漕ぎ付けることができました。同様に，青山ふみえさん，島袋愛未さん，入田萌衣さんにも，それぞれ多大なお力添えを頂きました。皆さまには心より篤くお礼を申し上げたいと思います。

2023 年 11 月 16 日

執筆者を代表して　照 沼 亮 介

目　次

凡　例

i　裁判例等の略語

▶裁 判 所

大判(決)	大審院判決(決定)
最判(決)	最高裁判所判決(決定)
最大判	最高裁判所大法廷判決
高　判	高等裁判所判決
地　判	地方裁判所判決

▶判 例 集

刑　録	大審院刑事判決録
刑　集	大審院刑事判例集
	最高裁判所刑事判例集
民　集	最高裁判所民事判例集
集　刑	最高裁判所裁判集　刑事
高刑集	高等裁判所刑事判例集
高刑判特	高等裁判所刑事判決特報
高刑速	高等裁判所刑事裁判速報集
東高刑時報	東京高等裁判所判決時報　刑事
刑　月	刑事裁判月報
新　聞	法律新聞
判　時	判例時報
判　タ	判例タイムズ
百選Ⅰ，Ⅱ	刑法判例百選Ⅰ〔第８版〕，刑法判例百選Ⅱ〔第８版〕

ii　法令名の表記

本文中（ ）内の条文引用で法令名の表記がないものは，原則として刑法の条文を示す。その他の法令名については，正式名称が長いものに限り適宜通称を使用した。

iii　本文について

本文中，重要性の高い語は太字で表記した。

著者紹介

照沼亮介（てるぬま・りょうすけ）

1973年生まれ。慶應義塾大学大学院法学研究科博士課程修了。博士（法学）
現在，上智大学法学部教授
担当 Unit：0，2，3，5，7，15，16，18，19，26，27，28

読者へのメッセージ

大学に入ってしばらくの間，専門科目の授業や教科書が理解できず，学ぶことから遠ざかっていました。教える立場になった今，学生の皆さんにそうした思いをさせないためにはどうすべきか考えています。本書が皆さんのよきガイドとなることを願います。

足立友子（あだち・ともこ）

1977年生まれ。名古屋大学大学院法学研究科博士後期課程満期退学。博士（法学）
現在，成城大学法学部准教授
担当 Unit：4，8，11，20，21，22，23，24

読者へのメッセージ

刑法に関心を持って学び始めたはずが，その抽象度の高い内容に「思っていたのと違う」と戸惑った方は少なくないでしょう。身近な問題や疑問から刑法理論までの橋渡しを本書がお手伝いできればと願っています。さあ，ご一緒に，一歩先へ進みましょう！

小島秀夫（こじま・ひでお）

1982年生まれ。明治大学大学院法学研究科博士後期課程修了。博士（法学）
現在，明治学院大学法学部教授
担当 Unit：1，6，9，10，12，13，14，17，25

読者へのメッセージ

まずは，刑法で使われている言葉の意味を理解しましょう。原則や考え方の背後にある根拠や理由を皆さん自身の言葉で説明できるようになれば，理解は一歩先へ進みます。身近な事例を思い浮かべながら，好奇心をもって読み進めていただければ幸いです。

Let's study together!!

Unit 0 「大学」の「法学部」で「刑法学」を「学ぶ」ことの意義

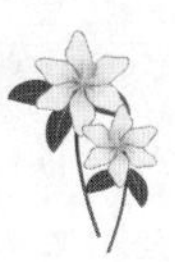

1 はじめに

本書は，これから法学部の専門科目として刑法を学ぼうとする／学ばなければならない学生の皆さんを念頭に置き，網羅性や深みの点はいったん度外視し，とにかく少しでも刑法学の世界に親しみを感じて貰い，理解の手助けとなるような教材を提供したい，という趣旨で書かれたものである。

もっとも，履修年次にもよるかもしれないが，大学で法律学を学ぶ意味や学修の方法について適切な理解が得られず，何の授業を履修しても手応えが得られない，成績評価の際に何が求められているのかよく分からない……という学生も，残念ながら必ず一定数存在している。こうした状況を踏まえ，そのような「ボタンの掛け違い」を回避して頂くため，ここでは最初に学生の皆さんに留意して頂きたいことをまとめ，導入とすることができればと思う。

2 「大学」で学ぶこと

▶▶「学生」とは

ところで皆さんは，入学式の時に延々といろいろな人に聞かされたであろう話を覚えているだろうか。おそらく，「これからは自分で時間割を組み，生活サイクルを自分で決めていかなければならない」「単位が修得できなければ卒業できない」「極端な場合，犯罪などをしでかせば法的な責任が問われ得る」「大抵の場合自分だけでは責任が取れないので，周囲の方々に多大なご迷惑をおかけすることになる」……などなど，よく分からないが最初からいろいろとまとめて脅された記憶をお持ちの方も多いかもしれない。

これは要するに，大学生になると，自分の実際の成熟の度合いがどうであれ「大人扱いされる」という趣旨である。細かい言葉遣いで恐縮だが，「生徒」という言葉が高校生までの段階を指しており，単純に「言われたことをこなして身に付ける」というニュアンスを含んでいるのに対して，大学生を指す「学生」という言葉には，自らを律し，主体的に問題を発見して，自分の頭で考える，というニュアンスが込められており，その反面，当然それなりの責任も伴う，ということも含意されていると思われる。

▶▶自分の頭で考える

社会にはいろいろな考え方を持った人々がいるが，多くの人々が集う大学はその縮図であるといってもよい。皆さんはこれからいろいろな人と出会っていく中で，自らの自由な判断に基づいて，これまで限られた範囲でしか生活していなかった自分の世界をどんどん拡げていき，自分の中の「引き出し」を増やしていくことが求められる。だからこそ，大人である（はずの）皆さんにとっては余計なお節介かもしれないが，教員の側としては，せっかく入学したのであれば，こうした社会に第一歩を踏み出すためにも，「主体的に学ぶ」ことの面白さ，「自分の頭で考える」ことの面白さ，をぜひ知って欲しいと願うのである。

3 「法学部」で学ぶこと

▶▶「常識」とその落とし穴

そんな中，あえて法学部を選択した皆さんの動機や志望する進路はさまざまなものであるだろうし，そうであることが当然に想定されている。しかし，大学には共通して履修しなければならない必修科目のようなものが存在していて，悪いことに刑法学は大抵の場合法学部の必修科目に属しているものである。皆さんの中にはまず教科書を見て，あるいは教員を見て（?），何て堅苦しいんだろう，とっつきにくい，といった感想を抱いた人もいるかもしれない。

刑法学に限らず，従来，社会の側からの法律学に対する典型的なイメージは，このように専門的過ぎて「堅苦しい」というようなものだったと思われる。しかし他の学問と同様に，法律学も結局は今の社会を「より良くする」ために存在しているのであり，高度な専門性やプロとしての高い技術もそのために求められている。夜早くお風呂に入って寝れば翌朝には治っているような病気しか存在しないのであれば先端医学の出番はないかもしれないが，現実にはそうではないというのと同じことである。そうした専門家，プロフェッションとして人々の信頼や尊敬を得るためには，社会常識やマナーといった，それなりの「堅苦しさ」をそれなりに身に付けることも大切になる（そう考えて頂くことで，多少の「堅さ」にも慣れて貰えないだろうか，と思ったりもする）。

さらに，それに加えて法律学を学ぶ人間には，従来の常識や先例において見過ごされてきた「落とし穴」を自ら発見して，真に救済が必要な人々に率先して手を差し伸べるという姿勢も求められる。そのためには，常識や慣習に必要以上にとらわれず，考え方を異にする立場にも立ってみて考えられるだけの想像力が大切になる。この意味でも，*2* で述べたような「引き出し」を自分の中に増やすため，時間のある今のうちに，少しでもいろいろなことに関心を持って考えておくにこしたことはない。

以上のことを踏まえれば，法律学を学ぶ上では，単に公式や年号や単語を暗記するとか，誰かに決められた「正解」を単に教わって再現する……というだけではなく，社会をより良くするために「もっとよい解決」はないのかについて，主体的・積極的に考える姿勢が求められる。

▶▶演習の重要性

特に，演習（ゼミ）形式の授業では，報告を担当したり，逆にそれを聞く側に回ることになるだろうが，どちらの側であれ，発言すること，噛み合った有益な意見を言うことにより，少しでも生産的な解決に導くというような意見交換の訓練を積むことが肝要である。これは何も法曹志望者や公務員志望者だけに限らない。企業の人事採用担当の方々のお話を伺っていても，「何でもいいので学生のうちに専門的なテーマについて徹底的に考え，意見交換の訓練を積んでおいて欲しい」と言われることが多い。ゼミ生活におけるこうした経験，またそれらを通じて得られる多くの人々との出会いや共同作業は，皆さんが社会に出たのち，他人から慕われる魅力的な人間になれるか，多くの人を引き付けるリーダーシップを有する大人になれるか，を決める重要な体験なのである。ゼミ選びの際には，ぜひそうしたことを念頭に置いて，自分にとって必要な経験を積める場はどこなのか，じっくり考えて選んで欲しいと思う。

4 「刑法学」を学ぶこと

▶▶素材としての刑法学

このようなことからすれば，卒業後に法律に関連する進路を志望するか否かにかかわらず，解決の困難な問題について，①広く先例や文献のリサーチを行い，②さまざまな観点から検討を加え，③自分の考えをきちんとした文章でまとめ，④意見を異にする相手に対しても説得力を有するような主張を展開し，⑤生産的な意見交換をする，といった能力は，「法学部出身の社会人」に対して広く一般に求められている素養であるといってよいであろう。そして，皆さんがこれから学ぶ刑法学は，実は広範な社会問題と深く密接に関わっており，論理的な思考能力や高度の説得力が要求されることから，①～⑤のような素養を身に付ける上で格好の素材であり，少人数の中で報告したり議論したりすることはその手段としてきわめて有効であると考えられるのである。

▶▶「結論の妥当性」と「論理の一貫性」

おそらく学生の皆さんが陥り易いパターンとしては，検事や弁護士が颯爽と活躍し，見事に問題を解決する，というドラマの世界を期待して履修してみたのに，蓋を開けてみたら上記のような「論理的な思考力」やら「体系的な理解」やらの重要性が強調されるばかりで，たちまち肩が凝ってしまった，息苦しい……というものではないか。もちろん，そうした胸のすく爽快感をもたらすような「結論の妥当性」は可能な限りで追求されるべきである。具体的な事案の解決を離れたところで「完全な体系」はあり得ないし，仮に存在したとしてもそこには価値を見出し難いであろう。しかし他方で，実は同一の論点を含んだ事案であるはずなのに，ある事案の被告人がたまたま権力者であった，大金持ちであった，美男美女であった……というような理由だけで，結果的に東京地裁と大阪地裁とでまったく異なった判断がなされてしまったとしたら，明らかに不当であろう。刑事司法においては平等で安定した解決を保障することにより，国家刑罰権がほしいままに／でたらめに発動されてしまうことを封じ，被疑者・被告人の人権を保障するという機能が求められているのであって，そのことをまず早い段階で理解して貰う必要がある。

▶▶異なった考え方，理由付けの説得力

少し角度を変えて補足すれば，皆さんが普通に日常生活を送っている中で，刑法の解釈について真剣に考える必要が生じるということはほぼないであろう。つまり刑法学の世界では，ある意味で非現実的・非日常的な事態においてもそれなりに説得力を有した理由付けを付すことによって一定の解決策を提示することが求められている。しかし，憲法で多様な価値観の存在が保障されている現代社会においては，単純に一般常識や個人の道徳・倫理・正義感などを振りかざすだけでは理由付けとして不十分であり，解決にならない（ただ「声を枯らして言い合うこと」が法律家の議論だと思っているなら，それは誤りである）。

このように，多様な考え方が存在することが当然の前提とされている以上は，「複数の結論」が存在することもまた当然である。もっとも，強い同調圧力の中で育ち，周囲から浮かないよう細心の注意を払いながら生きてきた（かもしれない）皆さんにとり，他人と異なる結論に到達するということそのものが，もしかするとハードルの高いことであるのかもしれない。しかし，必要な場合にはそのような判断・主張も当然にできるということでなければ，そもそも法律家は仕事にならない。例えば検察官と弁護士がお互いに「話が合わない」という理由から，相手の意向を推し量って同じ結論にするとか，調整がつかないので裁判をやめてしまおうとか，そういうことにはおよそならないであろう。特に法律学の世界では，エラい人や権威に対して気兼ねすることのない自由な議論がなされる環境が必要であり，そこでは異なった立場の相手に対してもそれなりに訴えかけられるような「理由付けの説得力」が意味を持つ。そうしたものを獲得するために重要なのは，単一の価値観・考え方に無意識のうちに慣らされてきていた（かもしれない），これまでの自分の視座から意識的に脱却し，「異なった考え方」の存在に慣れていくという経験であろう。

5 「学ぶ」ことの意義

▶▶知識を身に付けること，その先に必要なこと

こうしてみると，もちろん最低限の知識を身に付けることは必要だとしても，そこから先，単に結論や一定の解答パターンを暗記するということでは不十分であるということは，何となく理解して頂けるのではないだろうか。「まったく同じ事件」というのは生じない以上，目の前に現れた「未知の事案」に取り組むためには，自分の頭で考え，問題を発見し，自分で判断する力が身に付いていないと仕事にならないのであり，それは学生として学ぶ段階においてもまったく同じことである。

例えていうなら，調理道具がなかったり使い方がまったく分からない状態ではきちんとした料理ができない以上，それらの道具を備えて使い方を把握することは必要不可欠である。しかし，いま作りたい料理や目の前にある具材との関係でまったく必要ない道具をいくら持ってきても何の意味もないであろう。法律学の学修に際して最初に基礎的な知識や理解を身に付けるのは，調理に際していろいろな場面に対応するための道具を備えて使い方を知ることに相当するが，いざ実際に目の前に出現した問題に対して妥当と思う解決を導くためには，状況を適切に判断し，必要な道具を取捨選択して，適切な使い方をするための訓練が必要なのである（なお，そうはいっても，自分にとっての当面の問題である期末試験の答案はどうやって書いたらいいんだろう……という方は，Unit 28 をぜひ参照して頂きたい）。

▶▶学修のイメージ

刑法学を学ぶ上でのイメージを持って頂くために，これまでに用いられてきた比喩をいくつか挙げるとすれば，まずスポーツのルールを身に付ける場面を想像して頂きたい。そこでは自分で体を動かして練習しながらでなければ身に付くことはないのであって，ただルールブックをひたすら暗記したり，他人のバッティングフォームを見て打球の軌道を見たりしているだけでは意味がない。法律学の勉強もそれと同じで，自分で頭を使う必要がある。

また，語学を身に付ける際には，辞書や単語帳を参照しながら反復して理解

を定着させる作業が必要になるが，刑法学の場合も，概念がきわめて抽象的である上に特殊な意味を与えられていることが多く，かつそれらが相互に密接に関連しているため，基本的な理解を定着させるためにはクロスリファレンスが必要不可欠であるといえる。その際，教科書の関連箇所を参照すること（場合により総論と各論にまたがって参照すること）のほか，法律学の用語辞典を参照してみるのもよいだろう。

さらに，上述したように非日常的な事態における解決策が求められており，かつ，当事者とのコミュニケーションが重要となるという部分において，医学との共通性を指摘できるかもしれない。緊急事態に遭遇して困っている人に対し，分かり易い説明をし，有効な処方箋が示せなければ意味がないのである。

▶▶専門領域を超えた意味

いずれにしても，裁判員制度も施行されて既に久しい現在，中世のように「一般市民にとってはよく分からないシステムで一方的に裁かれる」という状態は当然に脱却されていなければならないが，それは学び，使い手となる我々ひとりひとりの意識にかかっているといってよい。仮に，決められたことを機械的に覚えて吐き出すのみで，自ら主体的に刑事司法の目的や意義について考え，次の世代に啓蒙していこうとする姿勢がないのであれば，実は上記の状態は脱却できていないことになる。それでは結局，処罰や処遇の効果について検証がなされないまま，ただただ犯罪者との永久戦争を続けていくだけ，といった事態にもなりかねない。それは昨今の情勢に照らすとき，価値観の多元化した社会において，「価値観の違う人間同士はおよそ共存できない」ということにも至り得る。

現代において，大学で「人が人を裁くこと」の意味について学び，考えるとき，これまで述べてきたような，「相手の立場に立って考えてみる」想像力であるとか，制度の基礎に存在する理念やその背後にある社会に対する深い洞察力といったものを身に付けることには，狭い専門領域を超えた大きな意味があるのではないか。私はそう考えて，刑法学を通じて少しでも多くの皆さんにそうしたことの大切さを伝えることができればと思いながら，教壇に立っている。

【参考文献】

※開かれた場で自由に議論すること，理由付けの説得力の重要性について

井田良『入門刑法学総論〔第2版〕』（有斐閣，2018年）12頁以下

※結論の暗記だけでは意味がないことについて

佐伯仁志「法律の勉強の仕方」法学教室286号（2004年）1頁

※法律学的な「ものの考え方」の意義について

亀井源太郎「法学を学ぶ」法学教室391号（2013年）20頁以下（特に24頁以下）

Part 1
総　論

Unit 1

刑法ってどんな法律？

■ Topics ■　食い逃げを処罰することはできるか？

　ファミレスでは，代金の支払いが食事をとった後に行われる。そこで，次のような例を考えてみたい。ファミレスに入った 1 人の客が，はじめは飲食代を支払うつもりで注文したものの，食事後に代金を踏み倒そうと思いつき，店員の隙を見て逃走した。さて，その客は，犯罪者として処罰されるだろうか。

　もし，客がはじめから支払の意思なく注文したり，店を出る際に客が「すでに払いました」と偽って店員から支払の免除を受けたりすれば，詐欺罪が成立する可能性がある（詳細は Unit 23 を参照）。しかし，先に挙げた例は，そのどちらにも当てはまらない。店の営業利益だけを盗むこのような事例は，利益窃盗と呼ばれていて，刑法上は処罰されない（詳細は Unit 20 を参照）。

　こうした状況を知ると，皆さんは，利益窃盗をした客も犯罪者として処罰されるべきだ，と思うかもしれない。では，裁判所は，こうした世論の声に基づいて，その客の行為に犯罪を成立させても良いだろうか。

　まずはこの Unit で，これから学ぶ「刑法」とはどんな法律なのか，刑法の課題や刑罰の目的，さらには刑法の基本原則をしっかり押さえよう。

1　「刑法」と呼ばれる領域

刑法には，どんな内容が定められているのだろうか。

①　「刑法」という言葉の意味

　刑法は，犯罪の要件や効果を定めた法である。すなわち，どのような要件（条件）が備われば犯罪となり，その効果としてどのような刑罰が科されるのかを示したルールである。このルールに基づいて裁判所が国民に刑罰を科すことから，刑法は，国家機関が関わる法の総称である「公法」に属する。

▶▶広い意味で使われる「刑法」

「刑法」という言葉を広い意味で捉えると，犯罪となる要件や刑罰を受ける義務が定められた法は，すべて「刑法」の仲間である。これらの法律は，ひとまとめに**実体刑法**と呼ばれている。実体刑法には，1907（明治40）年に制定された刑法典の他に，軽犯罪法や道路交通法などの特別刑法が含まれる。

▶▶狭い意味で使われる「刑法」

もっとも，この本で対象とする内容は，原則として，狭い意味での「刑法」，すなわち**刑法典**における犯罪である。特段の断りなく「刑法」という言葉が使われる場合には，「刑法典」を指していると思っていただければよいだろう。

②　刑法総論と刑法各論

早速，実際の刑法典を見てみよう。第1編には「総則」が，第2編には「罪」が定められている。大学の講義も，こうした刑法典の構成に合わせて行われるのが一般的であり，主に第1編を扱う講義の内容は「**刑法総論**」，第2編を扱う講義の内容は「**刑法各論**」と呼ばれている。

刑法総論では，すべての犯罪に共通して当てはまる一般的な成立要件を勉強する。その内容を定めたものが**総則**である。刑法各論では，それぞれの犯罪ごとに異なる具体的な成立要件を勉強する。刑法典には，殺人罪，傷害罪，窃盗罪，強盗罪，詐欺罪などの主要な犯罪が第2編に定められているが，この第2編に当たる部分は，**各則**とも呼ばれている。

③　行動規範と制裁規範

刑法は，誰に向けられているのだろうか。例えば199条を見てみよう。199条には，「人を殺した者は，死刑又は無期若しくは5年以上の拘禁刑に処する。」と書かれている。このうち，「人を殺した者は，」に当たる部分は，「人を殺してはならない」という意味であり，そのメッセージは私たちに向けられている。このように，私たち国民の行動について定めたルールを**行動規範**という。

一方，「死刑又は無期若しくは5年以上の拘禁刑に処する。」という部分は，裁判官をはじめとして広く裁判実務に関与する者全般に向けられている。裁判官は殺人罪の有罪判決を下す際に，死刑か無期拘禁刑か5年以上の有期拘禁刑のどれかを選択しなければならない。このように，被告人に科される刑罰の種類や分量を犯罪ごとに定めたルールを**制裁規範**（**裁判規範**）という。

☑ Check Points

- □ 刑法とは，犯罪と刑罰について定められた法である。
- □ 「刑法」は，広い意味で実体刑法を指すが，通常は，刑法典のみを指す狭い意味で用いられる。
- □ 刑法総論とは，すべての犯罪に当てはまる一般的な要件を述べたものであり，刑法各論とは，犯罪ごとにその成立要件を述べたものである。
- □ 刑法は，行動規範と制裁規範から成り立っている。

2　刑法が抱える永遠の課題

刑法は，どのような目的から定められているのだろうか。

①　刑法の目的

そもそも，なぜ刑法が定められているのだろうか。刑法の目的については，自殺や同性愛への戒めといった，特定の宗教や文化に由来するものも含めた道徳それ自体を保護するためであるとの考え方が，啓蒙期（18世紀頃から，伝統的権威や従来の思想が理性に基づいて批判的に検討された）以前は有力に主張されていた。しかし，今日の一般的な見解（これを通説という）によれば，刑法は，**法益**を保護する目的で定められており，法益の保護に向けた**保護機能**を有していると考えられている。

▶▶「法益」とは

一般的に「法益」とは，「法的に認められた，人間の共同生活にとって必要不可欠な基本的利益」として捉えられている。法益の内容は，人の生命，身体の健康，自由，名誉，財産などといった個人的法益の他に，社会的法益，国家的法益に大別されよう（各法益の具体的な内容はUnit 17・25・27を参照）。

▶▶法益論の機能

刑法の目的をめぐる通説の見解には，2つのメリットがある。まず，法益は，各則の刑罰法規を解釈する際に指針となりうる（**解釈論的機能**）。例えば，204条には傷害罪が定められているが，被害者に精神的ストレスを与えて慢性頭痛症や耳鳴り症を発症させた人には，傷害罪が成立するだろうか。「傷害」とは，骨折や出血を伴う傷などが典型例であるが，傷害罪を通じて保護される法益が「身体」であることを踏まえれば，慢性頭痛症や耳鳴り症なども「傷害」に含まれると解されよう（詳細はUnit 17を参照）。

また，法益の保護を刑法の目的とすることで，立法者に，法益とはいえない利益を侵害したり危険にさらしたりする行動まで犯罪化しないよう，批判的に考察する機会を与えることができる（**批判的機能**）。例えば，185条では「賭博をした者は，50万円以下の罰金又は科料に処する。」として賭博罪が定められ，通説によれば，健全な勤労の美風（汗水流して働き収入を得る美しい風習）を保護する目的があるとされている。しかし，日本でカジノを解禁する動きが高まっている状況を考えると，「健全な勤労の美風」は，刑法で保護すべき法益といえるのかについて疑問が生ずるかもしれない。もしそうだとすれば，そうした利益を保護対象とする185条を削除して非犯罪化すべきだ，とする批判的な議論を提起することができよう。

② 刑法の性質

▶▶謙抑性

刑罰制度は，このUnitの*4*で触れるような目的を達成する上で大きな効果をもたらすものである。しかし，風邪をひいたときにいちいち入院して手術までする必要はないのと同様に，必要な範囲で適切に用いられなければならない。この点，例えば効き目の強い薬には副作用があるように，刑罰を用いることにも大きな副作用が伴うことに配慮が必要である。その副作用とは，基本的人権の制約である。行動の自由を制限する刑務所での拘禁や財産を剝奪する罰金などは，日本国憲法で保障されている基本的人権（憲法11条・97条）を一定の限度で制約することになる。また，資格の剝奪や失職，マスメディアやSNSにさらされるなど，社会的制裁や事実上の不利益も伴う。こうした副作用は，被告人自身に限らず，その周辺の人たちにも多大な影響を及ぼすことになる。

それゆえ，基本的人権を制約し過ぎないよう，刑法はなるべく控えめに使われなければならない。このような刑法の性質を**謙抑性**という。今日の刑法は，謙抑的に使われることで基本的人権を保障する**保障機能**も有している。保障機能は先の保護機能と対立するため，両者の折り合いが刑法の課題である。

▶▶補充性

法益が，退学処分や解雇のような社会的制裁や，刑法以外の法律によって保護されるならば，刑罰という最も厳しい制裁を備えた刑法を使って法益を保護する必要はない。Topicsで挙げた例でいえば，注文時に約束した飲食代を支払う義務が守られなかった場合，店側は，民法に基づいて，飲食代を含む損害を客に賠償させることができ（民法415条），通常，それで十分であると考えられる。そのため，立法者は，「飲食代不払い罪」のような犯罪を定めて刑罰を投入する必要はないと判断したのである。刑法は，最後の手段（これをラテン語でultima ratioという）として使われる性質を有しており，このような性質を**補充性**という。

▶▶断片性

また，刑法は，すべての法益侵害行為を処罰するものではない。例えば，友達に「お前の彼女を殺す」と言って脅迫する行為は，脅迫罪（222条）の対象にならない。というのも，222条は，脅迫を受けた本人やその親族のみを第一に保護しようとしているからである（ちなみに「彼女を殺す」と脅迫する行為は，民法709条に定められている不法行為に該当し，そのような行為をした者は，損害賠償という民事上の責任を負うことになる）。このように，法益の中でも特に重要な法益への侵害行為に限って処罰する刑法の性質を**断片性**という。

☑ Check Points

□ 刑法の目的は，法益の保護にある。

□ 今日の刑法は，謙抑性を有することが前提とされている。

□ 刑法の課題は，保護機能と保障機能の折り合いである。

3　破ってはならない刑法の基本原則

刑法の基本原則には，どんなものがあるだろうか。

今日，刑法の意義は，法益の保護を図りつつも，刑罰権の発動を制約して国民の基本的人権を保障するという点に認められる。それゆえ，先に述べた謙抑性は，刑法の基本原則であるといってもよいであろう。さらに，刑法の基本原則としては，罪刑法定主義と責任主義が特に重要である。

①　罪刑法定主義

罪刑法定主義とは，犯罪と刑罰が予め法律で定められていなければ，国家は刑罰を科すことができないとする刑法の基本原則である。どのような行為が処罰され，どのような刑罰が科されるのか，事前に明らかにされていなければ，市民は自由に行動することができないだろう。また，日本が民主主義国家である以上，犯罪と刑罰に関するルールは，国民の代表である国会で作られた法律で定められていなければならない。罪刑法定主義は，こうした**自由主義的要請**や**民主主義的要請**に基づくものである。

罪刑法定主義の主な具体的内容は，**法律主義**，**遡及処罰（事後法）の禁止**，**類推解釈の禁止**，**実体的適正手続**の 4 つが挙げられよう。啓蒙期に至るまでは犯罪と刑罰に関する定めが国民に公布されず，国民の安定した自由な生活が脅かされていた。そのため，まずは法律主義，遡及処罰の禁止，類推解釈の禁止を明らかにすることで，規定の周知を徹底した。近時では，規定の内容もふさわしくなければならないとして，後述の通り実体的適正手続も，憲法 31 条を通じて罪刑法定主義の内容となっている。

▶▶法律主義

犯罪行為の内容や具体的な刑罰については，国民の意思が反映された国会で成立する「法律」に定められていなければならない。これを法律主義という。Topicsで挙げた例でいえば，店員を欺いて何らかの処分行為を行わせた上で飲食物を取得したり代金債務の履行を免れたりしたわけではなく，また飲食物それ自体を盗んだわけでもないので，客に詐欺罪や窃盗罪は成立しない。それにもかかわらず，世論の声だけを根拠に詐欺罪や窃盗罪を成立させ，客に刑罰を科すならば，罪刑法定主義に反することになる。もちろん，村八分のような「慣習」を直接の根拠として刑罰を科すことも許されない（**慣習刑法の禁止**）。

もっとも，「特にその法律の委任」があれば，内閣が定める「政令」にも罰則を設けることができる（憲法73条6号）。これは，処罰の対象となる行為を大まかに法律に定めた上で，その具体的な行為の定めを政令に委ねるものである。したがって，法律上は具体的に定められていない空白の部分があるため，そのような刑罰法規を**白地刑罰法規**という。猿払事件（最大判昭和49・11・6刑集28巻9号393頁）では，国家公務員法102条1項において，処罰の対象となる公務員の政治的行為の具体的内容を人事院規則に委ねているのは合憲だと判断したが，違憲であるとの反対意見も付されている。確かに，社会の変化に素早く対応するためには，制定に時間のかかる法律ではなく，政令に内容を委ねることも一定程度は認められよう。しかし，その委任は，委任する事項を特定した**特定委任**でなければならず，丸投げ（包括的な委任）は許されない。

また，たばこのポイ捨てが地方自治体によっては処罰されることからも明らかなように，地方自治体による「条例」にも罰則を設けることができる。その根拠とされる地方自治法14条3項（かつては同条5項）は，最高裁から合憲であるとのお墨付きを得ている（最大判昭和37・5・30刑集16巻5号577頁）。確かに，条例は法律ではないものの，住民の意思を反映しており，民主主義的要請には反しない。しかし，条例への委任が果たして特定委任といえるのか，実際に地方自治法14条3項を見て考えてほしい。

▶▶遡及処罰（事後法）の禁止

憲法39条では，実行の時に適法な行為に対して，実行後に制定された新しい刑罰法規でそれが犯罪として処罰されることになっても，新しい刑罰法規をさかのぼって適用し，刑事責任を負わせてはならない旨，定められている。これを遡及処罰（事後法）の禁止という。

例えば，これまで授業に欠席しても試験で減点されないと決められていたところ，今日からは欠席した場合に試験で減点する決まりに変更し，それをさかのぼって適用すると教員が言い出したら，皆さんはきっと「聞いてないよ！」と憤るだろう。この例からも明らかなように，遡及処罰の禁止を掲げる狙いは，国民に不利益な不意打ちを防ぎ，行動の自由を保障する点にある。刑法6条において，犯罪後の法律によって刑の変更があった場合，軽い方の刑を適用するとされているのも，遡及処罰の禁止を徹底させる趣旨である。

では，行為当時の最高裁判例に従えば無罪となるような行為を，判例変更して処罰することは許されるだろうか。判例や通説は，許されるとの立場に依拠している（最判平成8・11・18刑集50巻10号745頁）。日本では，裁判官は憲法および法律にのみ拘束される（憲法76条3項）。そのため，法律による事前の告知が果たされ，問題とされる行為が犯罪の成立要件を満たす以上，判例の不利益変更に問題はないと考えられているのである。しかし，国民が裁判所を信頼し，判例を行動の指針とすることも考えられるため，その信頼も保護されなければ，行動の自由の保障として十分とはいえないのではないか。そうであれば，判例にも遡及処罰の禁止が妥当するとの有力説も，無視しえないだろう。

▶▶類推解釈の禁止

言葉の意味に含まれないにもかかわらず，類似性を理由に法を適用することを**類推解釈**という。例えば，「このマンションで犬を飼ってはならない」というルールがあったとき，猫も犬と同じように鳴き声がうるさいため，そのルールに基づいて，このマンションで猫も飼ってはならないと解釈する方法が，類推解釈である。このような類推解釈をすると，法律で禁止されていない行為も処罰できることになってしまう。それゆえ，行為者にとって不利益な不意打ちとなる類推解釈は許されない。

なお，処罰を否定したり刑を減軽したりする方向に働く類推解釈は，行為者に不利益な不意打ちではないため，許容されると一般的に考えられている。

▶▶実体的適正手続

憲法31条によれば，刑罰を科すための手続は，法律で定められていなければならない。これをデュー・プロセス（due process），つまり適正手続という。もっとも，近代化に伴って社会が複雑化し，多くの規制が必要な今日，国家機関による恣意的な刑罰を防ぐためには，刑罰を科すための手続に加え，刑罰法規の内容も適正であることが求められよう。これを実体的適正手続という。

まず，定められた刑罰法規の内容が明確に読み取れるものでなければならない。言い換えれば，**明確性の原則**が求められている。最高裁は，徳島市公安条例事件（最大判昭和50・9・10刑集29巻8号489頁）で，明確性の基準を「通常の判断能力を有する一般人」が刑罰法規の適用を受けるか判断できる程度であるとした。その後に出された福岡県青少年保護育成条例事件（最大判昭和60・10・23刑集39巻6号413頁〔百選Ⅰ2事件〕）や北海道迷惑防止条例事件（最決平成20・11・10刑集62巻10号2853頁）など，明確性の基準が守られているといえるか，実際の判決文を読みながら考えてみてほしい。

次に，刑罰法規の内容が明確に読み取れるとしても，その内容が不適切だったり，犯罪と刑罰の釣り合いが取れていなかったりしてはならない。これを**刑罰法規適正の原則**という。例えば，「贅沢をした者は，50万円以下の罰金に処する。」といった規定や「他人の財物を窃取した者は，死刑に処する。」といった規定は違憲となる。また，「他人の財物を窃取した者は，拘禁刑に処する。」というような，刑の種類や分量に関する定めを欠く刑罰法規（**絶対的不定期刑**）も許されない。もっとも，少年の刑事事件については，改善教育の観点から，長期と短期の刑を言い渡せる刑罰法規（**相対的不定期刑**）が見られ（少年法52条），そうした刑罰法規を定めることは許されている。

●●　②　責任主義　●●

責任主義とは，「責任なければ刑罰なし」という意味で理解される刑法の基本原則である。刑罰を科すためには，行為者に犯罪を行った責任が認められなければならない。幼稚園児が友達のおもちゃを壊した場合，確かに幼稚園児の行為は悪い行為であるが，幼稚園児は刑法の内容を理解して行為を思いとどまる能力を有していないため，刑法で非難するほどの責任は認められないだろう

（詳細は Unit 11 を参照）。

もう１つの内容は，「量刑は責任の程度を超えてはならない」とするものである。責任は「重い」，「軽い」といった量的な程度で表すことができる。それゆえ，裁判官が被告人に宣告する刑の決定（**量刑**）は，具体的な行為に対する責任の範囲内で行われなければならない（詳細は Unit 16 を参照）。

こうした責任主義の内容を踏まえると，具体的な行為に対する責任（**個別行為責任**）が問題とされていることが分かるだろう。故意（わざと）も過失（うっかり）もない無過失，つまり偶然に基づく結果責任による処罰は，許されていないのである（38 条 1 項・2 項なども見てみよう）。

☑ Check Points

- ☐ 刑法の基本原則には，罪刑法定主義や責任主義などがある。
- ☐ 罪刑法定主義とは，犯罪と刑罰が予め法律で定められていなければならない，とする原則である。
- ☐ 責任主義とは，責任なければ刑罰なし，とする原則である。

4　刑罰の目的

国家が刑罰を科すことは，なぜ許されるのだろうか。

▶▶応報刑論

近代国家が成立する以前は，被害者自身が犯罪者に償いを求め，犯罪者が償いに応じない場合は復讐が行われていた。しかし，啓蒙思想の広がりを受け，民事の分野と刑事の分野が明確に区別されると，民法では，被害者と犯罪者の間で損害が埋め合わされる一方，刑法では，国家と犯罪者の間で**応報刑論**に基づいた刑事責任の追及が行われるようになった。「応報」とは，行為に応じて受ける報いを意味するが，犯罪者は，責任がある場合にその限度で，過去の行為を清算しなければならない。そこで，過去の行為を清算してもらうために，国家が犯罪者に刑罰を科すのであると考えられた（こうした考え方を徹底し，他の目的を一切考慮せず，責任の清算のためには何があっても刑罰が科されなければならないとする考え方を**絶対的応報刑論**という）。

応報刑論は，犯罪者に責任があることを前提としている。すなわち，行為時に自由な意思が存在し，適法な行為をする可能性があったにもかかわらず，あえて違法行為に出たため責任を負う，との考え方が前提とされている。しかし，こうした応報刑論の前提に対しては，そもそも人間に自由な意思が存在するのか，科学的に証明されていないとの批判が向けられている。

▶▶一般予防論

なぜ国家が刑罰を科すのかという問題については，犯罪を予防するためであると答える考え方（**目的刑論**）がある。この考え方は，一般予防論と特別予防論に分けることができる。

一般予防論とは，国民一般が犯罪行為をしないよう予防するために，国家が刑罰を科していると理解する考え方である。その１つに，刑罰の威嚇力によって犯罪を予防すると考える**消極的一般予防論**がある。しかし，刑罰の威嚇力を根拠とするならば，犯罪者を可能な限り残虐に殺し，その執行を公開するのが最も効果的だが，それは残虐な刑罰を禁止している憲法36条と矛盾する。

そこで今日では，**積極的一般予防論**が支持を広げつつある。この考え方によれば，犯罪はルール（規範）が破られたことを意味するが，国家が犯罪者に刑罰を科すことで，刑法という規範が有効に機能していることが一層明らかになり，法を守ろうとする私たちの意識も高まる。こうして犯罪の予防につながるため，刑罰制度が許されると考えるのである。しかし，この考え方に基づいても，結局は被告人を政策目的のために手段化しているのではないだろうか。

▶▶特別予防論

産業革命の時代に景気が悪化し，貧富の格差が拡大したことを背景として犯罪が増加した際にも，上記のような批判が応報刑論や一般予防論に向けられ，刑罰制度は，犯罪者が二度と同じ行為を繰り返さないために設けられていると考える**特別予防論**が主張された。しかし，こうした考え方に対しては，応報＝責任非難という限界が取り払われることから，軽微な犯罪に対しても，再犯の防止を理由に長期の拘禁刑が認められてしまうとの批判が向けられている。

▶▶相対的応報刑論

現在では，刑罰の目的について，人間が認識できるレベルでは自由な意思が一応存在するとして応報刑論を基本としつつ，一般予防，特別予防も考慮する**相対的応報刑論**が通説となっている。「誰を処罰してよいか」という問題と「なぜ国家は刑罰を科すのか」という問題を区別して扱うならば，前者は応報刑論の観点から，後者は一般予防・特別予防の観点から考えることができよう。

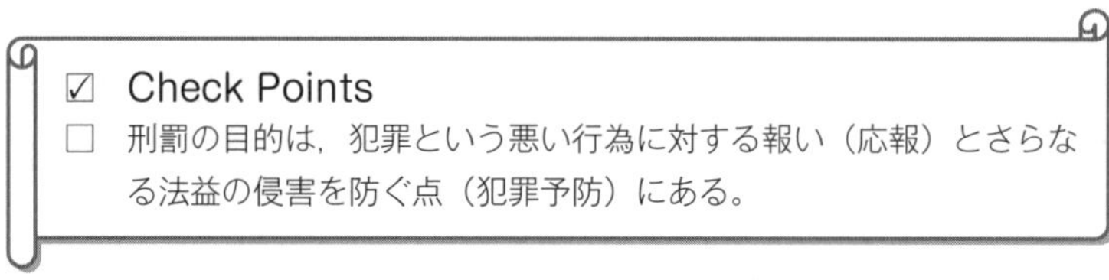

【参考文献】

佐伯仁志『刑法総論の考え方・楽しみ方』（有斐閣，2013 年）1 頁以下

Unit 2

刑法の体系

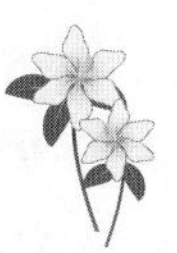

■ Topics ■ 「有罪か無罪か」だけ？

テレビや小説などで犯罪の成否が問題となるとき，時間枠や頁数の都合であるとか視聴者（および出演者）に専門的な内容を理解して貰うのはもともと無理があるなどの理由から，「有罪か無罪か」という結論の部分ばかりが強調されることが多い。しかし，当然のことではあるが「まったく同じ事案」というのは存在しない以上，あくまで「その事案」固有の事実関係を前提にした上で，かつ，問題となる論点に関する「理由付け」に基づいた上で初めて結論が導かれるのであって，それらの点を無視して「結論」の当否だけを論じることはできない。大切なのは，①そこで問題となっている論点を正確に把握すること，②その論点に関する考え方の筋道としてどのようなものがあるのかを理解すること，そして，③一定の立場（判例なら判例の立場）を採用した場合における，その事案の処理（当てはめ）を正確に行うこと，④その際，どのような事実が意味を持つのかを理解すること，である。

まずその前に，ここではより俯瞰的に「個々の論点」がどのように配列されており，どのような段階を経て検討されていくのか，といった点を理解して貰う。それこそが体系的な理解への第一歩である（なぜこうした「理解」が求められるのかについては Unit 0 を再度参照)。

1　犯罪論の体系

「犯罪」の成否はどのような段階を経て判断されるのか。それぞれの段階にはどのような意味があるか。

▶▶3 段階体系

わが国を含む大陸法系の刑法学においては，犯罪とは①構成要件に該当する②違法で③有責な行為と定義される（一般的に3段階体系などといわれる）。

▶▶構成要件該当性とは

最初にそれぞれの段階の内容を大雑把に確認すると，まず**構成要件該当性**の判断とは，個々の犯罪類型に固有の「枠」に当てはまるかどうか，を判断する段階である。注意すべきは，構成要件というのは条文それ自体とは異なり，各条文に規定されている内容のイメージ，観念の像であり，現実に生じた事態がそのイメージに適合するものなのかどうかを判断する作業が求められるということである。したがって，条文上には記載されていなくとも，解釈上，構成要件に含まれている要素として充足が求められるという場合も存在する。これを**書かれざる構成要件要素**といい，例えば，一般的に窃盗罪（235条）などの領得罪においては「不法領得の意思」が必要とされ（Unit 21を参照），公務執行妨害罪（95条）における公務員の職務については「適法性」が備わっている必要があるとされるが，これらは書かれざる構成要件要素として説明される。

仮に条文それ自体を「食堂のお品書き」や「百貨店のカタログ」に例えるならば，構成要件とは，それらを見て客の側が想像する料理や商品のイメージということになろう。もちろん個々の客が想像する内容には個人差もあるから，その双方が細部に至るまで厳密に一致してはいないかもしれない。しかし例えば，お品書きに「ラーメン」と書かれている時に，麵の太さ，味付け，味の濃さ，入れられている具の種類や量などについて各人が想像する内容に差があったとしても，まあおよそ世間的に「ラーメン」を成り立たせているファクター（構成要件要素）としてはこんなものだろう，という大まかな共通のイメージはあるだろう（思い切り抽象化すれば「こんな麵がこんな具と一緒にこういうスープに入っている」といった感じ）。大まかにいえば，実際に提供されたものがそうしたイメージに合致しているかどうかを判断するというのが構成要件該当性の判断だと思って頂きたい。

▶▶違法性とは

構成要件に該当したとしても，例外的になお適法とされる場合がある。形式的に条文の予定する類型に合致しているとしても，より実質的にみて，処罰するに足りるだけの**違法性**を備えているかどうかが問題となるのである。

例えば，皆さんが夜，帰宅の途中で急に暗がりから暴漢が現れ，ナイフを突きつけられて「金を出せ」と言われたとしよう。その後取っ組み合いになり，その暴漢を突き飛ばして転倒させ，負傷させたとしても，それが自分の財産（および身体）を守るためやむを得ずにした行為であったとされ，**正当防衛**（36条）として評価されるならば，処罰されない（その根拠をめぐっては激しい議論がある。Unit 9 を参照）。ここでいう「罰しない」の意味は，違法性が阻却される（「打ち消される」という程度の意味である），すなわちここでは傷害罪（204条）の構成要件に該当してもなお「適法行為」として評価されることを指すと解されている。

ここでの正当防衛のように違法性を打ち消す事情のことを一般に**違法性阻却事由**と呼ぶ。ある行為が構成要件に該当すれば原則的に違法であるが，例外的にこのような事情が存在すれば，なお法の側から見て「許された」行為，適法行為として扱われるのである。

▶▶有責性とは

さらに，構成要件に該当して違法な行為であったとしても，その違法な行為をしてしまったことについて，法の側からみて行為者に対する非難が可能かどうか，という点（**有責性**）が問題となる。例えば正当防衛など特段の理由もないのにただ人を殺害してしまったとしても，仮に行為者が精神的な病気などの理由から責任能力がない（39条1項）と判断されれば，責任非難ができず，犯罪は成立しない（詳しくは Unit 11 を参照）。こうした場合，**責任阻却事由**が存在したと説明される。

▶▶違法阻却と責任阻却の違い

このように，3段階体系においては，大別して違法阻却と責任阻却という2種類の阻却事由が区別されている点に特徴がある。大雑把にいうと，違法性が阻却されれば刑法上は「許された」行為とされるのに対し，責任が阻却されるに過ぎない場合は，許されない行為ではあるが，それをした点について刑法上は「非難できない」ということになるのである。同じく犯罪が成立せず，不可罰であるという結論は同じだとしても，理由付けの相違が存在することにより，他の論点における結論が変わってくることがある（例えば，一般的な理解によれば，他人の適法行為に関与しても教唆・幇助は成立し得ないが，違法行為に関与すれば教唆・幇助は成立し得る。Unit 13参照)。また，刑法上の問題に限らず，ある行為が「適法」だとされれば，それは国の側からお墨付きが与えられたということを意味し得るから，場合によってはそうした行為が奨励されるという事実上の波及効果が生じる（場合によっては，刑罰以外の形での規制が別途政策的に必要となる）こともあり得る。例えば安楽死・尊厳死を立法政策として適法とすべきかといった問題では，こうした波及効果についての多面的な考察が求められることになる。

▶▶処罰条件・処罰阻却事由

以上のような3段階の判断を経て成立要件が充足されれば犯罪が成立することになる。もっとも，犯罪が成立しても国家に刑罰権が生じるためにはさらに一定の事情が充たされる必要がある場合も存在する。このような事情を（客観的）**処罰条件**と呼ぶ（例えば，事前収賄罪〔197条2項〕において公務員となることがこれに該当するとされる）。逆に，犯罪が成立しても一定の事情が存在することにより処罰されない場合も存在する。こうした事情を（一身的）**処罰阻却事由**と呼ぶ（例えば，親族相盗例〔244条1項〕において一定の親族関係が存在することがこれに該当するとされる）。これらはさまざまな政策的考慮に基づき立法者が例外的に設けたものだとされる。また，これらの事情は構成要件で類型化された要素（違法性・有責性）ではないことから，一般的には罪刑法定主義や責任主義に由来する制約が及ばないと解されている。

2　構成要件論

▶▶構成要件の機能

ある行為が構成要件に該当する場合，それは刑法規範によって原則的に禁止されており，処罰の対象として扱われているということを示す。このことを，構成要件の**罪刑法定主義機能・自由保障機能**という場合がある。また，ある犯罪成立要件がひとたび構成要件の要素として類型化されると，それは故意の成立を認める上で必要な認識対象として位置付けられることになる。これを構成要件の**故意規制機能**ということがある（Unit 5参照)。

▶▶**構成要件は何の類型か**

ここで問題となるのは，さまざまな犯罪成立要件が存在するときに，構成要件とはいったいどこまでの要素を類型化したものであるのか，という点である。①**行為類型説**によれば，構成要件は価値中立的・形式的な「行為」の類型に過ぎず，違法推定・責任推定の機能を持つものではないとされる。この見解は構成要件の内容を可能な限りスリム化することによって自由保障機能の徹底を目指している。しかし，およそ「価値中立的な類型」などあり得ない（例えば，174 条・175 条における「わいせつ」の意義は，その当時の時代状況等を踏まえなければ判断できないのであり，字義を追うだけでは解釈できないとされる。これを**規範的構成要件要素**という），かえって構成要件該当性の判断が「何でもあり」になる危険性がある，などと批判されている。

そこで，②**違法類型説**は，特別な違法性阻却事由がない限り，構成要件に該当する行為は原則として違法となるとして，構成要件の違法推定機能を認める。例えば読書や散歩など，法的な規制の対象となりえない行為については最初から「適法化する根拠」を要求されないのに対して，他人の生命を侵害するような行為については，これを正当化するためには，上述した正当防衛などのように，特別な根拠が必要となる。さらに，③**違法・有責類型説**によれば，構成要件は違法で有責な行為を類型化したものであるとされ，構成要件の違法推定機能に加え，責任推定機能をも認められることになる。

現状は主に②と③が対立している状況にあるが，これは，犯罪成立要件のうちどこまでの要素を自由保障機能や故意規制機能の制約の下に置くべきか，という点をめぐる考え方の対立を反映しているといえる。なお，そうした立場の違いを越えて構成要件要素として一般的に認められているものとしては，実行行為，因果関係，結果などがあるが（内容に関しては Unit 3 を参照），特に行為主体が一定の地位・適格を有する者に限定されている犯罪（**身分犯**）の場合には，そうした適格（身分）も構成要件要素として位置付けられることになる（Unit 28 も参照）。

☑ Check Points

□ 犯罪が成立するためには，その行為が構成要件に該当し，違法で，有責である必要がある。

□ 構成要件は，犯罪成立要件を類型化して国民に提示することにより，行動の自由を保障する機能を担っている。

□ 違法性とは，処罰の根拠が充たされ実質的に「許されない行為」として評価されるかという問題であり，有責性とは，その許されない行為をしたことにつき行為者を非難できるかという問題である。

3　違法性の本質をめぐる議論

違法性とはどのような要素から成り立っているか。特に，主観的な事情が違法性の有無や程度に影響を及ぼすことはあるか。

▶▶処罰根拠としての「不法」

いずれにせよ犯罪成立要件においては，大きく分けてその行為が違法かどうか，有責かどうか，という2つの側面が重要ということになる。構成要件に該当する違法な事実が実現されたときに，一般的・抽象的な意味で違法であるというだけでなく，刑罰を科すに値する違法性が備わっている（可罰的である）という意味を込めて**不法**と称する場合もあるので，言い換えれば「不法」と「責任」という2つの側面ということになろう。

このうち，前者の不法こそが処罰の根拠であって，「何を何ゆえに処罰するか」を指し示す部分に相当する。他方，後者の責任は，その不法内容についてどの程度まで行為者を非難し得るか，という限界付けの部分である。刑事責任は常に具体的な不法を前提としてのみ具体化されるのであり，例えば常識や倫理に反するなどというように，不法と無関係に生じて来るものではない（「不法なき責任」は存在しない）。

▶▶違法性の本質・判断対象をめぐる議論

もっとも，形式的に法規範に違反した（形式的違法性）というだけでなく，その実質においても違法と評価される（実質的違法性）ためにはどのような事情が存在している必要があるか。言い換えれば，違法評価の対象となるのはどのような事情か。この点をめぐっては，長きにわたり激しい議論があるが，そこでは**行為無価値**という概念と**結果無価値**という概念が指標とされた上で（「無価値」というのは価値が「ない」のではなく，否定的な意味での価値が付与されるという趣旨であるが，本書では一般的な「無価値」という表現を用いる），大別して以下の①，②，③の考え方が主張されてきた。もっとも近年では，これらの考え方はあくまでも「理念形」であって，個々の論点における具体的な結論が常にこれらによって決定されるわけではないとされているので，あまり肩肘張らず，「そういうものなのか」と思っておいて欲しい。勉強が進んで，個々の論点について「どうしてこの先生はこういう主張をするんだろう」と思ったときに，実はその主張の背景にこれらの考え方が存在していたのだと気付く場合があるかもしれないので，そのくらいのイメージで捉えておけば十分である。

①結果無価値（一元）論

これは，刑法の目的を，法的に保護されるべき利益（**法益**）の保護と位置付けた上で，刑法は法益に対する侵害・危険が発生した場合に限り発動すると理解する考え方である。このような理解を徹底すると，違法評価の対象は客観的に引き起こされた（惹起された）結果に対する事後的な評価（結果無価値）に尽き，行為者の認識は違法評価の対象には含まれないということになり得る（標語的に表現するならば「**違法は客観的に，責任は主観的に**」ということになる）。また，この立場からは，刑法規範の本質は，事後的・回顧的に生じた事実を評価する人々，すなわち裁判に携わる実務家に与えられたルール（**裁判規範**）であって，それに尽きるということになる。

こうした考え方の背景には，戦前はややもすると法と倫理・道徳の区別が曖昧にされ，その結果として処罰範囲が不明確な形で著しく拡大させられてしまうことがしばしばみられたが，戦後，日本国憲法の下での刑法解釈論においては，そうした反省を踏まえ，客観的な法益侵害性を処罰根拠の中核に据えることで，倫理・道徳的要素の排除を徹底し，処罰範囲を明確化しようとする問題意識が存在していた。行為者の主観面を違法判断に持ち込むことはこうした要請に反するおそれがあるので，極力，**主観的違法要素**は認めるべきではないとされたのである。

②行為無価値一元論

この考え方によれば，刑法は国民に対して規範を提示し，それに通じて行動をコントロールすることによってのみ法益侵害結果の発生を予防することができる（これを**規範的一般予防**という。一般予防の意味につき，Unit 1 を再確認）。したがって，行動の基準に違反するような行為があったかどうかだけが違法評価にとって重要であって，結果が発生するかどうかはいうなれば偶然に左右されるものであり，違法性にとって本質的な要素ではない。それは，処罰を適正な範囲に限定するために付加的に要求される事情（処罰条件）に過ぎないとされるのである。ここでは刑法規範の本質は，事前に国民一般に対して明示されるルール（**行動規範**）だということになる。

もっともこの見解も，刑法の目的が法益の保護にあること自体は認めている。しかし，そもそも現代社会は先行きが不透明な**リスク社会**であり，いつどこでどのような行為をすれば法益侵害につながるのかは明らかでない場合もあり，法益侵害の程度を尺度としているだけでは必ずしも効果的な法益保護に至らない。また，それ自体はかなり抽象的な概念についてもこれを保護するために刑罰が用いられるケースも増えているが（例えば環境犯罪，サイバー犯罪，クローン人間の製造，臓器売買など），そこでは何が「法益」であるのかは必ずしも明確でない。以上を踏まえ，②や次の③からは，これらの場合においては行動規範に対する違反こそが重要であると主張されることがある。

③二元的行為無価値論（違法二元論）

違法性の内容には，行為無価値と結果無価値の双方が含まれるとする考え方であり，わが国では伝統的に有力とされてきた。

▶▶「行為無価値」の意義

もっとも③の内部でも，「行為無価値」の内容の理解をめぐっては大きな対立が存在している。まず第1の立場は，刑法の目的につき，法益の保護も重要であるが，最終的に社会倫理秩序の保護こそが目的であると考える。そこで，法益侵害性＝結果無価値のほかに，「社会倫理規範違反」が行為無価値の内容であると説明される。他方，第2の立場は，刑法はあくまでも法益保護のために存在しているのであって，道義的・倫理的な考慮が刑法上の違法判断に混入されてはならないと考える。ここでは行為無価値の内容は②において説明したような「行動規範違反」に尽きることになる。

一例を挙げれば，例えば不始末をした暴力団員Aが責任を取るため，同じ組織に所属する暴力団員Xに依頼して指を切断して貰ったとしよう（いわゆる「指詰め」）。この場合，Xの行為はひとまず傷害罪（204条）の構成要件に該当するが，同時に被害者Aの**承諾**を得て行っていることから，これにより違法性が阻却されないかが問題となる（詳しくはUnit 8を参照）。この場合，第1の立場からは，行為態様が「善良な風俗」「社会倫理」に照らして相当でないという理由から，Aの承諾が存在していてもなお違法とされ，傷害罪が成立するとされる。他方，第2の立場からは，上記のような解釈は法と倫理の混同であり，あくまでもAの承諾が自律的になされ，有効に成立しているかどうかという点のみが問題となる。そして，有効な承諾が存在しており，かつ，生命やそれに準ずるほど重大な傷害結果でない場合には，承諾によって違法性が阻却されると解されることになる（その結果，ここでは①と同様の結論に至る）。

▶▶行為無価値と結果無価値の関係

③の見解（特に第2の立場）において，行為無価値と結果無価値の関係については以下のように説明されている。すなわち，刑法規範は確かに裁判規範でもあるが，同時に，罪刑法定主義の要請からは刑法は行為の時点において国民に対し「どのような行為が違法とされるのか」という内容を規範として提示することにより行動の自由を保障する必要があり，これによって初めて効果的な法益の保護が可能となる。したがって，事前に提示された行動規範に対する違反の程度（すなわち，**一般予防**の必要な程度）を違法評価の中に含めることは当然である。他方，これに加えて，保護の対象とされる法益に対して，事後的に見たときに侵害や危険性が生じた程度（すなわち，**応報**の程度）についても，違法要素に含める必要があるとされる。

▶▶主観的事情が違法判断に影響を与える範囲

行為無価値論の場合，原則的に主観的違法要素も認められることになるが，上記の対立を受けて，違法要素として考慮される「主観的事情」の範囲についても内部で理解の差が生じることがある。すなわち，上記第1の立場においては，ある内心の態度に基づいた行動が「社会倫理に照らして相当でない」と評価されるのであれば，そうした主観的事情を違法評価の対象に含めることについて特段の支障はない。しかし，第2の立場からは，主観的事情も法益侵害との関連性が認められるときに初めて行為無価値として評価されるのであって，法益侵害と無関係な部分でいかに「悪しき心情」が存在したとしても，それだけでは刑法上の違法性の有無・程度には影響を与えないということになる。

例えば，もっぱら復讐の意図で女性を脅し，裸にして写真を撮影した行為につき，かつて最高裁は，強要罪その他が成立する余地はあっても内心における「わいせつ傾向」の表出が欠け，強制わいせつ罪（判決当時の176条）は成立しないとしていた（最判昭和45・1・29刑集24巻1号1頁）。しかし，本罪は故意犯であるから故意が必要なのは当然として，さらにそれに加えて自身の性的衝動を刺激したり満足させるという意図までも必要なのか，という点が議論されてきた。この点，③のうち上記第1の立場からは，内心のわいせつ傾向は本罪における主観的違法要素であるとして上記判例を支持する見解がみられたが，①の立場からは，本罪の保護法益は被害者の性的自己決定の自由であり，それが侵害されている以上処罰を否定する理由がない，判例は法益侵害と無関係な心情要素を過度に重視しており不当な帰結に至っていると批判された。また，③のうち上記第2の立場からも，こうした主観的事情は法益侵害性の程度に影響を与えない以上主観的違法要素とはいえないとされ，やはり批判がなされている。これらを受けて最高裁も，社会の意識の変化や，本罪を含めた性犯罪の規定が改正され法定刑が引き上げられたことなどを踏まえた上で，上記判例を変更し，本罪の成立要件としては故意以外の性的意図は必要でないと解するに至った（最大判平成29・11・29刑集71巻9号467頁〔百選Ⅱ 14事件〕。なお，その後令和5年改正により現在では「不同意わいせつ罪」となっている）。

▶▶故意・過失は違法要素か

結果無価値論からは，故意や過失は主観的事情であって，法益侵害の程度に影響を与えない，責任要素であると説明されるのが一般的である。他方，行為無価値論からは，客観的な法益侵害性の程度は変わらなくとも，法益侵害を意識的に目指している故意犯を，不注意で法益侵害を生じさせたに過ぎない過失犯よりも強く禁圧する必要があり，違法性の段階でより重く評価することには十分な理由があるとされる（故意の体系的位置付けについてはUnit 5，過失の体系的位置付けについてはUnit 7をそれぞれ参照)。

例えば，授業中に雨が降り出し，授業が終わった後，隣の席に座っていた友人Aの傘を自分の傘だと勘違いして持ち帰ってしまったとしよう。この行為が窃盗罪（235条）における「窃取」行為に該当し，違法であるといえるか。結果無価値論からは，Aの傘に対する所有権および占有が侵害されている以上，法益侵害が存在し，それを生じさせた行為は構成要件に該当して違法であるとされる。もちろん，本罪が故意犯である以上，最終的に故意がなければ処罰されることはないが，それはあくまでも責任の段階に至って初めて判明する事柄に過ぎない。他方，行為無価値論からは，これは故意犯固有の規範に違反したかどうかにかかわる問題であり，上記の行為は「故意不法」を備えておらず，これを類型化している構成要件に最初から該当しないということになる。「窃取」という日本語それ自体が既に「わざと」他人の財物を奪うという意味を含んでいるとすれば，不注意で他人の物を持ち帰るような行為は最初から構成要件に該当しないと解されることになるが，これは上述したような自由保障機能の要請に適うものであるとも主張されている。

☑ Check Points

- □ 違法性の判断に際して法益侵害性（結果無価値）以外に行為の規範違反性（行為無価値）をも考慮すべきかという点をめぐり，議論がなされてきた。
- □ 故意・過失は違法要素に位置付けられるか，それ以外の主観的事情が違法判断に影響を及ぼすかといった点をめぐり，議論がなされてきた。

【参考文献】

佐伯仁志『刑法総論の考え方・楽しみ方』（有斐閣，2013年）31頁以下，98頁以下

高橋則夫ほか『理論刑法学入門――刑法理論の味わい方』（日本評論社，2014年）313頁以下（杉本一敏執筆），331頁以下（仲道祐樹執筆）

Unit 3

因果関係

■ Topics ■　停止要求・暴行・追突

以前，行為者が高速道路を走行中，被害者車両の前に割り込んで車線上に無理やり停止させたのち，下車して車両内部の被害者に暴行を加えたりしているうちに，被害者車両が後続の車両に追突され，被害者らが死亡するという事件があった。極めて悪質な行為であり，何らかの形でその者に死亡結果の責任が問われるかが検討されることになったが（興味があれば，東京高判令和元・12・6 判タ 1479 号 72 頁と，その後の法改正に至る経緯を含めた議論について調べてみて欲しい），ここでは，高速道路上においては「そうした危険」があることが当然の前提となっている。では，これが見通しの良い一般道で，路肩に停めていても普通なら追突する車両はまずないという状況で暴走車両が突っ込んできた場合も同様に考えられるだろうか。また，後続車両が何台も追突したが，その中にスピード違反や飲酒運転の車両が多数混ざっていた場合，どの範囲の結果について責任を問われるのだろうか。そもそも，上記のような事例において結果が帰属される「行為」とはどこまでなのか，それはどのように決定されるのか。

1　実行行為と因果関係

因果関係とは何のために要求されるのか。その内容はどのようなものか。

▶▶実行行為とは

通常の犯罪では，保護法益が侵害され結果が生じた場合に既遂犯として処罰されることが前提となっている（単なる危険でなく実害が必要という意味で**侵害犯**，挙動にとどまらず結果が必要という意味で**結果犯**などといわれる）。殺人罪（199 条）

の保護法益は他人の生命であり，これが侵害されて死亡結果が生じた場合，既遂となる（何をもって人の死と評価するかについては議論がある）。

その際，構成要件に該当すると評価される行為のことを，従来から**実行行為**と称してきた。実行行為とは，社会生活上一般に許容されている程度を超え，法が禁止している程度の危険性を持つ行為とされており，刑法規範の見地から「**許されない危険**」を創出するものであると理解されている。注意を要するのは，これは規範的な評価であって，必ずしも科学的な見地から結果発生の確率が高いものである必要はないとされている点である。例えば，いわゆるロシアンルーレットのように，数回に１回しか弾丸の出る確率が存在しなかった銃を発砲しようとする場合，生命が侵害される確率だけをいうなら，非常に高度のものが存在しているわけではない。それでも，この発砲行為は殺人罪の実行行為として扱われるであろう。他方，例えば，遺産相続目当てに自分の祖父に死んでほしいと思っている場合に，交通事故が起きることを願って長距離バスの旅行チケットを購入し，祖父にプレゼントとして渡し，乗車させる行為について考えてみると，そうした事故の発生が今日，およそ稀有であるとまではいえなくなっていることを勘案するならば，純粋に確率のみでいえば，あるいは上記のロシアンルーレット並みかそれ以上に死亡結果が生じる危険性が高いと判断されるケースが存在するかもしれない。しかし，自分で爆弾を仕掛けておいたなどの事情がない限り，これらの事故が生じる可能性はなお社会生活上一般に**許された危険**の範疇にとどまっているといえ，したがって上記の行為は実行行為とはいえないと解されている。

▶▶因果関係とは

しかし，そうした実行行為がなされ，現に結果が生じてしまったとしても，それだけでは既遂犯としての責任を問うことはできない。現に生じた結果について責任を問うためには，行為と結果との間に何らかの結び付き・関連が必要だと考えられる。そもそも既遂犯は未遂犯と比較して重く評価されるものであるし，未遂犯が処罰されていない犯罪類型（例えば，過失犯全般や器物損壊罪〔261条〕など）の場合には，そうした結び付きが存在していなければ犯罪は成立しないのであって，両者を区別する意義は非常に大きい。

このような見地から，**因果関係**とは，「その行為が結果を引き起こしたことを理由として，より重い違法評価を下すことが可能になるといえるだけの関係」であると解されている。そして，これは法的な評価・規範的な評価であるのだから，実行行為性の判断と同様に，純粋に科学的な見地からの結び付き・関連性だけでは足りないと考えられる。つまり，事実的な関連性（**事実的因果関係**）に加えて，規範的な関連性（**法的因果関係**）が必要となるのである。

☑ Check Points

☐ 実行行為とは，法的・規範的に許容されない（法益侵害結果発生の）危険性を創出する行為である。

☐ 因果関係とは，生じた結果を問題となる実行行為に結び付けることが可能なだけの関係性を指す。したがって，事実的なつながり（条件関係）にとどまらず，法的な見地からも結果を行為者のしわざであると評価できるだけの関係性（法的因果関係）が必要である。

2 事実的因果関係

事実的因果関係とはどのような関係を指すか。どのように判断されるか。

▶▶条件公式

事実的因果関係とは，法的な見地からの評価以前に，少なくとも事実的な基礎としての結び付きが存在していなければならないことから要求されている。そして具体的には，その（実行）行為をしないことによって生じた結果が回避できたといえる場合でなければ，そもそもその結果を当該行為に結び付けて考えるべきではないと考えられている。図式的にいえば，その行為がなくとも「まったく同じ結果」が発生したであろうといえる場合には，既に因果関係は否定される。古くからこのことを表現するのに，**「あれなければこれなし」**，「～していなければ……しなかった」（conditio sine qua non）という公式（**条件公式**

とか c.s.q.n. 公式などといわれる）が用いられてきており，そのため，事実的因果関係は「**条件関係**」と形容されてきた。

例えば，例1 X が殺意をもって A に致死量の毒を飲ませたが，毒が効き始める前に，無関係の Y が突然やってきて A を射殺したとしよう。この場合において X の行為と A の死亡結果との間に条件関係があるかを考えると，X の投毒行為がなくとも A は Y によって「射殺」されていたのだから，条件関係が欠け，殺人未遂が成立するにとどまるということになる（この場合，X の行為は Y の行為によって「追い越されて」いるとして，**因果関係の断絶**などといわれる）。

▶▶結果の具体化

他方，例1 で Y の罪責を考えてみると，A は既に致死量の毒を飲まされた状態であったのだから，Y が発砲しなくても，「どっちみち毒によって死んでいただろう」と考えて，Y についても条件関係が否定される（未遂にとどまる）ということにならないか。しかし，これは以下の理由から否定される。すなわち，ここで判断の対象となる「結果」とは抽象化された「A の死亡」ではなく，「その時点，その場所における，そのような態様の A の死亡」として具体化された上で特定されなければならない。例1 では，Y が撃たなければ「そのような死」＝「発砲による死」は発生していなかったのであるから，条件関係は否定されず，Y は殺人既遂となる。このような**結果の具体化**が要請される根拠としては，保護法益（ここでは A の生命）はその都度その都度において時々刻々と保護されており，X の投毒により既に余命が短くなっていたとしても，そのことのみを理由として既遂犯の規定による保護が否定されるべきではないことなどが指摘されている。

▶▶仮定的代替原因

例えば，例2 死刑執行人 X が死刑囚の執行に際して絞首刑のボタンを押そうとした際に，死刑囚に殺害された被害者の遺族である Y が，X を押しのけて自らボタンを押し，これによって死刑囚が死亡したとしよう。この場合，Y の行為につき，「Y がボタンを押さなくとも X が押していたであろう」という理由から条件関係が否定されることはない。というのは，「X がボタンを押す行為」というのはここでは実際には生じなかった「仮定的」な原因であるから，現実の条件関係を判断する際に，このような事情（**仮定的代替原因**とか仮定的因果経過などといわれる）を付け加えて判断してはならないのである。したがって，Ｙがボタンを押さなければ「そのような態様の死亡結果」は発生しなかったといえ，Ｙは殺人既遂となる。このような説明を指して，従来「**付け加え禁止の法則**」などといわれることがあった。

▶▶「付け加え禁止」の意味

ところがその後，不作為犯の処理に際して，例えば［例３］母親Ｘが溺れた子供Ａを助けず見殺しにしたというような場合に，条件関係を肯定するためには，「もしＸが救助していたら」Ａの生命は助かったであろう，という判断がなされることになるが，これは「仮定的な事情を付け加えて」判断していることにならないのか，という疑問が提起された。

しかしこのような疑問は，そもそもの「付け加え禁止」の意味をよく考え直してみれば解消される。［例２］では，「他の行為者による作為」の存在を付け加えることが禁止されているのであって，ここで判断の対象となっている「Ｙの行為」については，いったん仮定的に取り去って「なかったこと」だと想定し，それでもそのような結果が生じるかを考える，というのが条件関係の判断枠組みである（そのため，条件公式について「**仮定的消去法**」と呼ぶことがある）。つまり，そもそも条件公式それ自体が，作為の場合には「～していなければ」……だったであろう，という内容であって，「その行為をしていなかった場合」の仮定的な付け加えが判断の前提をなしているのである。したがって，例３のような不作為の場合であっても，問題となる不作為を取り去って，その作為義務を履行していたという状態を想定することになる。すなわち「～していれば」……だったであろう，という判断がなされるのであって，ここでは「要求される行為をしていた場合」の仮定的な付け加えが判断の前提をなしているのである。

もし分かりにくければ，高校の英語の時間に勉強させられた仮定法・非現実話法という話を思い出してほしい。「もし私が鳥であったら」空を飛べるのに，というやつである。読者の皆さんの中におそらく鳥はいないであろうから（？），この文のカギカッコの内部は仮定的に前提とされている部分であって，それでも「仮に」あったこととして考えてみれば，果たしてどんな結論になるだろうか……という構造になっている。条件関係の判断もこれと同じだと思って欲しい。

▶▶条件関係の意義

近年では，「付け加えの禁止」の内容については上述のような混乱を招くおそれがあることから，むしろ端的に，事象の経過を順にたどって，具体的な行為と結果との間に，最低限の事実的なつながり＝経験法則に照らした関連性（**合法則的条件関係**）があるかどうかを検討すると説明する見解もある。これは従来の条件公式（仮定的消去法）を基礎とした説明と結論において異なるものではなく，むしろその内容を明確化するものであるといえる。なぜなら，そもそも前提として「Ａが生じればＢになる」というような理解が，法則的知識として一般に共有されていなければ，「ＡなければＢなし」という判断自体が最初から不可能だからである。とりあえず，「風が吹けば桶屋が儲かる」というような，純粋に事実としてのつながりがあれば足りる，と考えておいて欲しい（この説明の意味が分からない人は，この機会に調べてみよう）。

▶▶択一的競合

例えば，例４まったく偶然に，面識のないＸとＹが，同一の被害者Ａの飲み物にそれぞれ独立に致死量の毒を入れ，Ａは死亡したが，入れた毒の種類はまったく同一で，ＸとＹのどちらの毒も作用したものの，どちらがどの程度作用を及ぼしたのかは明らかにならなかったという事案を考えてみよう。この場合，Ｘが入れなくてもＹの毒で，Ｙが入れなくてもＸの毒で，それぞれ同一時点においてＡが死亡したであろうといえるから，いずれの行為についても条件関係が否定され，両者とも未遂犯にとどまることになる。

これに対して従来の学説は，このような場合，すなわち幾つかの条件についてどちらかを（択一的に）取り除いた場合には結果が発生するが，それらを全部取り除くと結果が発生しないような場合（**択一的競合**）には，条件公式を修正し，すべての条件について条件関係を認めるべきであると考えてきた。しかし近年では，こうした修正には理論的な根拠が存在しないばかりか，単なる推測のみに基づいて結果について責任を問うことになり，「疑わしきは被告人の利益に」の原則に反する，という批判が加えられている。

☑ Check Points

□ 事実的因果関係は，仮定的に，問題となる行為を一度なかったものとして想定した場合，果たして被害結果が生じるか，という考慮によって判断される。その際には一定の法則的知識が不可欠である。

3 法的因果関係

相当因果関係説とはどのような考え方か。その後，どのような点が問題とされ，現在の判例・多数説はどのような判断枠組みを用いているか。

▶▶問題の所在

以上のような事実的な因果関係だけで足りるとする考え方（**条件説**）も存在するが，一般的にはこれだけでは結果について責任を問われる範囲が広くなり過ぎると考えられている。例えば，例5 X が殺意をもって A を刃物で刺したところ，救急車で病院に搬送される途中に落石（落雷や交通事故でもよい）に遭って，それが原因で A が死亡したという場合について考えてみよう。この場合，X が刺していなければ救急車で搬送されたりせず，搬送されていなければ事故に遭わず，事故に遭わなければ死んでいなかったのであるから，条件関係は肯定される。しかし，およそ予想できない事態に巻き込まれて結果が発生したような場合に，その結果を行為者のしわざであると評価してよいのか，直感的に疑問が生じる。

▶▶相当因果関係説とその内部における議論

そこで，行為の時点からみて，経験的に予測可能な経過だけを既遂犯としての「相当」な因果関係と考えるべきであるとする考え方（**相当因果関係説**）が登場した。もっとも，ここではどこまでの範囲に属する事実を判断の基礎として考慮するか（いかなる事実を「判断基底」から除外するか，などともいわれる）という点をめぐり，以下の3つの立場に分かれる。

まず①**主観説**は，行為者本人が（主観的に）認識していた・し得た事実のみを基礎として判断する。しかし，一般的には普通の人は普通に気付くだろう，というような事態であったとしても，行為者本人が異様に非常識で注意力がなく気付き得なかった，という場合にも既遂犯としての責任を問えなくなり，因果関係が認められる範囲が狭過ぎると批判された。そこで，②**客観説**は，行為時に客観的に存在していた事実はすべて判断の基礎とするが，行為後に初めて生じた事実（介在事情といわれる）については，「客観的に予見が可能だった」範囲の事実を判断の基礎に置いて考える。この立場では因果関係の存否は客観的に判断されるべきであるという考慮が優先され，その結果として，条件説と比較したときに大幅に帰責の範囲が限定される……ということにはならない。以上に対して，③**折衷説**は，介在事情の生じた時期について行為時と行為後で特に区別せず，一般人が予見可能であった事実と，行為者本人が特に知っていた事実を判断の基礎に置いて考えるべきとする。ここでは②客観説と比較すると，介在事情について一般人にとっての「予見可能性」が存在しなければ因果関係が否定されることとなり，より帰責の範囲が限定されることになる。

▶▶具体的な結論の相違

相当因果関係説からは，上記の例5のような場合には②でも③でも因果関係は否定される。では具体的に結論に差が生じるのはどのような場合か。

例えば，例6傷害の故意で軽く切り傷を付けたら，被害者は偶然血友病患者であって，傷口から出血が止まらなくなり，結果として死亡してしまったが，行為者も周囲の者も被害者が血友病患者であることを知らず，また知り得なかったという場合について考えてみると，②客観説からは，被害者が血友病に罹患していたという事情は行為時に既に存在しているのであるから，判断の基礎に含まれることになり，「血友病患者を傷付けたら血が止まらなくなり死亡した」という因果経過が相当であるか否かを判断することになる。そうした事態の経過は相当であるといえるから，因果関係が肯定され，傷害致死罪（205条）の構成要件に該当することになる。他方，③折衷説からは，このような場合には，被害者が血友病に罹患しているという事情は一般人にとって予見可能性がなく，行為者本人も知らなかったのであるから，判断の基礎から除外される。したがって，「（特異体質を有していない）人を傷付けたら血が止まらなくなり死亡した」という因果経過について判断されることになり，これは相当とはいえないので因果関係は否定され，傷害罪（204条）の構成要件に該当するにとどまることになる。

もっとも，②を採用する論者の多くは，構成要件該当性を認めたとしても，責任非難の段階において，傷害致死罪のような結果的加重犯においては，処罰するためには加重結果の発生につき過失の存在が必要であるとした上で，例6のような場合には過失（の要件としての予見可能性）の存在が認められないため，傷害罪の限度でしか罪責を問えないと解している。こうしてみると，処罰範囲を構成要件の段階（因果関係）で限定する③と，有責性の段階（過失）で限定する②との間には，最終的には処罰範囲の差は生じないことになる。

▶▶判例は条件説か

判例は古くから，被害者に特殊な持病があったことが予見できなかった場合であっても死亡結果について帰責を認める立場を採ってきたため（最判昭和25・3・31刑集4巻3号469頁〔被害者が脳梅毒に罹患していた事案で傷害致死罪の成立を肯定〕，最判昭和46・6・17刑集25巻4号567頁〔百選Ⅰ8事件，高齢の被害者に心臓疾患が存した事案で強盗致死罪の成立を肯定〕など），学説の側から「判例は条件説である」と批判されてきた。しかし，単純に条件関係のみでなく，現在の多数説のように，後述するような「危険の現実化」という尺度により法的因果関係の次元において判断した場合でも，行為が直接的な死因を形成している事案において因果関係が肯定される可能性は高く，そのため，これらの判例が「条件説を採用した」とは断定できないように思われる。

▶▶相当因果関係説の「危機」

その後，以下の二つの最高裁判例が，今日に至る判例の立場を鮮明なものとし，同時に学説に対して深刻な反省を促す契機となった。

まず，最決平成2・11・20刑集44巻8号837頁（百選Ⅰ10事件，大阪南港事件）では，XがAの頭部を殴打し，脳出血を発生させて意識を失わせ，深夜の資材置き場に放置して立ち去ったのち，Aの生存中に何者か（Y）が角材で被害者の頭部を数回殴打し，翌日未明にAが死亡したが，Aの死因はXによる最初の暴行（第1暴行）によって形成された脳出血であり，Yの暴行（第2暴行）は既に発生していた脳出血を拡大させ，幾分死期を早める影響を与えたにとどまる，という事案において，Xの第1暴行と死亡結果との間の因果関係を肯定し，傷害致死罪の成立を認めた。また，最決平成4・12・17刑集46巻9号683頁（百選Ⅰ12事件，夜間潜水事件）では，スキューバダイビング潜水指導者であったXが，夜間潜水の講習中に受講生らの動向に注意せず不用意にそばから離れ，見失うに至り，その後，経験の浅い指導補助者であったYが不適切な指示をしたこともあって，これに従った受講生Aが水中移動中にタンク内の空気を使い果たして溺死した，という事案において，Xの過失行為と死亡結果との間の因果関係を肯定し，業務上過失致死罪の成立を認めた。

いずれの事案においても，Xにとって他人である者（大阪南港事件ではY，夜間潜水事件ではYおよびA）の，それ自体としてみれば予見可能性の乏しい行為が介在事情となっているが，それにもかかわらず因果関係が肯定されている。その際，大阪南港事件では，Xの行為が結果発生の直接的な原因（ここでは死因）を形成していることが重視されている（第1類型）。他方，夜間潜水事件では，そのようにはいえないものの，YやAの行為という介在事情はXの行為から「誘発されたもの」だと評価されており，これは行為とそうした介在事情が密接に結び付いていることを示していると考えられるのである（第2類型）。

こうした場合に，予見可能性の乏しい事情が介在しただけで因果関係が否定されてしまうというのは不当ではないか，という点が指摘され，相当因果関係説は「危機」に瀕しているといわれるようになった。

▶▶危険の現実化

現在では，以後の判例における事案を大きく上記の2つの類型に区別して説明するようになっている。そしてこれらの場合には，行為によって創出された危険性が結果の中に「現実化」したと解されているのである。

例えば，Xらに暴行を受けたAが，マンション居室から深夜に逃走したものの，高速道路に侵入し，走ってきた自動車にひかれて死亡したという事案について考えてみると，確かに暴行それ自体は死因を形成しているわけではないし，「高速道路に侵入する」という行為それ自体を切り離してみると予見可能性は乏しいかもしれない。しかし，相当長時間にわたって多数の者から暴行を受け，やっと部屋から逃げ出したものの，直後にXらが自動車を出してまで追跡を開始しており，その車の音がAにも聞こえていた可能性もあるとされていることを考慮に入れるならば，仮に客観的には他の安全な逃走場所が存在したのだとしても，Ａとしては「極度の恐怖感を抱き，必死に逃走を図る過程でとっさにそのような行動を選択した」のはやむをえないことであって，その行動が「著しく不自然，不相当であったとはいえない」と評価することができる。ここでは，実行行為（暴行）と，その後の行為（追跡），さらにＡの不適切な行動とが密接に結び付いているということになり，上記第２類型の枠内で因果関係を肯定することができよう（最決平成15・7・16刑集57巻7号950頁〔百選Ⅰ13事件，高速道路侵入事件〕）。

また，Ｘらに暴行を受けたＡが，搬送された病院で直ちに止血のための緊急手術を受け，いったんは容態が安定して，約３週間の加療期間が見込まれていたものの，その後容態が急変し，Ｘらによって加えられた後頸部の刺創がもとで死亡したが，記録上，Ａが無断退院しようとして，体から治療用の管を抜くなどして暴れ，医師の指示に従わず安静に努めなかったことで容態が悪化した可能性が否定できないという事案では，たとえ介在事情となったＡの態度が予見不可能であったとしても，当初の暴行が死因を形成していることを重視するならば，第１類型の枠内で因果関係が肯定されることになろう（最決平成16・2・17刑集58巻2号169頁〔治療拒否事件〕）。

▶▶事案を処理する上でのポイント

以上のような考え方は「危険の現実化」論などといわれてきたが，近年では最高裁判例においても明示的にそうした表現が用いられ，条件関係のみでは足りず，以上のような観点から法的因果関係が認められる必要があることが説かれるに至っている（最決平成22・10・26刑集64巻7号1019頁〔日航機ニアミス事件〕，最決平成24・2・8刑集66巻4号200頁〔三菱自工車両車輪脱落事件〕）。

事柄の性質上，一般化された判断基準を明示することは難しいが，大まかにいえば，まずは，①当初の行為にいかなる性質・態様において結果を生じさせる危険性が含まれていたかを具体的に明らかにすること，次いで，②これを介在事情に含まれていた危険性と比較対照することにより，③行為が実際に結果を発生させる直接的な原因を作り出しているか（第１類型），そうでなければ，④行為と介在事情との間に密接な結び付きが存在していたか（第２類型）を検討することが重要であると思われる。このうち④の判断に際しては，(A)介在事情が第三者や被害者の態度である場合にはそうしたものを「誘発した」という評価が成り立つか，(B)介在事情が被告人自身の行為である場合には，それが実行行為と併せて社会的に「一連の行為」といえるような評価が成り立つか，を考えるようにすれば，多少なりとも処理の筋道がイメージし易くなるであろう。

▶▶応用問題

重要な最高裁判例が多いので，最後に応用編として以下の事案を掲げておきたい。ぜひゼミなどで検討してみて欲しい。①高速道路停車事件最高裁決定（最決平成 16・10・19 刑集 58 巻 7 号 645 頁）では非常に介在事情の数が多い。因果関係を肯定する場合，どのような論理が用いられることになるか。②トランク監禁事件最高裁決定（最決平成 18・3・27 刑集 60 巻 3 号 382 頁〔百選Ⅰ 11 事件〕）は，上述してきた２つの類型には当てはまらない。因果関係を肯定するとしたらどのような論理があり得るか。さらに，以上①②の論理にはどのような問題があるか。

☑ Check Points

☐ 従来の相当因果関係説は，介在事情についての予見可能性の存否を判断基準とする考え方であった。

☐ 法的因果関係の判断に関し，現在では行為の創出した危険性が結果の中に現実化したといえるかという考え方が用いられている（危険の現実化）。その際，行為が結果発生の直接的な原因を作り出しているか，あるいはそうでなくとも，行為と介在事情との間に密接な結び付きがあるといえるか，という枠組みが，大まかな判断基準となる。

【参考文献】

島田聡一郎「相当因果関係・客観的帰属をめぐる判例と学説」法学教室 387 号（2012 年）4 頁以下

佐伯仁志『刑法総論の考え方・楽しみ方』（有斐閣，2013 年）31 頁以下，98 頁以下

杉本一敏「Ⅰ　因果関係・不作為犯」法学教室 442 号（2017 年）12 頁以下

Unit 4

不作為犯

■ Topics ■　何もせずとも犯罪になる？

Aが仕事帰りにそそくさと公園の横を歩いていると，どこかから助けを求める声が聞こえてきた。「誰か助けて！」辺りを見回すと，公園の敷地内にある池で小学校低学年とおぼしき子どもBが服を着たまま溺れている。何とか助けなければと思うが，周りには自分一人しかおらず，おまけに自分は泳ぐのがめっぽう苦手だ。あの子を見殺しにするわけにはいかないと思いつつも，こんな冷える日に池に入ったら，自分まで溺れてしまうかもしれない。聞こえなかったことにしてその場を立ち去ったAは，刑事責任を問われるだろうか。

このような場合の評価は，事実関係が異なれば大きく変わりうる。もし通りがかったのがBの父親Cであったら，自分の子どもを助ける責任が発生しうる。他方で法は不可能を強いるものではないから，仮に父親Cであったとしても，およそ泳げないのに池に飛び込んで自分まで溺れることを求められるわけではない。また，Aの他にも周りに複数の人がいたのであれば，Aが立ち去ったとしてもBが助かる可能性が完全に閉ざされるわけではなかろう。

もっとも，他人がいれば助けてくれるとは限らない。心理学においては「傍観者効果」（bystander effect）と呼ばれる概念があり，これは，何か事件が起こっている際に，自分以外にも傍観者がいる場合は自らが率先して援助しようとしなくなる心理状態のことを指す。この概念が提唱されるきっかけとなったのは，1964年にニューヨークで発生したキティ・ジェノヴィーズ事件という，深夜に一人の女性が自宅近くの路上で暴漢に襲われ長時間乱暴された後に殺害された事件であるが，この事件では当時38人もの人が事件を目撃していたところ，誰一人被害者を助けず，警察等への通報もしなかった。

以下で説明する通り，不作為犯を処罰するためには被害者の保護がその者に依存している関係にあったことが必要だと考えられているが，これは「唯一」の存在であったことまで常に要求する趣旨ではなく，例えば「父親・母親の二人」がそうした地位にあったと認められる場合もあり得る。「何もしないことが犯罪になる」とはどういうことなのか，この Unit で考えてみよう。

1　作為と不作為

不作為によっても犯罪は成立するか。
不真正不作為犯の成立はどのような場合に認められるか。

▶▶不作為犯とは

刑法に規定されている構成要件の多くは，「〜するな」という禁止を示している（例えば，199 条の殺人罪の内容は「人を殺すな」という禁止である)。他方で，「〜せよ」という命令を示している規定もある（例えば，130 条後段の不退去罪は退去しないこと自体が犯罪であり，その内容は「要求を受けたら退去せよ」という命令である)。作為犯とは，何かをするという積極的な身体の動作である「作為」によって，刑法による禁止を破る犯罪であり，不作為犯とは，何かをしないという消極的な身体の動作である「不作為」によって，刑法による命令に反する犯罪である。

▶▶真正不作為犯と不真正不作為犯

不作為犯には，上述した不退去罪のように構成要件自体がはじめから不作為の形で規定されており，その規定に不作為で違反する場合（**真正不作為犯**）と，構成要件自体は作為で規定されているが，これに不作為によって違反する場合（**不真正不作為犯**）とがある。これらのうち特に後者については，直接の処罰規定がないことに起因して，処罰範囲が明確とはいい難い部分も残されているため，罪刑法定主義との関係が問題となりうる。不真正不作為犯が処罰されるのは，当該不作為による法益侵害の危険性が作為によるそれと同視しうる程度に存在している必要があると解される。

☑ Check Points
□ 不作為犯には，真正不作為犯と不真正不作為犯の形態がある。
□ 不真正不作為犯は，作為で規定されている構成要件を不作為の形で充足することから，その成立範囲をいかにして適正に画するかが問題となる。

2 不真正不作為犯の成立要件

不真正不作為犯の成立を認めるために必要とされる要件はどのようなものか。

▶▶作為義務の発生根拠

不真正不作為犯の実行行為がみとめられるためには，当該不作為が構成要件の予定している**作為義務**に違反している必要がある。この作為義務違反は，法益侵害結果の発生の危険がある場合にその発生を防ぐ特別の義務を負う立場（**保障人的地位**）にある者が，その義務を果たし得たのにそれを怠った場合に生じるとされる。このような，結果発生を防止するために必要な一定の作為を行う義務（作為義務）を有する地位にある者（保障人）の不作為だけが構成要件に該当するとする考え方は保障人説と呼ばれるが，これは保障人的地位という要件を書かれざる構成要件要素として位置付けるものである。

保障人的地位の発生根拠に関して，伝統的に主張されてきた形式的三分説は，作為義務の発生根拠を法令，契約・事務管理，（先行行為を含む）条理とする。この考え方は形式的・客観的な基準であるものの，個々の要素それ自体がなぜ刑法上の義務付けを基礎付け得るのかが判然としない（例えば，民法上の扶養義務がなぜ殺人罪の作為義務を基礎付けるのか不明である）という批判を受け，今日ではより実質的な発生根拠の説明が試みられるようになっている。

まずは，法益の保護が行為者に依存している状態，つまり行為者次第で法益の維持・存続が左右される関係（**排他的支配**）の有無が重要であると考えられている。もっとも，偶然に排他的支配を有してしまった場合（例えば，深夜見知らぬ人が玄関前で意識を失って倒れており，自分しか助けられる者がいない状態になっていた場合など）に常に「殺人罪の作為義務」を課すことは妥当か，といった点が問題視され，例えば，問題となる状況に先立って自身の行為により法益を危険に晒したこと（**先行行為による危険創出**）や，自身の意思で法益の維持・存続を担う地位についたこと（**保護の引き受け**）などが付加的に要求される場合があると考えられている。

▶▶作為可能性・容易性

もっとも，結果発生を防止する行為に出ることが不可能だったのであれば，法は不可能を強いることはないので，作為義務を課すことはできない。さらに，例えば泳げることは泳げるにしても，小学校の授業で 25 メートル泳いだ経験があるというだけの人にとり，荒れ狂う海に飛び込んで他人を助けるということは自身をもかなりの危険に晒すことにつながる。そうすると，刑罰を担保として義務付けるという以上は，単に**作為可能性**があればよいというのではなく，作為が容易であったこと（**作為の容易性**）も要求されるべきと考えられる。

▶▶同価値性

そして前述したように，当該不作為が作為と法的に同価値である，つまり自分で直接手を下した場合と同視しうるだけの状況と評価される必要もある。もっとも今日では，これが単なる価値判断を超えた何らかの実体を有しているかは疑問であり，例えば「これはもはや殺人罪の作為義務違反を基礎付ける」といった形で，他の成立要件の解釈に際して当該犯罪による処罰を基礎付けるものであるか否かを判断する際の指針として理解すべきであり，独立した要件として考慮する必要はないとする見解が有力である。

▶▶シャクティパット事件決定

不作為による殺人罪の成否が問題となった重要な事案が，最決平成 17・7・4 刑集 59 巻 6 号 403 頁（百選Ⅰ 6 事件，シャクティパット事件）である。本件では，被告人は手のひらで患部をたたいてエネルギーを通すことで自己治癒力を高めるという，シャクティパットと称する独自の治療法を施すことで信奉者を集めていたところ，脳内出血で倒れて入院した重篤患者 A の親族 B からシャクティ治療を施すよう依頼されたため，B にメールで指示を送って A を病院から運び出させ（作為），自己の滞在中のホテルに運び込ませたのち，未必的な殺意をもって，生命維持のために必要な医療措置を受けさせないまま放置し（不作為），Aを死亡させた。最高裁は，被告人は①不適切な指示により病院から運び出させたという自己の責めに帰すべき事由によりAの生命に具体的な危険を生じさせた上，②自己を信奉するBからAの手当てを全面的に委ねられた立場にあったことから，不作為による殺人罪が成立すると判断された。作為義務の発生根拠の議論との関係では，①は先行行為による危険創出に，②は排他的支配にそれぞれ対応する事実であると理解することが可能であろう（なお，退院すれば生命の保証はできないとする医師の制止を振り切ってまで入院中の病院からAを運び出させた行為が，それ自体作為による殺人罪の成立を基礎付けるのではないかと思った方は，控訴審判決〔東京高判平成15・6・26高刑速（平15）号85頁〕においてそうした理解が否定されている理由をぜひ確認しておいて欲しい）。

☑ Check Points

- □ 作為義務の発生根拠としては，排他的支配や，先行行為による危険創出・保護の引き受けなどが挙げられている。
- □ 作為義務を課す前提として作為可能性・容易性が必要となる。

3 不作為による殺人罪・放火罪

不作為による殺人罪や放火罪の成立が認められるのは，どのような場合か。

▶▶不真正不作為犯の成立が認められる犯罪類型

実際に不真正不作為犯の成否が問題となるような犯罪類型は限られており，判例では殺人罪と放火罪（108条以下）の場合が特に重要である。以下では両罪の不真正不作為犯の成否に関する判例の判断構造を見ていく。

▶▶不作為による殺人罪

近年しばしば見られるのが，親が幼児に食事を与えないで餓死させた場合や，虐待を繰り返して死亡させた場合である。これらの事案においては，保護責任者遺棄致死罪（218条・219条）と殺人罪のいずれが成立するかが問題となりうる。学説上は客観的な危険性の程度や作為義務の内容・程度によって区別されるとする見解もあるが，実際上その区別は容易ではないと思われ，客観面では区別できず殺意の有無のみで区別されるとする理解が有力である。確かに殺意の有無は重要ではあるが，他方で行為者の主観だけに左右されることになるというのも妥当とは思われず，悩ましいところである。

▶▶ひき逃げをめぐる問題

判断がより難しいのはひき逃げの事案である。まず行為者が自動車運転時の過失によって被害者に傷害を負わせたことについては，過失運転致傷罪（自動車運転死傷行為等処罰法5条）が成立する。そして，行為者がそのまま現場を立ち去った点については，単純遺棄罪（217条）における「遺棄」が作為に限定されるとする通説的な理解を前提とすると，同罪の成立は認められない。しかし少なくとも，道路交通法上の救護義務違反（道交法72条1項前段・117条2項）および事故報告義務違反（道交法72条1項後段・119条1項17号）の罪が成立する（これらの罪の法定刑も改正によって相応に加重されているので，確認しておいて欲しい）。

さらに，過失で他人に傷害を負わせた場合，この部分は先行行為による危険創出に相当する。仮に被害者を病院に搬送するため一旦自車に乗せたものの，その後犯行の発覚をおそれ，人気のない場所で降ろして放置した場合には，被害者を一旦車内に収容して走行を開始することにより，外部の者が気付けない・手出しできない状況に至っており，排他的支配の存在も認められることになるので，保護責任者遺棄致死罪における保護義務，ならびに不作為による殺人罪における作為義務が肯定される。その後，具体的な事実関係に照らし，殺意があるか否か，殺人罪の実行行為と同視しうるだけの危険性があるか否か等を検討することにより，両罪のいずれが成立するかが決せられることになる。

▶▶不作為による放火罪

不作為による放火罪の成立が認められた判例では，「既発の火力を利用する意思」を重視していると思われるものがある。具体的には，神棚のろうそくが神符の方に傾いているのに気が付きつつも火災になれば火災保険金が取れると思いそのまま外出した事案（大判昭和13・3・11刑集17巻237頁），残業中の従業員が火鉢の炭火の後始末をせずに居眠りをしている間に火が燃え移ったのに気付いたが不始末の発覚をおそれて消火措置をあえてとらずにその場を立ち去った事案（最判昭和33・9・9刑集12巻13号2882頁〔百選Ⅰ5事件〕）などが挙げられる。これらの事案では，現場において出火に気付き，消火活動が可能なのは被告人1人に限られており，排他的支配が認められる。また，故意・過失で出火させたと評価できれば先行行為による危険創出があったといえるが，中にはやや微妙な場合も含まれているように思われる。他方，被告人が火力をそのまま利用しようと考えた点は，放火罪の故意を基礎付けるとはいえても，それ以上に客観的な成立要件の欠如を埋め合わせるようなものとまではいえないであろう。

☑ Check Points

☐ 不作為による殺人罪の成立が認められるか否かは，殺人の故意のみでなく，客観的な事情も踏まえて決せられるべきである。

☐ 不作為による放火罪の成立を認める際，判例では「既発の火力を利用する意思」に言及されることがある。

4　不作為の因果関係

不作為犯における因果関係の有無はどのように判断されるか。

▶▶不作為と結果との間の因果関係

作為犯の結果帰属に際しては条件関係の存在を前提としつつ法的因果関係の判断がなされることになるが（Unit 3参照），不作為犯の場合，不作為それ自体が物理的な意味で結果発生の危険性を作り出すわけではないことから，どのようにして因果関係の有無を判断すべきかが問題となる。もっとも結論からいえば，現在では不作為犯においても作為犯の場合と特に異なる理解がなされているわけではない。

▶▶「確実な救命可能性」の意義

判例は，被告人が覚醒剤を注射して錯乱状態に陥った女性被害者をホテルの客室に放置したことにより死亡させた事案（最決平成元・12・15 刑集 43 巻 13 号 879 頁〔百選Ⅰ 4 事件〕）において放置行為と死亡結果との間に因果関係があるとしている。本件では，被告人は被害者が錯乱状態になってから 2 時間近く救急医療を要請することもなく放置し，その後被害者を残して立ち去ったが，最高裁は被害者がまだ若年で生命力が旺盛であり，特段の疾病などもなかったことなどに照らすと，直ちに救急医療を要請していれば「十中八九」被害者の救命が可能であったといえ，この段階で「同女の救命は合理的な疑いを超える程度に確実であった」として，因果関係を認め，保護責任者遺棄致死罪が成立するとした。

注意を要するのは，このうち「十中八九」というのはいわば比喩であって，文字通り 80〜90 パーセントの救命可能性があればよいという意味ではないという点である。むしろ実際の基準となっているのは①「合理的な疑いを超える程度に」②「救命が確実であった」とされている部分であり，このうち①は，一般に刑事裁判において有罪判決を下す際の事実の証明・認定の程度に関する説明であって，不作為犯においてもこのことは変わらないということを示している。他方②は，条件関係の判断に際しては，不作為においても作為犯と同様に，「作為義務を履行していれば結果が発生することはなかった」という意味において「あれなければこれなし」といえる関係が存在している必要があり，それはほぼ「確実」といえなければならないという内容であると解されている。もちろん，裁判も人間の営みである以上，100 パーセント間違いがないとまでは言い切れない（このことは上訴や再審が制度として予定されていることからも明らかである）が，「確実性に境を接する蓋然性」という表現がしばしば用いられるように，ほぼ確実に結果発生を回避し得たということが確認されない限り，不作為と結果発生との間に法則的なつながりがあったとはいえないのである。そして，仮に介在事情が存在するなどの事情があれば，そののちに法的因果関係の判断が別途必要となることは作為犯の場合と同様である（なお，作為義務を基礎付ける前提となる作為可能性の判断に際しては，救命可能性は「相当程度」

存在していれば足りると解されていることに注意して欲しい。例えば，東京高判平成23・4・18東高刑時報62巻1～12号37頁など)。

☑ Check Points

□ 合理的な疑いを超える程度に確実な結果回避の可能性があった場合には，不作為と結果との間に条件関係が認められる。

【参考文献】

佐伯仁志『刑法総論の考え方・楽しみ方』（有斐閣，2013年）80頁以下
橋爪隆『刑法総論の悩みどころ』（有斐閣，2020年）58頁以下

Unit 5

故　意

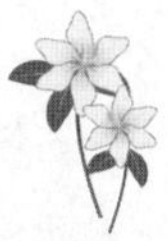

■ Topics ■　「わざとやった」と「評価」される

授業で故意を扱う際，（露骨さの程度はともかく）刑法学で問題となるのは「鯉」や「恋」ではない……的な内容を口走ろうとする教員は，古くから多いと思われる（統計を取ったわけではないが，経験に基づく感想である）。個人的にはそういう笑いの取り方はするまいと心に誓ってはいたものの，最近はあまり自信がない。それはさておき，日常用語的な理解から出発するなら，「わざとやった」か「うっかりやってしまった」か，というのが，故意と過失の相違をイメージして貰う上で分かり易いであろう。もっとも，具体的な犯罪事実との関係で刑法上「故意犯」として評価されるためには，自ずから検討されねばならない点が存在する。さらに，法的「評価」の問題である以上，事実の認識という心理的な内容に依存すべきではなく，生じさせた出来事について故意犯としての効果を「帰属させられるか」こそが問題であるとする主張すら近年では主張されるようになっている。難問であるが，とりあえず本 Unit ではそうした点はひとまず度外視した上，従来の議論の蓄積や実務上重要な点などについて説明を加える。

1　故意犯処罰の意義

故意が認められるためには，行為者はどんなことを知っていればよいのか。

▶▶故意犯処罰の原則

刑法は故意がある行為だけを処罰することを原則としており（**故意犯処罰の原則**：38 条 1 項本文），例外的に過失犯が処罰される場合においても，故意行為を過失行為より重く処罰している。その趣旨としては，刑法の目的は法益の保護であるが（Unit 1 参照），より効果的にその目的を達成するために，法益の侵害・危殆化を直接にもたらす意図的な行為を特に取り上げて，より重い評価を与え，重い刑を科すことを予定していると考えられる。過失行為とは大まかにいえば不注意・うっかりな行為であって（Unit 7 参照），仮に故意犯と同等の重罰を科したとしても，これによって同様の事態の再発を防ぎ法益保護を効果的に達成できるかといえば，難しい部分があるからである。あるいは，処罰のために要するさまざまなコストを考えるならば，限られたコストをより必要性・実効性の高い領域に振り向けるべき，という側面もあるかもしれない。

▶▶故意の認識対象

「刑法が禁止しようとする行為」は「構成要件によって類型化された法益侵害行為」であるから，故意の内容としては，まずは「構成要件に該当する犯罪事実の認識」が必要であるといえる。すなわち，構成要件の客観的内容（行為主体，客体，行為態様・状況，因果関係など）の全般についての認識が必要ということになり，そのどれかの要素について認識が欠けていたということになれば，故意の成立は否定される。このことを構成要件論の側からみれば，ある犯罪成立要件がひとたび構成要件として類型化されれば，すなわち故意の内容として認識されていなければならない要素であるということになる（これを，構成要件の**故意規制機能**と呼ぶ。Unit 2 参照）。実際上は特に，「実行行為」性の認識，すなわち結果発生の危険性が存在していることについての認識の存否が問題となる場合が多い。

なお，一定の認識までは認められるが，客観的に生じた事実を認識するまでには至っていなかった場合には，錯誤の問題が生じ，どの限度で故意の成立を認めてよいかが問題となる（Unit 6 参照）。

☑ Check Points

☐ 刑法は故意犯処罰を原則としている。故意とは，客観的な構成要件該当事実が，行為当時に行為者の主観面において反映されていたといえるときに認められる。

2 故意における「認識」の程度

故意が認められるためには，どの程度の「認識」があればよいのか。

▶▶意味の認識

対象となるものにつき，外部的・客観的な「存在」を認識していた（いうなれば「裸の認識」だけが存在していた）としても，それだけで故意の存在を認めることはできない。例えば猟師が山林の中で自分の眼前に現れた「毛むくじゃらの塊」を知覚し，野生の動物だと思って発砲したところ実は毛深い人だったという場合，「殺人」罪の故意を認めることはできないだろう。それではその逆に，故意を認める上で，例えば法定刑の重さなど「刑罰法規に書かれている内容そのものの認識」までも必要になってくるのだろうか。

ここでは二つの場合を挙げて考えてみよう。まず，①事実を条文上の概念に当てはめるためには特別な知識が必要となるような場合がある。文書偽造罪（154条以下）における「偽造文書」を例にとれば，まず，必ずしも紙に書かれているものである必要はなく，また私文書の場合には原則として「有形偽造」である必要があるところ（Unit 26参照），そんな専門的なことを正確に理解した上で行為に出る者はほぼいないであろう。また，②条文上の概念への当てはめに際して刑法的な評価・価値判断が必要となるような場合もあり，例えば，公然わいせつ罪（174条），わいせつ物頒布等の罪（175条）における「わいせつ」概念については，判例上，非常に長く複雑な定義がなされているが（最大判昭和32・3・13刑集11巻3号997頁〔百選Ⅰ 47事件，チャタレイ事件〕），そんなことを正確に理解した上で行為に出る場合というのはやはり考えにくい。

これらの場合に，仮にそうした専門的な知識や判断が欠ければ故意は成立しないということになると，専門知識のある法律家しかそれらの故意犯とはなりえないということになりかねない。そこで，故意が成立するためには，いわば専門家レベルでの理解は必要なく，「名称」それ自体の認識も必要ではないのであって，むしろ構成要件該当事実の意味・性質に関する素人的理解（**意味の認識**）が必要であり，かつ，それだけで足りると考えられる。上記の例では，それぞれ例えば「ニセの証明書を作る」「エロ本を売る」という程度の認識で足りるであろう。このことは，錯誤論の領域においても，規定の解釈について誤信し，その結果自分の行為がその刑罰法規に該当しないと勝手に思い込んだとしても故意の成立は否定されない（「**当てはめの錯誤**は故意を阻却しない」）という形で示されている（詳しくはUnit 6参照）。

▶▶規範論との関連

意味の認識に関する理論的な根拠については，以下のように説明することができよう。すなわち，①刑法は国民に対して言語化された形で規範を提示し，それによって違法行為をやめさせ，法益を保護することを目標としている。②他方において，刑罰法規の条文それ自体は裁判官に与えられた指針であるが（**裁判規範**），同時にその内容は専門知識を持たない一般市民に理解可能な行動の指針（**行動規範**）としても示されている必要がある（Unit 1参照）。③したがって，必ずしも専門知識を持たない行為者が有する故意の内容としては，裁判規範の内容をなす概念が日常用語のレベルに「翻訳」された内容についての認識（行動規範の内容の認識）を有してさえいれば足り，これが意味の認識であるということになる。

▶▶薬物犯罪の問題

以上に関し，実際上特に問題となるのが薬物犯罪である。ここでは同一の概念が複数の法的概念に当てはまる可能性があり，その際，意味の認識の具体的な内容をどのように定義すればよいかにつき非常に困難を伴うからである。

例えば，覚醒剤取締法2条1項2号では「政令で指定するもの」という規定の形式を用いることにより，新たに出現した危険薬物を政令指定によって随時，取締りの対象に追加していくという手法が用いられている。また，麻薬及び向精神薬取締法（麻薬取締法）2条1号では別表第一に掲げるものを麻薬として定義しており，その別表を見ると膨大な種類の薬物が掲げられているが，中には政令で指定されることを条件としたものも含まれており，同様の考慮がなされていることが読み取れる。しかしながら，これらの薬物を客体とする犯罪について故意の存否が問題となった場合に，具体的な薬物の名称（例えば「ジアセチルモルヒネ（別名ヘロイン）その他モルヒネのエステル及びその塩類」）などを知っている必要はないであろう。そうするとどの程度のことを知っていればよいのだろうか。例えば「何か分からないけどやばいブツ」などという程度で足りるのだろうか。

▶▶判例の態度とその理解

この点に関し，判例では以下のような事案が問題となった。すなわち，例 1 アメリカ人であるXは，Yに指示され「化粧品」であると聞かされた覚醒剤約3キロを日本国内に密輸入した。その際，Xにはそれが「覚醒剤である」ということについての確定的な認識はなかったが，その形状や感触等から，少なくともそれが「日本に持ち込むことを禁止されている違法な薬物である」ことの認識はあったと認定されたため，Xに覚醒剤輸入罪（覚醒剤取締法41条1項）の故意が認められるかが問題となったが，最高裁は，Xには「覚せい剤を含む違法薬物」という「類」について確定的な認識があるが，それらのうちのいずれの薬物であるかについてはそれ以上特定されていない状況であったと評価し，いずれにしても「覚せい剤」の認識は上記の「類」の中に含まれているのであるから故意は成立するとした（最決平成2・2・9判時1341号157頁〔百選Ⅰ40事件〕）。

本件における結論としてはそれでよいように思えるが，この理由付けをいかに理解すべきかは難しい。そうした「類」の具体的な内容を示し，問題となった対象物がその「類」に含まれていたと評価するのは裁判所であるが，個別の事案における実際の行為者の認識内容について「なぜ」そのように評価できるのか，根拠が明らかでないからである。

▶▶意味の認識の内容

この点に関し，学説上は上述した意味の認識の概念を用いた上で，この種の薬物犯罪の場合にその具体的な内容をどのように定義すべきかが議論されてきた。まず，①何らかの意味で「違法な物質」としての認識があれば足りるとする考え方があり得るが，これではあまりに無限定過ぎ，「構成要件ごとに類型化された事実」の認識が不要とされてしまう。他方，最も厳格に，②覚醒剤であることが実際に行為者の脳裏をよぎったことが必要だとすると，今度は無頓着でいい加減な者ほど故意が否定され，有利に取り扱われてしまうおそれがある（もっとも，その後の裁判例では「麻薬であることの認識」を要求しているように読めるもの〔例えば，千葉地判平成8・9・17判時1602号147頁〕も存在する）。そこで，

③「法規制の対象となっており，依存性の作用を有する薬物である」という認識が必要であるとする理解が有力に主張されている。他方，④構成要件は個々の法益を侵害する行為で成り立っているから，（薬物犯罪の有する）法益侵害性や社会的有害性についての認識が必要だとする見解も有力である。

☑ Check Points

□ 故意の成立には意味の認識が必要だと考えられているが，その具体的な内容を定義することが難しい場合も存在する。その典型例は薬物犯罪である。

3 故意の種類

「未必の故意」とはどのような状態を指すか。

▶▶確定的故意と故意の構成要素

殺人罪を例にとり，確実に故意が認められる場合を考えてみると，例えばスナイパーが遠くから被害者を射殺しようとしている場合のように，①（殺人という）結果発生の高い危険性が存在しており，かつそのことを認識しているとはいえなくとも，結果の発生を強く意図している場合と，例えば後に保険金をだまし取る目的で火災事故を装って深夜住人が寝ている際に家に火を放つ場合のように，②（殺人という）結果の発生を必ずしも強く意図しているわけではないものの，その高い危険性を認識している場合とが考えられる。講学上，これらはいずれも**確定的故意**と呼ばれており，一般的に①では意思的な要素が，②では認識的な要素がそれぞれ完全に備わっていると考えられ，そこから，故意を構成する要素についてもこの両面を考慮する必要があると解されてきた。

▶▶不確定的故意とその種類

これに対し，認識的な要素がそこまで強くない・確実でない場合を総称して**不確定的故意**と呼ぶが，これはさらに以下のように区分される。まず**択一的故意とは，複数の客体のうち「どれか一つ」を侵害するつもりであり，かつどれを侵害しても構わないと思っていた場合を指す（例えば，歩いてくる2人に向けて「どちらに当たっても構わない」と思いながら石を一つ投げるような場合）。他方，**概括的故意**とは，複数の客体のうち，どれでも，かつどれだけの客体を侵害しても構わないと思っていた場合を指す（例えば，無差別テロでビルに爆弾を設置するような場合）。また，これらの中間に位置するような状態もありうる。例えば，5人が住んでいる家の中に小規模のプラスチック爆弾を投げ込んだが，爆弾の性能からして2人を殺害するのが限界であると思っていたところ，5人のうちどの2人を殺そうかということまでは特定していなかったような場合が考えられる。こうした場合は，いうなれば「択二的故意」ということになろう。

▶▶未必の故意

これらの場合において，実際に被害が生じた個々の客体についてみると，行為者は「もしかしたら侵害するかもしれない」という不確定的な認識（未必的な認識）しかない。そこで，こうした場合はいずれも「**未必の故意**」のバリエーションに属すると説明されている。未必の故意の中には，客体の属性に関する場合もありうる。例えば上記の［例1］（前掲最決平成2・2・9）のように，「どの薬物か」については確定的な認識を持っていなかった場合には，結果的に密輸した覚醒剤との関係では未必的な認識しか認められないことになろう。

未必の故意については，過失犯との区別が問題となる。例えば，［例2］自動車を運転していて，近くに小学校がある区域に差し掛かり，かつ生徒が通行する下校時間帯であることを知っていたが，①場合によってははねるかもしれないが，それでも構わないと思っていた場合と，②危険かもしれないが，自分の腕に間違いはないので大丈夫と思い，速度を落とさずに運転を続けた場合とで，実際に生徒をはねて死亡させてしまった際においては，①では未必の故意が認められ，殺人罪が成立するのに対し，②では故意は認められず，原則として過失運転致死罪が成立するにとどまる（これを認識ある過失という。詳しくはUnit 7参照），というのが妥当な結論だと考えられる。そうすると，①の場合に「故意」の成立を基礎付けているのは一体いかなる要素なのだろうか。

☑ Check Points

□ 故意は認識的要素と意思的要素から構成されていると考えられてきており，その一方のみが極めて強い場合であっても確定的故意が認められうるとされてきた。

□ 不確定的故意の中には，侵害しようとする対象の数や性質に関する場合があり得る。その場合，実際に侵害された対象との関係では未必の故意があったと評価されることになる。

4　故意の本質

一般的に，故意には「認識」的な側面と「意思」的な側面があるとされるが，それはなぜか。また，それぞれどのような内容として理解されているのか。

▶▶認識説・蓋然性説

まず，①構成要件該当事実の「認識」が故意だと解した上で，行為に出るときに「最終的に結果が発生すると思ったかどうか」で過失と区別されるとする考え方がある（**認識説**）。その延長線上に，②故意とは構成要件実現の単なる可能性ではなく「高度の蓋然性」を認識していることが必要だとして，最終的に認識していた結果発生の確率が高いか低いかによって過失と区別されるとする考え方（**蓋然性説**）も存在する。これらの見解に対しては，判断停止のまま，あるいはまったく無関心で行為に出た場合に過失と区別できない，いかに結果発生を強く意図していたとしても，結果発生の確率がそこまで高くない行為（例えば，例３数百メートル先の者を狙撃するような場合）において故意が認められず妥当でない，といった批判がある。

▶▶認容説

これに対して通説的な地位を占めてきたのは以下のような考え方である。すなわち，③構成要件該当事実の認識に加えて，その実現についての認容（実現しても構わないという「意思」）が必要であり，その有無に応じて未必の故意と認識ある過失が区別されるというもの（**認容説**）である。この見解によれば，例えば例2であれば「死んでも構わない」という「認容」の有無によって結論を区別することができ，例3であれば強く意図していたという点を「認容」として扱うことで故意を肯定できる。

もっとも，近年では認容説は多くの批判にさらされている。例えば，「認容」には「起こってもよい」「起こっても構わない」「起こっても仕方がない」といったさまざまなレベルが考えられ，同じ基準を採用しても結論が分かれてしまう，「法に対する敵対的な意思」がないから故意がない，というような処理に陥り易く，そうした「悪い心情」の有無に応じて区別するのは一種の「心情刑法」である，行為者が投げやりだったり無関心だった場合には判断ができない，確定的故意においてはそのような「認容」が認められない場合もある，などといったものである。以上のような見地から，結果発生を「実現する意思」に担われた行為を故意行為として評価すべきだとする見解（**実現意思説**）や，結果発生の認識が動機となってそのような意思が形成されたことを故意と評価すべきだとする見解（**動機説**）などが有力に主張されている。

☑ Check Points

☐ 故意の本質はいかなる要素かをめぐり，かつては未必の故意と認識ある過失の区別基準を中心に議論されてきたが，近年ではより広く，確定的故意の場合も含めて論じるべきことが意識されるようになった。

☐ もっとも，認識的要素に加えて意思的要素が必要か，必要としてもその具体的な内容はどのようなものか，といった点をめぐっては対立がある。

5　故意の体系的地位

故意は違法要素か，責任要素か。

▶▶責任要素とする考え方

伝統的には，「違法は客観的に，責任は主観的に」という考え方（客観的違法論）を徹底した場合，故意はもっぱら内心における心理的事実であり，したがって責任要素として位置づけられていた（**心理的責任論**）。そこでは，故意犯と過失犯は，構成要件該当性の段階・違法性の段階のいずれにおいても同じであり，有責性の段階において初めて区別されると考えられることになる（結果無価値論を徹底した場合に親和的である。Unit 2・7 参照）。

▶▶違法要素→構成要件要素とする考え方

これに対して，責任は単なる心理的事実ではなく，法的・規範的な視点からみてその行為者にいかなる非難可能性が存在するのかという問題であると考える（**規範的責任論**）のが現在の通説であるが（Unit 11 参照），これを敷衍すれば，故意は「意思に従った行動制御」があったかという次元において考慮されることになり，これを徹底すれば違法要素であると解され，「規範意識に従った動機付け」の次元で考慮される責任要素とは区別されることになる。このような立場からは故意犯と過失犯は構成要件の段階から別個のものと解され，異なる規範に違反するものであるとして，違法性の程度においても異なるものと解されることになる（行為無価値論を徹底した場合に親和的である。Unit 2・7 参照）。

☑ Check Points

□ 現在では，故意をもっぱら責任要素として位置付ける考え方と，故意を本質的に違法要素と理解した上で構成要件で類型化されていると位置付ける考え方とが有力に主張されている。

6 故意の認定

故意の有無は，実際の訴訟においてどのように判断されるのか。

▶▶事実認定の難しさ

故意の有無は結局は行為者本人の「行為当時の主観面」の問題であることから，自白のない場合の立証，事実認定は時として非常に困難となる。このため，捜査機関はしばしば自白に依存しがちとなり，その獲得を目指して無理な取り調べがなされる傾向があったと批判されることも多い。このような観点からも，客観的な事実関係を基礎とした判断を行う意義は大きいといえる。

▶▶殺意はあったのか

刃物による殺人罪の故意（殺意）を例にとれば，被告人本人が否認していたり黙秘していたとしても，例えば凶器の性質（刃渡り何センチか，切れ味はどうかなど）や，その用いられ方（どのような角度で，どれくらいの強さだったか，何回刺したかなど），被害に遭った部位（いわゆる身体の枢要部とされる箇所〔胸や腹など臓器が集中している部位や，頸動脈など〕だったかなど），被害者との位置関係（無理なく強く刺すことができる場所にいたか，危険な部位であることが見える位置だったかなど）などの事実関係から，①行為時における「生命に対する危険」の認識の存在が認められるかがまず最も重要である。

他方，そうした点だけではなお不明瞭な部分が残る場合においても，②行為前の事実関係，例えばもともと怨恨があったか，被害者と言い争う様子について証言があるかといった点や，③行為後の事実関係，例えばすぐに立ち去って被害者の様子を確認したりとどめを刺したりする態度がなかったとか，すぐに119番通報して被害者を介抱していたといった点などは，行為時に強い殺意があったかどうかの判断に影響を与える事情になり得る。

このように，法の解釈論（規範）と事実の認定（当てはめ）とは車の両輪であり，その双方に支えられて初めて適切な事案の解決につながるのである。

☑ Check Points

□ 故意の存否を判断する上では客観的な事実関係の検討が重要となる。その際には，行為時の事実関係から法益侵害の危険性の認識の存否を検討すること，行為前後における事実関係から行為時の意思の強さを検討すること，などが重要となり得る。

【参考文献】

佐伯仁志『刑法総論の考え方・楽しみ方』（有斐閣，2013 年）236 頁以下

Unit 6

錯　誤

■ Topics ■　そんなはずではなかったのに……

皆さんは，今の大学生活に満足しているだろうか。本当はおしゃれな大学に行くはずだったのに地味な大学に行くことになった，経営学を勉強するはずだったのに法律学の勉強をすることになった，好きな人を見つけて楽しい生活を送るはずが人間関係のもつれに悩まされている……など，入学前に抱いていたイメージ（表象）とは違った現実に直面しているかもしれない。

このように，表象と現実が異なることは，犯罪の場面でも起こりうる。人違いによってまったく別の人を殺害してしまった，1人だけ殺害するはずだったのに大勢の人たちを殺害してしまった，溺死させるはずだったのに全身打撲によって死亡させてしまった，隣家の犬を殺害するはずだったのにその飼い主を殺害してしまった……など，さまざまな事例が考えられる。いずれの事例でも，行為者は，現実（客観的に生じた事実）を認識するまでには至っていない。それでもなお，故意の成立を認めることは可能だろうか。

このUnitでは，行為者が認識した内容と客観的に生じた事実との間に食い違いが見られる場合，どの限度で故意の成立が認められるか，考えてみよう。

1　錯誤の種類

刑法における錯誤とは何か。錯誤の場合に何が問題となるのか。

①　事実の錯誤と違法性の錯誤

刑法上，錯誤とは，行為者が認識していた内容と現実との間に食い違いが見られる場合をいう。認識内容と現実を照らし合わせ，事実面に食い違いが見られる場合を**事実の錯誤**といい，事実を正しく認識しているが違法評価の点に食い違いが見られる場合を**違法性の錯誤**（**法律の錯誤**または**禁止の錯誤**）という。

▶▶事実の錯誤

事実の錯誤が見られる典型例としては，自分の傘だと思って他人の傘を持ち帰った場合が挙げられよう。故意が認められるためには，行為者が構成要件の客観的内容を認識していなければならない（Unit 5を参照）。例えば，窃盗罪（235条）の故意が認められるためには，客体が「他人の」財物であることを認識していなければならない。先の典型例では，行為者は客体（傘）が「他人の」財物であると認識していないため，窃盗罪の故意は認められない。せいぜい行為者には，不注意であるとして過失が認められるに過ぎない（もっとも，窃盗罪には過失犯の処罰規定がないため，行為者が刑法上の過失責任を負うこともない）。このように，行為者が事実の錯誤に陥っている場合は，原則として故意の成立が否定される。

▶▶違法性の錯誤

違法性の錯誤には，2つの種類がある。1つは，刑罰法規の存在を知らず，自分の行為は許されていると思い込んだ場合である（**法の不知**）。もう1つは，刑罰法規の存在を知っていたものの，規定の解釈を誤り，自分の行為はその刑罰法規に該当しないと思い込んだ場合である（**当てはめの錯誤**）。

もし，故意の内容として**違法性の意識**も必要であると考える（**厳格故意説**）ならば，いずれの場合も行為者には違法性の意識が欠けているため，故意が否定されることになる。しかし，そうした考え方は，「法律を知らなかったとしても，そのことによって，罪を犯す意思がなかったとすることはできない」とする38条3項と調和しない。そのため，実際に違法性の意識が欠けていても，違法性を意識する「可能性」が存在すれば故意の成立を認めるとの考え方（**制限故意説**）がある。しかし，故意の成否は，認識があるかないかのどちらかで決まるものであり，「可能性」の有無で決まるものではないだろう。現在の多数説は，故意の内容に違法性の意識やその可能性を含めず，違法性を意識する可能性すらなかった場合には，故意は否定されず，責任が否定されると考えている（**責任説**）。こうした考え方によれば，違法性の錯誤が見られる場合には，行為者に違法性の意識をもつ可能性があったかどうかが問題となる。

もともと最高裁は，故意を認める際に違法性の意識もその可能性も不要とし，違法性の錯誤がある場合でも故意を認めてきた（**違法性の意識不要説**）。しかし，近時の判例では，違法性の意識を欠いたことに「相当の理由」がある場合には，犯罪の成立が否定されうることを示唆している（最決昭和62・7・16刑集41巻5号237頁〔百選Ⅰ48事件〕）。

いずれにせよ，判例や通説によれば，事実の錯誤と違法性の錯誤を区別する意義は，前者の場合には故意が原則として否定されるが，後者の場合には故意が否定されない点にあるといえよう。

②　事実の錯誤の諸類型

事実の錯誤に着目すると，例えば人違いでまったく別の人を殺害した場合も，事実面に食い違いが生じているとして，原則通り，殺人罪（199条）の故意が否定されるだろうか。このような事例で故意を否定すべきでないならば，事実の錯誤が見られる場合に，どの程度の食い違いまでなら故意の成立が認められるのか，問題となる。そこで，問題となる事例群をあらかじめ類型化しておこう。

まず，食い違いが構成要件の枠内で生じているか否かによって2つに分類される。構成要件の枠内で食い違いが見られる場合を**具体的事実の錯誤**といい，構成要件の枠を超える形で食い違いが見られる場合を**抽象的事実の錯誤**という。前者は，A罪の構成要件に該当する事実を認識して行為に出たところ，A罪の構成要件に該当する事実が実現したが，その事実面に食い違いが生じている場合である。後者は，A罪の構成要件に該当する事実を認識して行為に出たところ，B罪の構成要件に該当する事実が実現した場合である。

こうした分類方法とは異なり，構成要件のどの要素に食い違いがあるかによって分類すると，**客体の錯誤**，**方法の錯誤**（**打撃の錯誤**），**因果関係の錯誤**に分けられる。客体の錯誤とは，狙い通りの客体に結果が生じたが，その客体が（人違いのように）思っていた客体ではなかった場合をいう。方法の錯誤とは，狙っていた客体とは別の客体に結果が生じた場合をいう。例えば，Xが殺意をもって，目の前にいるYに向けて銃を発砲したが，弾丸は意外にもZに命中してZが死亡したような場合である。因果関係の錯誤とは，狙い通りの客体に結果が生じたが，行為者の認識と異なる因果経過を辿って結果が生じた場合をいう。例えば，被害者を溺死させようとして橋の上から川に投げ込んだところ，意に反して被害者が橋脚に当たり，全身打撲で死亡したような場合である。

☑ Check Points

- □ 刑法における錯誤とは，行為者の認識内容と発生した事実との間に食い違いが見られる場合をいう。
- □ 事実面に食い違いが見られる場合を事実の錯誤という。この場合，原則として故意は否定されるが，どの程度の食い違いまでなら故意を認めてよいかが問題となる。
- □ 事実の錯誤は，同じ構成要件の枠内における錯誤か否かで具体的事実の錯誤と抽象的事実の錯誤に区別される。また，どの構成要件要素に錯誤が生じているかによって，客体の錯誤，方法の錯誤，因果関係の錯誤に区別することができる。
- □ 違法評価の点に食い違いが見られる場合を違法性の錯誤という。この場合，判例や通説によれば，故意は否定されない。

2 具体的事実の錯誤

具体的事実の錯誤が見られる事例では，どんな基準で故意を認めるのか。

① 客体の錯誤と方法の錯誤

▶▶法定的符合説

客体の錯誤や方法の錯誤が見られる場合，判例や通説は，認識した事実と実現した事実が同じ構成要件に該当すれば，故意の成立を認めてもよいと考えている（**法定的符合説**）。この考え方によれば，人違いによる殺害の事例では，行為者が認識していた「人」と実際に結果が生じた「人」がいずれも殺人罪の構成要件に該当する客体である以上，行為者には殺人罪の故意が認められる。また，このUnitの*1*②で挙げた方法の錯誤の事例では，Xが認識していた「Y」と実際に結果が生じた「Z」がいずれも殺人罪の構成要件に該当する客体である以上，XがZを認識していなかったとしても，XにはZに対する殺人罪の故意が認められる。さらに，法定的符合説の主流は，Yを狙って発砲している点でYに対する殺人罪の故意も認められるとして，XにはYに対する殺人未遂罪とZに対する殺人既遂罪が成立すると考える（**数故意犯説**）。

判例も，拳銃を強取しようとして警察官を殺害する意思でびょうを発射したところ，びょうは警察官を貫通した上で30m先の通行人にも当たり，警察官と通行人に重傷を負わせた事案において，両名に対する強盗殺人未遂罪の成立を認めている（最判昭和53・7・28刑集32巻5号1068頁〔百選Ⅰ 42事件〕）。もっとも，量刑は，最初から2つの強盗殺人未遂罪を実現しようとしていた場合と同様に考えてはならないと解されている（東京高判平成14・12・25判タ1168号306頁も参照）。不当に重い刑が科されないよう，1個の行為で複数の犯罪が成立する場合は，その犯罪のうち最も重い犯罪が1つのみ成立する場合と同じ刑の範囲で処罰されることになる（これを**観念的競合**〔54条1項前段〕という〔Unit 16を参照〕）。

▶▶故意の個数をめぐる問題

しかし，もともと行為者が客体（人）を1つしか認識していない場合に，複数の故意犯を成立させても良いだろうか。この点に疑問を抱いた法定的符合説の一部の論者は，行為者が客体を1つしか認識していない場合，故意犯が1つしか成立しないとする考え方（**一故意犯説**）を打ち出した。この考え方によれば，XがYを狙って発砲したところ，意外にもZに命中してZが死亡した場合，もともとXは客体を1つしか認識していない以上，Zに対する殺人罪の故意しか認められず，結果が生じていないYに対する犯罪は成立しない。Xには，Zに対する殺人既遂罪のみ成立する。また，同様の事例でYにも命中してYとZを死亡させた場合は，もともと狙っていたYに対する殺人罪の故意が認められる以上，Zを死亡させたことは不注意（過失）であると評価される。Xには，Yに対する殺人既遂罪とZに対する過失致死罪が成立することになる。

さらに，同様の事例でＹに重傷を負わせ，Ｚを死亡させた場合，一故意犯説の多くは，行為者が認識していた結果を生じさせた客体に対する故意犯の成立を優先して認めるため，Ｙに対する過失傷害罪とＺに対する殺人既遂罪が成立すると主張している。では，数日後にＹも死亡した場合はどうなるか。その場合は，もともと狙っていた客体に対する故意犯の成立を優先し，Ｙに対する殺人既遂罪とＺに対する過失致死罪が成立すると主張されている。しかし，このような主張は，行為者の認識内容と無関係に，事後的な事情で故意犯か過失犯かが決まることを容認するものに他ならないとして，批判の的になっている。

▶▶**具体的符合説**

そこで，法定的符合説の基準よりも具体的な部分で，認識した事実と実現した事実が一致する場合にのみ故意を認める考え方（**具体的符合説**）が有力に主張されている。この考え方は，認識した事実と実現した事実が同じ構成要件に該当しなければならないと理解する点で，法定的符合説と共通する（それゆえ，具体的符合説は**具体的法定符合説**，法定的符合説は**抽象的法定符合説**とも称される）。具体的符合説の特徴は，認識した客体と実現した客体が特定の「その客体」というレベルで一致しない限り，故意の成立を認めない点にある。

この考え方を方法の錯誤の事例に当てはめると，ＸはＺという「その客体」を認識していないため，Ｚに対する殺人罪の故意は認められない。Ｙに命中せずＺを死亡させた場合は，Ｙに対する殺人未遂罪とＺに対する過失致死罪が成立し，Ｙにも命中してＹもＺも死亡させた場合は，Ｙに対する殺人既遂罪とＺに対する過失致死罪が成立することになる。一方，行為者が客体の錯誤に陥っている場合，例えば人違いによる殺害では，思っていた客体と異なるものの，「その客体」を認識して「その客体」に結果が生じている以上，行為者には殺人罪の故意が認められると主張されている。

しかし，具体的符合説が主張する「その客体」という基準は，客体が目の前に存在しない場合，どの客体を指しているのか特定しがたい。例えば，Ｘが，Ｙを殺害すべくＹの自動車に，エンジンをかけるとすぐに爆発するように爆弾を仕掛けたところ，翌朝，Ｙの妻Ｚがこの自動車に乗ろうとして爆死した場合，「その客体」が「その時その自動車に乗ったその人」を指しているのか，それとも「Y」を指しているのか，必ずしも明らかではない。この点を明らかにしない限り，客体の錯誤として故意を認めるのか，それとも方法の錯誤として故意を否定するのか，難しい判断を迫られる事例が出てくるだろう。

②　因果関係の錯誤

▶▶典型事例の解決方法

被害者を溺死させようとして橋の上から川に投げ込んだところ，意に反して被害者が橋脚に当たって全身打撲で死亡したというように，因果関係の錯誤が問題となる場面では，法定的符合説と具体的符合説の対立は存在しない。法定的符合説によれば，認識した事実と実現した事実が同じ構成要件に該当し，具体的符合説によれば，「その客体」というレベルでも一致しているからである。したがって，判例や通説の立場（法定的符合説）を前提にすると，因果経過に食い違いがあるものの，該当する構成要件に食い違いがないため，法的因果関係が認められる限り（Unit 3 を参照），故意は成立することになる。

先の事例に当てはめると，因果関係に食い違いはあるが，行為者が認識した事実と実現した事実は，いずれも殺人罪の構成要件に該当する。また，行為者は，被害者が橋脚に当たって全身打撲で死亡する直接的な原因を作り出している。それゆえ，行為者に殺人罪の故意が認められ，殺人既遂罪が成立する。

▶▶遅すぎた構成要件の実現

行為者が被害者の首を絞め（第1行為），被害者が死亡したものと思い込み，被害者を砂上に放置したところ（第2行為），被害者は砂を吸引して死亡したという事例のように，行為者の思惑に反して後行行為で結果が生じた場合を**遅すぎた構成要件の実現**という。この場合，第1行為と第2行為をまとめることで故意（この考え方を主張したドイツの刑法学者の名にちなんで**ウェーバーの概括的故意**という）が認められるとの考え方がある。しかし，行為者には第2行為で結果を実現する認識がないため，概括的故意を認めるべきではないと批判されている。今日，遅すぎた構成要件の実現では，行為者の認識とは異なる因果経過を辿って結果が生じた因果関係の錯誤が問題になると理解されている。

判例や通説は，この場合にも故意既遂犯の成立を認める（大判大正12・4・30刑集2巻378頁〔百選Ⅰ 15事件〕）。法定的符合説によれば，認識した事実と実現した事実は，いずれも同じ構成要件に該当するからである。また，第2行為によって結果が実現する場合でも，第1行為の危険と第2行為の危険が相まって結果が発生した（このような因果関係を**重畳的因果関係**という）と考えられるならば，第1行為が結果発生の直接的な原因を形成しており，第1行為によって作り出された危険性が結果の中に現実化していると評価できる。そのような場合には，故意既遂犯の成立が認められよう。

▶▶因果関係の錯誤を検討する意義

ここまで見る限り，因果関係の錯誤が存在しても，結論として故意（既遂）犯は成立している。そのため，因果関係の錯誤を検討する必要はなく，法的因果関係の存否を検討すれば足りるとの考え方（**因果関係の錯誤無用論**）が主張されている。しかし，因果関係も故意の認識対象である以上，実現した「危険の現実化」を行為者が認識していなければ，たとえ法的因果関係が認められる場合でも，結果を故意に実現させたと評価することはできないだろう。

例えば，行為者が被害者に向けて発砲し，銃弾は被害者に当たらなかったが，被害者は銃弾を避けた際に高層階から転落死したというケースで，行為者が転落死の危険を認識していなかった場合を想定してみよう。「危険の現実化」という基準で法的因果関係の存否を判断すると，発砲行為は被害者の転落という介在事情を誘発しているため，法的因果関係は認められる。しかし，行為者が被害者の転落死という危険性を認識していなければ，転落死の結果を故意に実現させたと評価することはできない。その場合，行為者には殺人未遂罪と（死の結果については）過失致死罪が成立するにとどまると考えられる。このように考えると，故意既遂犯として成立する範囲は因果関係の錯誤無用論よりも限定されるため，因果関係の錯誤を検討する意義は，なお存在すると思われる。

▶▶早すぎた構成要件の実現

行為者が被害者を大人しくさせ（第1行為），その被害者を海に投げ入れたところ（第2行為），被害者は第1行為で死亡していたという事例のように，行為者の思惑に反して先行行為で結果が生じた場合を**早すぎた構成要件の実現**という。この場合も因果関係の錯誤が問題となるが，当初から第1行為と第2行為が共に予定されており，両者を「一連の実行行為」として扱うことができるならば（この場合，実行の着手時期が問題となる〔Unit 12 を参照〕），法定的符合説によると，認識した事実と実現した事実が同じ構成要件に該当するため，第1行為の開始時点で最終結果に対する故意を認めることができよう。

☑ Check Points

□ 具体的事実の錯誤が問題となる場合，判例や通説は，認識した事実と実現した事実が同じ構成要件に該当する限り，故意を認める。この考え方に対しては，方法の錯誤が問題となる場面で，故意の個数に関する批判がある。

□ 遅すぎた構成要件の実現や早すぎた構成要件の実現は，因果関係の錯誤が問題となるが，いずれの場合も認識した事実と実現した事実が同じ構成要件に該当するため，判例や多数説は故意を認める。

3　抽象的事実の錯誤

抽象的事実の錯誤が見られる事例では，どんな基準で故意を認めるのか。

▶▶抽象的符合説

他人の物を壊す（器物損壊罪〔261 条〕）つもりで行為に出たところ，他人を死亡させた場合のように，認識した事実と実現した事実がそれぞれ異なる構成要件に該当する抽象的事実の錯誤を解決する基準について，かつては，行為者の反社会的な性格に着目し，およそ何らかの犯罪意思をもって行為に出た以上，故意を認めるとの考え方（**抽象的符合説**）が主張されていた。この考え方を事例に当てはめると，行為者には，器物損壊罪の故意が認められて器物損壊罪が成立するか，殺人罪の故意が認められて殺人罪が成立した後，38 条 2 項の規定に従って器物損壊罪の限度で刑が科されるかのいずれかになる。

しかし，行為者の認識した結果とまったく異なる結果が生じているにもかかわらず，認識通りの結果が実現したものとみなしたり，行為者が認識していないにもかかわらず，実現した結果を目指す意思があったものとみなしたりして処罰するのは，罪刑法定主義，とりわけ類推解釈の禁止（Unit 1を参照）に反する。

▶▶法定的符合説

それゆえ，現在では，認識した事実と実現した事実を照らし合わせ，構成要件という枠のレベルで両者に重なり合いが見られる範囲内でのみ故意を認める考え方（**法定的符合説**）が通説となっている。

では，認識した事実と実現した事実がそれぞれ異なる構成要件に該当する場合，どのような基準によって「構成要件的に重なり合っている」と判断されるのだろうか。一般的には，「保護法益と行為態様の共通性」が見られれば重なり合いが認められ，その限度で故意が認められる。例えば，行為者が被害者に傷害を与えるつもりで殴ったところ（傷害罪〔204条〕），死亡させた場合（殺人罪）を考えてみよう。殺人罪の保護法益である「生命」は身体を伴うものであるから，傷害罪の保護法益である「身体」と殺人罪の保護法益である「生命」には共通性が見られる。また，身体への傷害行為は他人を殺害する上でも必要不可欠な行為であるから，傷害罪の行為態様と殺人罪の行為態様には共通性が見られる。したがって，行為者には，傷害の限度で故意が認められ，傷害致死罪（205条）が成立する（最決昭和54・4・13刑集33巻3号179頁）。

他方で，母親が自分の子供を死んでいると思って遺棄したところ（死体遺棄罪〔190条〕），実はまだ生きていたという場合（保護責任者遺棄罪〔218条〕）はどうだろうか。死体遺棄罪の行為態様と保護責任者遺棄罪の行為態様はいずれも「遺棄」であるから，行為態様に共通性が認められる。しかし，死体遺棄罪の保護法益は死後の取り扱いに対する国民の願望や期待（これを敬虔感情という）であり，社会的法益に属するのに対して，保護責任者遺棄罪の保護法益は生命・身体の安全であり，個人的法益に属するため，法益に共通性は見られない。したがって，主観的に認識していた死体遺棄の事実については未遂犯の成立要件を満たす限度でのみ評価され，客観的に実現された保護責任者遺棄の事実については過失犯の成立要件を満たす限度でのみ評価されるが，現行刑法は死体遺棄罪に未遂の処罰規定はなく，保護責任者遺棄罪にも過失犯の処罰規定がないため，行為者は不可罰となる。

▶▶規範的符合説

法定的符合説によれば，薬物犯罪（薬物の種類に関する錯誤）については，後述するように「保護法益と行為態様の共通性」が見られるため，各構成要件に重なり合いが認められよう。しかし，対象となる薬物が異なれば構成要件に重なり合いは見られないはずであり，むしろその際には意味の認識（行動規範の内容）のレベルで重なり合うため（Unit 5 を参照），故意が認められるとの考え方（規範的符合説）が主張されている。しかし，こうした考え方に対しては，保護法益と切り離して行為態様の共通性だけで重なり合いを認めると，故意犯の肯定される範囲が不当に広がるのではないか（例えば器物損壊罪と傷害罪との間にも重なり合いが肯定されかねない）との批判が向けられている。

▶▶3 つの類型

ところで，抽象的事実の錯誤は，各構成要件に対応する法定刑の違いに着目すると，3つの類型に分けることができる。

第1類型は，軽い犯罪に当たる事実を認識して行為に出たところ，重い犯罪に当たる事実が実現した場合である。例えば，他人の物を壊す（器物損壊罪〔261条〕）つもりで行為に出たところ，他人を死亡させた場合（殺人罪）である。

第2類型は，重い犯罪に当たる事実を認識して行為に出たところ，軽い犯罪に当たる事実が実現した場合である。例えば，他人の物を盗む（窃盗罪〔235条〕）つもりで領得したところ，落とし物を領得した場合（占有離脱物横領罪〔254条〕）である。

第3類型は，認識した事実が当てはまる犯罪の法定刑と実現した事実が当てはまる犯罪の法定刑が同じ場合である。例えば，覚醒剤だと思って所持していた（覚醒剤所持罪〔覚醒剤取締法14条1項・41条の2第1項〕）ところ，それが麻薬（ヘロイン）だった場合（麻薬所持罪〔麻薬取締法28条1項・64条の2第1項〕）である。

▶▶各類型への当てはめ

通説である法定的符合説から，各類型はどのように処理されるのだろうか。第1類型の場合，38条2項に基づいて，実現した事実に対応する重い犯罪は成立しないが，構成要件に重なり合いが認められる限り，認識した事実に対応する犯罪の故意既遂犯が成立する（その際，没収については，最決昭和 61・6・9 刑集 40 巻 4 号 269 頁〔百選Ⅰ 43 事件〕において，実現した重い犯罪の処罰規定によるとされたが，学説からは批判も見られる）。事例に当てはめると，器物損壊罪の保護法益は「所有権」であるのに対して（詳細は Unit 20 を参照），殺人罪の保護法益は「生命」であるため，法益に共通性は見られない。また，器物損壊罪の行為態様は「損壊」であるのに対して，殺人罪の行為態様は「損壊」ではない。したがって，行為者が主観的に認識していた器物損壊の事実については未遂犯の限度でのみ，客観的に実現された殺人の事実については過失犯の限度でのみ，それぞれ評価されるが，器物損壊罪には未遂犯の処罰規定がないことから，行為者には過失致死罪（210 条）もしくは重過失致死罪（211 条）のみ成立することになる。

第 2 類型の場合，構成要件に重なり合いが認められる限り，認識した事実に対応する重い犯罪の構成要件の中に，実現した事実に対応する軽い犯罪の構成要件が含まれると解されるため，実現した事実に対応する犯罪の故意既遂犯が成立する。事例に当てはめるならば，窃盗罪も占有離脱物横領罪も，保護法益は「所有権」であり，行為態様も「領得行為」という点で共通性が見られる。したがって，軽い占有離脱物横領罪の限度で故意が認められ，行為者には占有離脱物横領罪が成立する。行為者が認識していた窃盗罪については，不能犯の理解次第で（Unit 12 を参照），未遂が成立しうることになろう。

第 3 類型の場合も，構成要件に重なり合いが認められる限り，実現した事実に対応する犯罪の故意既遂犯が成立する。事例における覚醒剤所持罪と麻薬（ヘロイン）所持罪の場合，保護法益に関しては，日本にその種の薬物が持ち込まれた場合，不特定多数の国民の「生命・身体・財産など」のほか「社会の安全」なども脅かされるため，これらが保護されているという点で両者は共通している。また，行為態様についても，「薬物の所持」という点で共通性が見られるため，両者には重なり合いが認められる。実現した事実が麻薬（ヘロイン）所持である以上，類似判例で示された考え方のように（最決昭和 54・3・27 刑集 33 巻 2 号 140 頁）行為者には麻薬（ヘロイン）所持罪のみ成立すると考える方が，客観的事実に即しているため，類推解釈の禁止に反するおそれはないだろう。

☑ Check Points

□ 抽象的事実の錯誤が問題となる場合は，認識した事実と実現した事実を照らし合わせ，構成要件的な重なり合いが見られれば，故意を認めることができる。

□ 法定的符合説は，構成要件の重なり合いについて，法益と行為態様に共通性が見られるかどうかで判断している。

【参考文献】

佐伯仁志『刑法総論の考え方・楽しみ方』（有斐閣，2013 年）257 頁以下

橋爪隆『刑法総論の悩みどころ』（有斐閣，2020 年）146 頁以下

Unit 7

過　失

■ Topics ■ 「ヒヤリ・ハット」と過失犯

自転車に乗っていて「あ，今危なかったな」と思った経験は誰でも有しているのではないだろうか。仮にその内容が自分が危なかったというのではなく，他の歩行者に接触しそうになったということであるのならば，客観的には「他人の身体を傷害しそうになった」ということを意味する。仮に過失傷害罪（209条）について未遂処罰規定が存在していたとすれば，こうした行為は刑法上問題となりそうであるが，幸いにして同罪をはじめとする過失犯には未遂処罰規定は存在していない。それは，この種の事態は日常的に存在しており，当罰性に乏しいものであって，処罰対象とすべきでないという立法者の価値判断に由来していることは一目瞭然であろう。もっとも，仮にこの種の行為を故意で行っていたということになれば暴行罪（208条）の成立する余地も生じる（Unit 17参照）。刑法が故意の場合と過失の場合とでその対処法を大きく変えているということであれば，その理由はどのようなところにあるのだろうか。

1　注意義務違反としての過失犯

刑法上の過失とはどのようなものを指すのか。

▶▶過失犯処罰の意義

38条1項はその本文において故意犯処罰が原則であることを規定しているが（Unit 5参照），同項ただし書は法律に「特別の規定」が存在する場合にはこの限りでないとしている。つまり過失犯を処罰する場合には，例えば失火罪（116条）や過失致死罪（210条）のように，各則において処罰規定が置かれている必要がある（もっとも判例はそう解しているわけではない。最判昭和37・5・4刑集16巻5号510頁など）。こうして，刑法においては過失犯処罰は例外的なものと位置付けられており，しかもその法定刑をみると，例えば殺人罪（199条）と過失致死罪とを対比してみれば，同じく人の生命が失われた場合でありながら両者の間には著しい刑の重さの差が設けられていることが分かる。その根拠を知るためには故意犯と過失犯の間にどのような構造的な差異があるのかを考える必要があるが，この点は*2*で扱うことにする。

▶▶過失の種類

過失には認識ある過失と認識なき過失とが存在しているとされる。前者は，例えば自動車で小学生の登下校の時間帯にスクールゾーンの近辺に差し掛かった場合のように，付近から人が飛び出してくるリスク（＝生命侵害の危険性）が認識されているような場合を指す。これに対して後者は，通常そこにいることが予想できないような場所から突然人が飛び出してきた場合のように，そうしたリスクの認識が存在しない場合を指す。認識ある過失については，未必の故意との区別が問題となる（Unit 5参照）。

また，211条前段には「**業務上過失**」致死傷罪が，後段には「**重過失**」致死傷罪がそれぞれ規定されている。後者は読んで字のごとく，過失致死罪と比較して過失の程度が重いものを指す。前者に関しては，判例は業務上過失致死傷罪における「業務」の意義につき「社会生活上の地位に基き反復継続して行う」行為であると同時に，「他人の生命身体等に危害を加える」おそれのあるものだとしている（最判昭和33・4・18刑集12巻6号1090頁）。その背景には一定の「地位」にある者については類型的に特別な注意義務が課されているという考え方があると考えられよう（なお，業務上失火罪〔117条の2前段〕，業務上過失往来危険罪〔129条2項〕における業務の意義に関しては，最決昭和60・10・21刑集39巻6号362頁〔百選Ⅰ 60事件〕，最判昭和26・6・7刑集5巻7号1236頁を参照）。

もっとも，他方で判例は自動車運転による死傷事故につき，過失致死罪の法定刑の低さ（50万円以下の罰金）を理由に，一種の拡張解釈により業務上過失致死傷罪の成立を認めてきたが，これが上記の考え方と整合的でないとする批判を受けてきた。その後，平成19年改正により，業務上過失致死罪よりも重い自動車運転過失致死傷罪（当時の211条2項）が新設され，これが現行の過失運転致死傷罪（自動車運転死傷行為等処罰法５条）に引き継がれていることから，既に「業務」の意義を拡張する実質的な理由は失われているといえる。

▶▶「注意義務」の構成要素

刑法上の過失とは，一般に注意義務に違反した行為だとされる。その具体的な内容としては，結果の発生を予見すべき立場にあったのにこれを怠ったこと（**結果予見義務**に違反したこと）と，結果の発生を回避すべき立場にあったのにこれを怠ったこと（**結果回避義務**に違反したこと）から構成されると考えられている。そして，法は不可能を義務付けるものではないから（不作為犯において，作為義務を課す前提として作為可能性が要求されていることを思い出して欲しい。Unit 4参照），予見義務を課す上では**予見可能性**が存在していること，回避義務を課す上では**回避可能性**が存在していることがそれぞれ前提となる。

なお，注意義務違反は必ずしも一定の行為を差し控えること（不作為）に尽きるものではなく，むしろそうした状況下の身体的動作により結果を生じさせること（作為）が原則と解されており，この点は故意犯と変わらない。

☑ Check Points

☐ 過失行為とは注意義務に違反した行為であるが，より具体的には，結果発生を予見し得たにもかかわらずこれを怠ったこと，さらに結果発生を回避し得たにもかかわらずこれを怠ったことの双方から構成される。

2 旧過失論と新過失論

過失犯の本質的な部分は予見可能性の有無に尽きるのか，それとも結果回避義務の具体的内容か。

▶▶旧過失論の構造

近代化以前においては，故意と同様に過失も主観的な心理状態に尽きると考えられており，そのような理解を前提とすれば，故意も過失ももっぱら責任要素として位置付けられ，両者は責任非難の部分においていわば量的な差異があるに過ぎないということになり得る。

この点，結果無価値論を前提とすれば，違法要素は法益侵害に尽きると解されることから，内心の問題・主観的な要素は責任段階に位置付けられ，上記のような理解と整合する。こうした考え方からは，法益侵害結果の発生を「予見し得た」場合であれば，それにもかかわらず行為に出た者を非難できることとなり，*1* でみた注意義務の内容のうち，結果の「予見可能性」の有無の判断が過失判断の内容を占めることになる。他方，回避義務の判断は固有の意味を失い，こうした要素をなお違法性の判断に取り込むことはできないと解される。以上のような考え方は**旧過失論**と呼ばれる。

▶▶新過失論の構造

以上のような旧過失論では，発生した結果との間に因果関係が認められれば常に「違法」とされ，予見可能性が認められれば常に過失犯として処罰されうることになる。しかし，社会生活上要求されているルールを守っていたにもかかわらず結果が発生した場合に「違法」であるとされたり，広範に処罰対象とされるということになるのであれば，疑問を容れる余地がある。

この点，行為無価値論を前提とするならば，同じく法益を侵害する行為であっても，故意犯と過失犯とでは既に違反した規範の性質が異なると解される。つまり，意図的に法益侵害を追求するような行為は特に一般予防の必要性が高く，より強く禁圧されるべきであると解されるのに対し，不注意で法益侵害を生じさせてしまった場合には，せいぜい例えば「危険物を取り扱っている以上，よく周囲に注意して作業するべきであった」といった規範に違反したことが認められるのみであり，規範違反の程度がより軽く，したがって違法性もより軽いと説明される。そして，一般的に構成要件は違法類型であると解されることから（Unit 2），故意犯と過失犯は構成要件の段階で既に類型として区別されるということになる。

こうした理解からは，故意があれば実行行為とされる行為であっても，過失犯の実行行為としてはなお認められない場合があるということになる。具体的には，過失犯固有の要件としての結果回避義務（その立場に置かれた一般人が守るべき行動基準にかなった態度を取る義務）の存否が判断の中心となり，仮に予見可能性が存在していても，社会生活上のルールに合致した範囲で行動していたと評価されれば，「結果回避義務違反」の行為とはいえないことから，構成要件該当性が否定される。以上のような考え方は**新過失論**と呼ばれる。

▶▶**許された危険・信頼の原則**

以上のような新過失論の論理は，例えば鉄道や自動車などの高速度交通機関，企業による高度なテクノロジーを用いた生産活動，治療行為などのように，一定の危険性を含むものであっても社会生活上必要かつ有用である行為については，それが関連法規等の社会生活上のルールに従って適切に行われている限り，社会的に**許された危険**を創出しているに過ぎず，たとえ法益侵害結果を引き起こしても，なお「適法」であるとする見解として主張された。

判例上も，高度経済成長期においてこの種の考慮を示すものが多くみられた。例えば交通事故の場合には，他の通行者も交通ルールを守ることを信頼し，これを前提とした上で行動していれば足りるとされており（最判昭和 41・12・20 刑集 20 巻 10 号 1212 頁，最判昭和 42・10・13 刑集 21 巻 8 号 1097 頁〔百選Ⅰ 54 事件〕など），これを一般に**信頼の原則**と呼ぶ。ただし，例えば幼児や年配者が急に車道に出てきた場合などのように，他の者の適切な行動を信頼できない場合にはその適用が除外されると考えられている。また，チーム医療の場面においても，医師が他の医療従事者の適切な行動を信頼して手術に専念することも許される余地があるとされている（いわゆる北大電気メス事件に関する札幌高判昭和 51・3・18 高刑集 29 巻 1 号 78 頁〔百選Ⅰ 51 事件〕参照）。

なお，以上のような考慮は，あくまでも被告人本人の過失を否定する論理として用いられているのであって，民法上の不法行為における過失相殺（722 条 2 項）のように，被害者側の過失割合を考慮して被告人の過失責任から控除するというような判断を行っているわけではないことに注意する必要がある。

☑ Check Points

□ 旧過失論では過失をもっぱら責任要素として捉えることから，行為者が主観的に予見可能であったか否かの判断が重要となる。これに対して新過失論ではこれを違法段階，ひいては構成要件段階に位置付けることから，予見可能性が存在したことを前提としつつ，結果回避義務に違反したと評価できるか否かの判断が重要とされることになる。

□ 他の者が適切に行動することを前提として行動していれば足りるとして過失が否定される場合があるが，これは一般に信頼の原則が適用されたものであると説明される。

3 予見可能性をめぐる問題

予見可能性とは，いかなる事実を対象として，どの程度存在している必要があるのか。

▶▶「因果経過の基本的部分」についての予見可能性

前述した北大電気メス事件では，電気メスを用いた手術に際して，看護婦(当時）であるXがメス側ケーブルのプラグと，対極板付ケーブルのプラグを交互に誤接続したところ，安全装置のない心電計を併用した場合に限って生ずる特殊な電気回路に高周波電流が流れ，電気メスの対極板を装着していた患者の右足に重度のやけどを負わせ，切断に至らせたという事案において，こうした特殊な経緯が介在した医療事故は従来存在しなかったことから，結果の発生について予見可能性が欠けるのではないかという点が問題となった。裁判所は過失犯における予見可能性は「内容の特定しない一般的・抽象的な危惧感ないし不安感を抱く程度」では足りず，「特定の構成要件的結果及びその結果の発生に至る因果関係の基本的部分」についての予見可能性が必要であるとしたが，本件ではケーブルの誤接続により「患者の身体に流入する電流の状態に異常を来し，その結果患者の身体に電流の作用による傷害を被らせるおそれがあること」が予見可能であれば足り，傷害の種類・態様や「電流の状態に異常を生じさせる理化学的原因」が予見不可能であったとしても業務上過失傷害罪が成立するとされた（前掲札幌高判昭和 51・3・18）。

また，鉄道のトンネル内における電力ケーブルの接続工事に際して，特別に高圧の電流が流れた場合に電流を大地に逃がすための接地銅板を分岐接続機に取り付けることを被告人が怠ったことにより，過去に報告された例のない炭化導電路が形成され，分岐接続機本体に長期間にわたって集中して誘起電流が流れ続けたため，可燃性ガスの発生と放電によりトンネル内で火災を引き起こして死傷者を出したという事案では，最高裁は，こうした炭化導電路の形成から火災発生に至る経過を被告人が具体的に予見できなかったとしても，誘起電流が大地に流されずに「本来流れるべきでない部分に長期間にわたり流れ続けることによって火災の発生に至る可能性があること」は予見できたとして，業務上過失致死傷罪の成立が肯定されている（最決平成 12・12・20 刑集 54 巻 9 号 1095 頁〔百選Ⅰ 53 事件，生駒トンネルケーブル火災事件〕）。

これらの判例においては，結果発生に至る因果経過の「基本的部分」について具体的な予見可能性が存在することが要求されている。しかし，具体的な因果経過の一部に未知の現象が含まれ，これが結果発生に多大な寄与をしていたにもかかわらず，結論として予見可能性の存在は否定されていない。ここでは予見の対象となる「事実」は一定程度抽象化された上で理解されていることが分かる。

▶▶旧過失論における問題点

そもそも予見「可能性」は量的な概念であり，程度差が存在するため，そのうちどこからが処罰対象となるのかという「基準値」を示すことが困難である。当初の旧過失論においては，「社会生活上許容されているか否か」という視点を併用することは困難であったことから，この問題が先鋭化することになった。ただし現在では旧過失論の側からも，実質的に「許されない危険」を創出する行為でなければ過失犯の構成要件に該当しないとする見解が有力に主張されるに至っていることに注意されたい。

責任主義の要請から「具体的な」予見可能性の存在を厳格に要求する旧過失論の立場からは，結果発生に至る科学的なメカニズムの細部を含めた因果経過全体について予見可能性が存在していなければならず，これを欠いた場合には過失犯の成立を認めることはできないとして，判例に対して批判的な見解が主張されることが多い。もっとも，因果関係も構成要件要素として類型化されたものであり，個別の事案における具体的な因果経過の内容は問題にならないとした上で，一定の幅を有した「因果関係の基本的部分」が予見可能でありさえすれば結果回避に向けた動機付けには十分であるから，それ以上細部に至るまで予見可能であることは要しないとして判例を支持する見解も有力である。

▶▶新過失論における問題点

これに対して新過失論においては，予見可能性の存在はあくまで結果回避義務を課す上での前提として位置付けられることになる。したがって，判例が示したような予見対象の抽象化は一定程度において是認されることになろう。もっとも，①それを推し進めて「およそ何らかの悪い結果が発生するかもしれない」という漠然とした不安感・危惧感だけで足りるとするか（このような考え方を**危惧感説**，**不安感説**，**新・新過失論**などと呼ぶ），それとも②あくまで結果発生の「具体的」予見可能性が必要と解すべきかについては対立がある。この点，多数説である②からは，故意犯において「いかなる法益の侵害を認識・意図するか」という「法益との関連性」が必要であるのと同様に，過失犯の場合にも「いかなる法益侵害の可能性が予見可能だったか」という形で，法益との関連性はなお維持されなければならないと考えられ，「およそ何が起こるかわからないが，何かが起こりそうな不安感が残る」というような場合にまで過失犯の成立を認める①の考え方は責任主義や罪刑法定主義に反すると批判されることになる。

この点に関し，裁判例では，食品会社が信頼ある納入先の薬問屋から薬剤を購入して食品に添加していたところ，突然，人体に有害な砒素を含んだ工業製品用の薬品が納入されてしまい，これを添加した粉乳が製造・販売された結果，多数の乳児を死傷させたという事案において，刑法上の過失犯の予見可能性は「何事かは特定できないが，ある種の危険が絶無であるとして無視するわけにはいかないという程度の危惧感」「一抹の不安感」が存在していれば肯定できるとして業務上過失致死傷罪の成立を認め，①の考え方を採用したものが存在する（徳島地判昭和 48・11・28 判時 721 号 7 頁〔森永ドライミルク事件〕）。しかし，前掲札幌高判昭和 51・3・18 がこうした考え方を明示的に否定して以降，判例では②の考え方が採用されている。

☑ Check Points

□ 判例・多数説は結果発生の具体的予見可能性を要求している。しかし，結果発生に至るメカニズムの細部についてまで常に予見可能性の存在を要求することは現実的でないため，一定程度の抽象化は必要だと考えられている。

4 注意義務内容の明確化に向けて

結果回避義務の有無を判断する際，どのような点に留意する必要があるか。

▶▶判例における判断プロセス

新過失論においては一定程度の予見可能性の存在を前提とした上で，行為者を取り巻く状況や社会的なルール（例えば法令や職場の内規，ガイドラインなど）をも考慮した上で，その行為者に課されるべき注意義務（結果回避義務）の内容が決定されることになるが，判例もこのようなプロセスによって過失の有無を判断しているとみられている。例えば，①当時の医療水準を前提とした場合に患者が HIV ウイルスに感染することの予見可能性は極めて低いものであったことを前提としつつ，②わが国の「通常の血友病専門医」を基準とした上で，非加熱製剤の投与以外の他の治療法に切り替えることは事実上不可能であるとして結果回避義務違反を否定し，無罪とした裁判例があるが（東京地判平成 13・3・28 判時 1763 号 17 頁〔薬害エイズ帝京大学病院事件〕），ここでは上記のような特徴がよく示されているといえるだろう（もっとも本件では，血友病治療の権威でもあった被告人の過失を判断する際に通常の血友病専門医を基準としてよいかという「注意義務の標準」の問題があることにも注意）。

▶▶「開かれた」構成要件の問題

例えば大規模火災における死傷事故において，直接に出火原因を生じさせた者に過失が認められるとしても，これらの者を指導・監督する立場にあった者については，そうした監督上の落ち度を根拠に別途過失が認められたり（狭義の**監督過失**という），死傷結果との関係で因果関係の認められる人的・物的な防火管理体制の不備についての落ち度を根拠に過失が認められる（**管理過失**という）ことがある（これら双方を併せて広義の監督過失と呼ぶこともある）。この種の火災事故に際しては，代表取締役社長の立場にあった者にこれらの過失を認めて業務上過失致死罪の成立を肯定できるかがしばしば問題となる（例えば最決平成5・11・25刑集47巻9号242頁〔百選Ⅰ 58事件，ホテルニュージャパン事件〕)。その際，単に「安全体制確立義務」に対する違反があったとして処罰するということになると，その内容が抽象的に過ぎるため，被告人にとっては不意打ちに近い形で処罰されるおそれが生じる。ビル火災の場合には，例えば建築基準法や消防法をはじめとした法令上の義務の有無・範囲，職場内部での役割や担当範囲（例えば「消火器の使用」「避難誘導」「スプリンクラーや防火シャッターの作動」など）との関係で注意義務の内容を明示しないと，「何をしていれば処罰されずに済んだのか」が事前に分からないことになってしまうのである。

過失犯における「注意義務」の内容はその都度，個別の状況下において初めて具体化されるという性質を有している（この意味で，**開かれた構成要件**であるといわれる）。誰のいかなる行為がどのような意味で「義務違反」だったのかにつき，その内容を示すことは故意犯の場合に比べて著しく困難である。この点，例えば殺人罪であれば，問責の対象となる行為は，例えば「被害者を包丁で突き刺した行為」として特定される。しかし過失犯の場合，過失運転致死罪を例にとれば，「ハンドル操作を誤ったこと」「ブレーキを踏み遅れたこと」「前方不注視であったこと」「信号無視したこと」「速度制限を超過したこと」「整備点検を怠ったこと」「眼鏡不使用であったこと」「前の晩寝ずに疲労困憊の状態で運転したこと」等々，注意義務違反となり得る行為は数多く想定される。そして，未遂犯処罰規定が存在しないこともあって，それらの中から実際に結果発生に結び付いた行為を特定した上で問責の対象としなければならない（他にも不注意な人物が存在した場合には，まず主体の特定から開始しなければならない）。

したがって，その解釈・適用に際しては極力義務の内容を明確にしていく努力を払わなければならない。さもなければ，公訴事実（刑事訴訟法256条2項2号）が何なのか不明瞭となり，訴訟における攻撃・防御に支障をきたし，ひいては関係者や社会の側からの納得・信頼を得られない裁判になりかねないからである。

☑ Check Points

□ 判例上は，予見可能性の存在を前提とした上で，その程度に対応した内容の結果回避義務が課され，これに対する違反の有無が検討される。その際には関連法規をはじめとした社会生活上のルールが参照されることになる。

【参考文献】

佐伯仁志『刑法総論の考え方・楽しみ方』（有斐閣，2013年）290頁以下

Unit 8

被害者の承諾

■ Topics ■　同意さえあれば何してもいいの？

シェイクスピアの戯曲『ヴェニスの商人』で，高利貸シャイロックは貿易商アントーニオに金を貸し，期限までに返せなければ彼の身体の肉 1 ポンドを切り取らせるとの約束を取り付ける。この物語では，弁済の見込みが絶たれて行われた裁判で裁判官に扮したポーシャの機転による「1 滴も血を流すことなくきっかり 1 ポンドの肉を切り取れ」との実現不可能な判決に救われ，アントーニオは身体への侵襲を免れるが，この筋書きには当時，実体法的・手続法的観点から多くの法律家が異を唱えたそうである。現在の我々が考えたとしても，まず民事法上「身体を借金の担保にする契約は公序良俗違反（民法 90 条）で無効である」との主張が思い浮かぶ。他方で刑事法上は，この契約が両当事者の自由な意思決定により締結されたとしても，他人の身体をかなりの程度にわたって切り取るような行為は傷害罪の構成要件に該当し，承諾によってもその違法性が阻却されることはないと説明されよう（後述 *3* を参照)。

とはいえ，身体への侵襲についての承諾はすべて無効というわけではない。刑法典に明文の規定はないものの，身体の傷害に対する承諾は類型的に違法性阻却事由にあたると解されている。しかし，保険金詐取目的で交通事故を装った場合につき，被害者が比較的軽微な傷害結果の発生に同意をしていても傷害罪の違法性が阻却されないとの判断を示した最高裁判例があり（最決昭和 55・11・13 刑集 34 巻 6 号 396 頁〔百選Ⅰ 22 事件〕)，判例は違法阻却を認めることに慎重である。もっとも，例えば血液を提供して対価を受け取る約束で採血に同意したがその後支払いを拒まれたときに，事前に対価を受け取れないと知っていたら採血に同意しなかったといえるのであれば，「錯誤に基づく被害者の承諾」であってこれを無効とし，傷害罪の成立を認めるということになると，対価という財産を身体に対する罪である傷害罪の規定によって保護していることになりかねない。では，どのような場合ならば，身体についても法益主体による法益処分が認められ得るのだろうか。

1　超法規的違法性阻却事由

刑法典に明文で規定されている違法性阻却事由以外で，違法性が阻却されるのはどのような場合か。

▶▶違法性阻却事由とは

犯罪とは構成要件に該当し違法かつ有責な行為である，と定義される（Unit 2の *1* 参照）。また，構成要件が違法推定機能を有していることも広く認められている（Unit 2の *2* 参照）。それゆえ，違法性段階での判断の内容は，構成要件に該当する行為について具体的に検討し，違法性阻却事由が存在して犯罪不成立となる余地がないかを個別に検討するものとなる。

▶▶超法規的違法性阻却事由

刑法典には，**違法性阻却事由**として，正当行為（35条），正当防衛（36条），緊急避難（37条）が規定されている（Unit 9・10参照）。しかし，その他にも構成要件には該当するが違法性はないとされる場合があり，それらは超法規的違法性阻却事由と呼ばれる。その名の示す通り，刑法典に明文の規定がないものの，類型的に違法性が阻却される場合であると考えられており，一般に，自救行為，被害者の承諾，治療行為，安楽死・尊厳死などが挙げられる。本Unitでは，これらのうち被害者の承諾について取り上げる（ただし *2* で後述の通り，承諾によって既に構成要件該当性が阻却される場合が大半を占めることには注意）。

☑ Check Points

☐ 被害者の承諾は，超法規的違法性阻却事由の一つであり，明文の規定はないが違法性（場合により構成要件該当性）が阻却される場合とされる。

2　被害者の承諾とは

被害者の承諾がある場合に犯罪不成立となるのはなぜか。

▶▶被害者の承諾の法的効果

「**被害者の承諾**」とは，法益主体が自らの法益を処分する意思を有している場合は他者による法益「侵害」行為があってもその違法性を否定する（あるいは減少させる）事由である。このような法的効果が認められるのは，法益主体の法益処分意思に違法性を否定する実質的根拠があるからであり，理由付けとしては，法益主体が法益の保護を放棄した場合には法益の法益性または要保護性が欠けるから，あるいは，法益主体が自らの法益を自由に処分する自己決定の利益が法益保護の利益に優越するから，などと説明される。なお，この処分意思が有効であるためには，法益主体に同意能力があることが前提となり，判断の基礎事情に錯誤がないこと，そして心理的圧迫がないことが必要とされる。

これらの説明の構造が当てはまるのは基本的に個人的法益に対する罪であるが，国家的法益や社会的法益について被害者の承諾がおよそ問題となりえないわけではなく，それらの法益と個人的法益が重畳的に保護されている場合（例えば，虚偽告訴罪〔172 条〕や放火罪〔108 条以下〕など）には，承諾の存在によって違法性の減少が認められないかがなお問題となりうる。

他方で，個人的法益に対する罪のすべてが承諾により犯罪の成立が阻却される対象となるわけではなく，承諾の有無が犯罪の成否にかかわらない構成要件（法定不同意性交等罪，法定不同意わいせつ罪）や，承諾がある場合により軽い犯罪が成立する場合（殺人罪と同意殺人罪，同意堕胎罪・業務上堕胎罪と不同意堕胎罪）もある。規定の上で被害者の承諾の扱いが明らかな上記の場合以外は，個人的法益に対する罪については，法益主体の有効な承諾の存在により犯罪不成立となるのが一般的であるが，多数説によれば傷害罪に関しては同意傷害でも処罰される場合があると考えられている（後述 *3* 参照）。

▶▶被害者の承諾の体系的位置づけ

被害者の承諾は犯罪体系上のどこに位置づけられることになるだろうか。前節で言及した理由付けのうち要保護性がなくなるという説明をするならば，行為が外形的には構成要件に該当するが，処罰に値する違法性がない，という，違法性阻却事由として理解されることになろう。もっとも，罪種によっては，ある行為がそもそも法益主体の意思に反していることが構成要件要素となっており，承諾が存在すればそもそも構成要件にも該当しないという場合もある。これは，自由に対する罪，財産犯といった相対的により軽い犯罪の場合に妥当する。例えば，財産犯の一類型である窃盗罪は，「窃取」という実行行為自体が「相手方の意思に反する占有移転」であるから，承諾がある場合にはそもそも構成要件に該当しない。このように，承諾が犯罪成立を阻却する場合には，構成要件該当性自体が阻却される場合と違法性が阻却される場合とがあるが，実際に後者が問題となるのはほぼ傷害罪に限られるということになる。

▶▶承諾の有効要件

承諾が「有効である」といえるためには，法益処分の意義と内容を理解する能力を有する法益主体本人により，当該法益処分の意義と内容を十分に理解したうえで，自由で真意に基づいてなされたものであることが必要である。また，承諾の時期，表示の必要性，承諾の認識などが問題とされることがある（承諾の認識については後述5参照）。特に，脅迫・強制や欺罔・錯誤が存在した場合には，承諾の有効性の有無が問題となる（後述4参照）。

☑ Check Points

- □ 被害者の承諾は，法益主体が法益の保護を放棄していることを理由に犯罪の成立を阻却する性質のものである。
- □ 被害者の承諾は，構成要件該当性を阻却する場合が多く，違法性の阻却が実際上問題となるのはほぼ傷害罪に限られる。

3　同意傷害

被害者の承諾があった場合でも，傷害罪として処罰されるのか。

▶▶同意傷害が問題となる理由

これまで見てきた通り，有効な承諾が存在すれば原則として犯罪は成立しない。他方で，生命については有効な承諾が存在しても，自殺関与および同意殺人として法定刑こそ軽いものの202条によって処罰される。そして，その両者の間に位置し，承諾の効果をどこまで認めるのか議論の対象となりうるのが，身体の場合（**同意傷害**）である。

判例は，承諾が存在したとしてもそれだけでは違法性は阻却されないとの立場をとっている。例えば，保険金詐取目的で追突事故を起こした事案に関して，前述の最決昭和55・11・13は，「単に承諾が存在するという事実だけでなく，右承諾を得た動機，目的，身体傷害の手段，損傷の部位，程度など諸般の事情を照らし合せて決すべき」と述べ，保険金詐欺の目的で得た被害者の同意によって傷害罪の違法性は阻却されないとしている。この判断については学説からさまざまな批判がなされているが，例えば，死亡保険金を受取人に受け取らせることを目的として被害者が自身の殺害を他人に依頼し，その者が実際に殺害したという事案があったとして，裁判所が，保険金受取目的だから違法減少は認められず，同意殺人罪ではなく普通殺人罪である，と解するかは疑問がある。さらに保険金詐欺目的が悪質だから処罰する，ということなのであれば，現行法上不可罰である「詐欺罪の予備」を傷害罪で処罰しているということになってしまう。そもそも身体につきおよそ処分が認められないというわけではないのであって，例えば，生体間臓器移植のドナー（臓器提供側）に対する身体的侵襲は，通常の医療行為に想定されるような「本人の健康状態の向上」を正当化の理由とすることができない性質の行為である。にもかかわらず執刀医が傷害罪で処罰されないのは，ドナー本人の承諾により違法性が阻却されるからだと説明せざるを得ないであろう。

▶▶同意傷害における承諾の効果

多数説によれば，承諾が存在すれば原則として違法性が阻却されるとするものの，身体に対する侵襲は生命を脅かす侵害と紙一重にもなりうることに着目し，傷害の程度によって違法性阻却の可否を判断するとされる。具体的には「生命に危険のある傷害」の場合には違法性が阻却されない，さらに「身体の枢要部分に対する回復不可能な永続的損傷」については違法性が阻却されない，とされている。これに対して少数説ではあるが，承諾が存在する以上，同意傷害はすべて不可罰とすべきだとする見解も存在する。この見解は，傷害罪を処罰する 204 条の法定刑は 202 条よりも重いので，同意殺人よりも同意傷害の方が重い処罰になってしまうことを理由としている。

☑ Check Points

□ 同意傷害につき違法性が阻却されるか否かについては，学説上の対立がある。

□ 判例は，同意傷害については承諾が存在したとしても原則としてそれだけでは違法阻却を認めない立場を採っている。

4 錯誤に基づく被害者の承諾

被害者が錯誤に基づいて承諾した場合でも，その有効性は否定されないのだろうか。

▶▶問題の所在

承諾が錯誤に基づく場合，その承諾は，形式上は被害者自身の意思による法益処分の決定であるが，錯誤がなく自己の置かれた状況を正確に把握していたならばそのような判断をしなかったといえる場合，それは被害者の真意に沿ったものではなかった可能性がある。それゆえ，一定の場合には承諾の有効性を否定することが，原則である法益保護の趣旨にかなうことになる。もっとも，外部からの影響をまったく受けないという意味で「自由」な自己決定・意思決定は，観念的なものに過ぎず，現実には，人は他者からもたらされる情報に影響されながら生活し，さまざまな決断を行っている。また，承諾する側にあらゆる意味において錯誤のない状態を要求することは，承諾を求める側の説明責任を過度に重くしてしまいかねない。

▶▶どのような錯誤が承諾の有効性を否定するか

錯誤に基づく被害者の承諾の有効性の判断基準をめぐり，学説では，①本当のことを知っていれば承諾しなかったであろうといえる場合には有効性が否定されるとする見解（**条件関係的錯誤説**）のほか，②その錯誤が当該犯罪の保護法益に関係する場合のみ有効性が否定されるとする見解（**法益関係的錯誤説**），③錯誤が法益関係的でなくとも意思決定の自律性を欠いた場合には有効性が否定されるとする見解などが主張されている。

判例は，強盗の意図を隠して「今晩は」と挨拶したら「お入り」と言われたので住居に入ったという事案において住居侵入罪の成立を認め（最大判昭和24・7・22刑集3巻8号1363頁），被告人に追死すると欺かれた被害者が自ら毒を飲んで死亡した偽装心中事案において「決意は真意に沿わない重大な瑕疵ある意思である」として自殺関与罪でなく殺人罪の成立を認める（最判昭和33・11・21刑集12巻15号3519頁〔百選Ⅱ1事件〕）など，①に近い立場をとっているようである（これらの判断は，動機の錯誤を広く考慮し，事実の重要性を被害者自身に判断させる見解であると評されることもある）。

これに対して，学説上は以下のような批判が有力である。すなわち，②からは，承諾の有効性を判断するにあたり動機の錯誤を考慮すべきではなく，自身が処分する法益の性質や侵害の程度などを正しく理解していれば法益関係的錯誤は存在しない以上，承諾は有効と主張される。この立場からは，何が法益関係的錯誤になるのかについては保護法益の性質によって変わりうるとされ，生命，身体や行動の自由などはそれ自体において保護される利益であるから法益処分の有無・程度についての錯誤のみが法益関係的錯誤になるのに対して，性的自己決定の自由や住居権などのような対人的関係において保護される法益，財産のように利用価値・交換価値において保護される法益では，法益処分の経済的・社会的意味についての錯誤も併せて法益関係的錯誤にあたる，とされる。

また，③は，「法益関係的錯誤」は存在していなくとも，そのような錯誤に陥らされたことによって自律的な意思決定ができない状況であったと解される場合には承諾の有効性が否定されるべきであると主張している。この種のケースとしてしばしば挙げられる事例として「猛獣事例」と「角膜事例」がある。前者は，猛獣が檻を破って逃走し公衆を危険にさらしているとの虚偽の事実を電話で飼主に伝えて，猛獣を殺害することの承諾を得て殺害した，という緊急避難状態の存否について誤信させた場合，後者は，子どもの目の治療のために親の角膜を移植することが必要だと親を騙して，親から角膜提供の承諾を得て角膜を摘出した，という利他的目的について錯誤がある場合である。これらが①の立場における「重大な錯誤」にあたることは疑問の余地がないが，②の立場からは，これらをなお「法益関係的錯誤」に含めることが可能かどうかにつき，見解が分かれている。

☑ Check Points

- □ 承諾が錯誤に基づく場合には，被害者の真意に沿った法益処分ではないことから，有効性が否定されることがある。
- □ 有効性が否定される基準として，判例は条件関係的錯誤説の立場に親和的であるが，学説ではより限定的な理解が有力に主張されている。

5　承諾の認識

被害者の承諾を理由として違法性が阻却されるためには，行為者が同意を認識している必要があるか。

▶▶承諾の認識の要否

承諾によって違法性が阻却されるためには，行為者が承諾の存在を認識している必要があるだろうか。被害者が法益保護を放棄している以上，そこには客観的には保護すべき法益は残っていないともいえ，行為者の側がその有無を認識していたかどうかは関係ないともいえよう。他方で，承諾を認識していない以上，行為者は他者の法益を侵害する意図で行動したともいえる。これは，理論的にいえば，例えば正当防衛における防衛意思の要否などと同様に，主観的正当化要素の要否の問題である。

学説上は①認識必要説と②認識不要説とが対立している。①は主として行為無価値論的アプローチから，主観的正当化要素が必要であることを理由に承諾の認識を要求し，認識がなかった場合は違法性が阻却されないとする。他方，②は主として結果無価値論的アプローチから，客観的に承諾が存在している以上，法益性（ないしその要保護性）は存在しないとして，その認識は不要とする。

▶▶承諾の認識がない場合の罪責

例えば，被害者が行為者から殴られたいとの願望を有していたところ，行為者がそれを知らずに被害者を殴打して怪我をさせた，という場合，行為者の罪責はどのようになるだろうか。前述①の考え方によれば，行為者が被害者の願望（行為者からの殴打についての承諾）を認識していない以上，行為者の行為が正当化されることはないとして，傷害罪の成立を認める結論に至り得る。もっとも，客観的には法益の要保護性が失われていた（＝結果無価値が欠ける）点を重視して，（行為無価値の存在する）未遂の限度で処罰を認めるとする見解も存在する。この立場からは，設例では暴行罪の成立が認められるにとどまる。

他方，②の考え方によれば，被害者が承諾していた以上，行為者にその認識がなくても，法益性（ないしその要保護性）は存在しない。したがって違法性が阻却されるため，（多数説によれば，傷害の程度が著しく重大なものでない限りは）不可罰という結論に達することになる。もっとも，この考え方に立ちつつ，実際に生じた傷害との関係についてはその通りであるが，仮に承諾が存在しなかった可能性があったというのであれば，それは現実に発生した結果とは異なる，承諾によってはカバーされない「未遂結果」（客観的な危険性）であって，その限りで未遂犯の成立を認め得るとする見解もある。この立場からは，設例では暴行罪の成立が認められるにとどまることになる。

☑ Check Points

- □ 被害者の承諾が有効であるために，行為者側に承諾の認識が必要であるか否かは，主観的正当化要素の要否の問題である。
- □ 承諾の認識がない場合，認識必要説からは既遂犯成立，認識不要説からは違法性が阻却されるため不可罰，との結論が導かれうる。他方，いずれの立場からも未遂犯成立の余地があるとする見解が主張されている。

【参考文献】

佐伯仁志『刑法総論の考え方・楽しみ方』（有斐閣，2013 年）200 頁以下
塩見淳『刑法の道しるべ』（有斐閣，2015 年）59 頁以下

Unit 9

正当防衛と緊急避難

■ Topics ■　人を殺しても犯罪にならない場合がある？！

「人を殺してはいけません！」私たちは皆，幼い頃からこのように教わってきた。だからこそ，殺意をもって相手を死亡させた場合，通常であればその行為者に殺人罪が成立するだろうということは，誰でも容易に答えられよう。

では，包丁を持った通り魔に突然襲われそうになった人が，自分の身を守るため，通り魔を死亡させるかもしれないと思いつつ回し蹴りを 1 発喰らわせて死亡させた場合も，「人を殺してはならない」という規範に違反したという理由から，回し蹴りをした行為者に殺人罪が成立するだろうか。きっと多くの人は，そのような場合，例外的に正当化して行為者を無罪とすべきである，と思うだろう。なぜ，その回し蹴りは例外的に許されるのだろうか。許される範囲も明らかにする必要がある。また，その行為者が，通り魔から逃げる途中でやむを得ず通行人を突き飛ばして死亡させてしまった場合も，同様に正当化されて無罪となるだろうか。

この Unit では，刑法 36 条・37 条に定められている違法性阻却事由の根拠や要件について考えてみよう。

1　正当防衛の意義

正当防衛は，どのような根拠に基づいて違法性が阻却されるのだろうか。

①　緊急行為としての正当防衛

日本が法治国家である以上，私人が司法手続によらずに自己の権利を実力で実現することは許されていない（**自力救済の禁止**）。被害者が加害者に直接報復するよりも，強制力のある公的機関を通じて権利を実現してもらう方が，権利は確実に保護されるだろう。もっとも，通り魔事例のように，公的機関の強制力を待っていては，権利の保護が難しい場合もある。そこで刑法では**緊急行為**として，緊急状況の下で公的機関による法的保護を求めることが期待できない場合，侵害を排除するための私人による対抗行為を例外的に許容している。このような趣旨の下で規定されたものが，正当防衛や緊急避難である。

正当防衛とは，急迫不正の侵害に対して，自己または他人の権利を防衛するため，やむを得ずにした行為をいう。正当防衛として認められる行為は処罰されない（36条1項）。すなわち，違法性が阻却され，防衛行為者は無罪となる。

緊急避難は，通り魔から襲われた行為者が逃げる途中でやむを得ず通行人を突き飛ばす行為のように，正当な利益を侵害された避難者が第三者の正当な利益を侵害する場合である（37条1項）。詳細はこのUnitの*2*と*3*で述べることにして，ここでは，正当防衛の場合，攻撃者と防衛者が「**不正対正**」の関係にあるのに対し，緊急避難では避難者と第三者が「**正対正**」の関係にある，という違いを押さえておこう。

なお，緊急行為には，自救行為も含まれる。**自救行為**とは，自分の自転車を盗んだ犯人から後日実力で取り返す行為のように，権利が不法に侵害された後，公的機関による救済を待っていては権利の回復が事実上不可能または著しく困難になる場合に，法律上の手続によらず自力で権利の回復を図る行為をいう。もっとも，自力救済禁止の原則から，実際上こうした行為はほとんど許容されておらず，正当防衛や緊急避難の成否のみが問題となるのが通常である。

●● ② 正当防衛の正当化根拠 ●●

▶▶自己保全の利益説

なぜ，正当防衛としての行為は，違法性が阻却されるのだろうか。今，皆さんの目の前にボールが飛んできたとしよう。皆さんは，反射的に体を動かしてボールを避けようとするに違いない。この動きは，私たちに生まれつき備わっている本能に基づくものである。そうであれば，攻撃者から急に襲われる場合も，攻撃を避けるため防衛行為に出るのが人間の本能であり，その防衛行為から結果が発生しても許されるべきだとする考え方（**自己保全の利益説**）がある。

確かに，自分の身を守る正当防衛の場合には，こうした説明が可能だろう。しかし，36条1項では，「自己又は他人の権利を防衛するため」として，他人のための正当防衛（これを**緊急救助**という）も許されており，緊急救助の正当化根拠を自己保全の利益から説明することは難しい。

▶▶法確証の利益説

攻撃者からの不法な侵害を野放しにすると，法秩序の安定は保たれない。そこで，正当な権利が侵害されないことを公に示して法秩序の妥当性を維持するため，防衛行為の違法性が阻却されるとの考え方（**法確証の利益説**）がある。

この考え方によれば，緊急救助の正当化根拠も一応説明できそうである。しかし，法秩序の妥当性を維持するためなら何でもやってよいことになりかねないとの批判が向けられている。逃走しようとする万引き犯に向けて直ちに拳銃を発砲する行為まで許容されるならば，そのような結論は不当だろう。

▶▶法益欠如説

不正な侵害に出た攻撃者の利益については保護の必要性が欠けるため，防衛行為が許されるとする考え方（**法益欠如説**）も主張されている。しかし，保護の必要性が欠けるというのは結論の先取りであり，なぜ保護の必要性が欠けるのか，説得的な理由づけに成功していないとの批判が向けられている。

▶▶優越的利益説

現在では，正当防衛の正当化根拠についても，他の違法性阻却事由と同様に，侵害される利益と守られる利益を比較し，守られる利益の方が優越している点を強調する考え方（**優越的利益説**）が有力である（Unit 8も参照）。もっとも，攻撃者の生命・身体と防衛者の生命・身体を価値的に比較することはできない。そのため，この見解は，その場にとどまるなどの自由に行動する利益や法確証の利益が防衛者の側に加算されることで防衛者の利益が優越し，防衛行為が正当化されると主張する。

しかし，法確証の利益を考慮する見解については先に述べた批判が当てはまる。自由に行動する利益が防衛者に加算されると考えるならば，なぜ攻撃者には自由に行動する利益が加算されないのか，さらに考えてみる必要があろう。

☑ Check Points

☐ 正当防衛は，自力救済の禁止の例外として違法性が阻却される緊急行為である。

☐ 正当防衛の正当化根拠については，攻撃者の法益が欠如するとの見解や防衛者に優越的利益が存在するとの見解などが主張されている。

2 正当防衛の成立要件

正当防衛の成立要件である「急迫性」は，どんな場合に認められるのか。また，判例は「防衛の意思」をどのように理解しているのだろうか。

正当防衛が成立するためには，①急迫不正の侵害に対して，②自己または他人の権利を防衛するため，③やむを得ずにした行為であることが認められなければならない。以下では，順を追って検討してみよう。

① 急迫不正の侵害

▶▶「不正の侵害」とは

まずは，急迫不正の侵害が存在しなければならない。「**不正**」とは，違法という意味である。攻撃者の行為が違法であれば足りるため，処罰される程度の違法性（可罰的違法性）が認められる必要はなく，民法などの私法で違法と認められる侵害であれば，正当防衛を行うことができる。また，「**侵害**」とは，他人の権利に対する侵害またはその危険を与えることをいい，その侵害行為は，作為，不作為，故意，過失いずれでもよい。なお，襲ってきた他人の飼い犬を撲殺するといった，人間の行為ではない侵害に対して防衛行為をした場合（これを**対物防衛**という），そのような侵害も「不正」であるとして正当防衛が認められるかについては，議論が見られる。

▶▶「急迫」とは

正当防衛が緊急行為である以上,「急迫」という要件は重要である。「急迫」とは,法益の侵害が現に存在しているか,または間近に差し迫っていることをいう(最判昭和46・11・16刑集25巻8号996頁)。例えば,昨日盗まれた携帯電話を持っていた窃盗犯人を見つけてこれを取り返す行為は,過去の侵害に対する行為であるため,急迫性は認められず,正当防衛は成立しない。このUnitの*1*①で述べた自救行為の成立が問われることになろう。また,将来の侵害を予期して先に防衛行為をする場合も,急迫性は認められない。

では,急迫性の判断は,実際どのように行われるのだろうか。判例によれば,防衛行為に先行する事情を含めた行為全般の状況を見て判断される。その1つに,行為者が侵害を予期していた場合でも,そのことから直ちに急迫性を失うものではないと解されている(前掲最判昭和46・11・16)。しかし,単に予期された侵害を避けなかっただけではなく,その機会を利用して積極的に相手に対して加害行為をする意思(**積極的加害意思**)で侵害に臨んだときは,急迫性が否定される(最決昭和52・7・21刑集31巻4号747頁)。具体的には,「行為者と相手方との従前の関係,予期された侵害の内容,侵害の予期の程度,侵害回避の容易性,侵害場所に出向く必要性,侵害場所にとどまる相当性,対抗行為の準備の状況(特に,凶器の準備の有無や準備した凶器の性状等),実際の侵害行為の内容と予期された侵害との異同,行為者が侵害に臨んだ状況及びその際の意思内容等を考慮し,行為者がその機会を利用し積極的に相手方に対して加害行為をする意思で侵害に臨んだとき」などを考慮し,刑法36条の趣旨に照らして許容されるものとはいえない場合,急迫性が否定される(最決平成29・4・26刑集71巻4号275頁〔百選Ⅰ23事件〕)。

▶▶自招侵害

例えば,サッカーの試合終了後,敗戦チームのファンを刺激すれば相手が攻撃してくることを予想しつつ,その機会を利用して相手を打ちのめすつもりで挑発したところ,案の定,相手が攻撃してきたため反撃行為に及んだという場合,先に述べた急迫性の判断基準によれば,侵害を予期し,かつ積極的加害意思も認められるため,急迫性は否定され,正当防衛は成立しない。このように,自ら急迫不正の侵害を招く事例は,**自招侵害**と呼ばれている。

これに対して侵害の予期が認められていない自招侵害の事案において，最高裁は以下の3つの要件が満たされた場合，「反撃行為に出ることが正当とされる状況における行為とはいえない」と判断している（最決平成20・5・20刑集62巻6号1786頁〔百選Ⅰ 26事件〕）。すなわち，被告人は，言い争いから被害者を殴打して走り去ったところ，約90m先で，自転車に乗って追いかけてきた被害者に殴打されたため，特殊警棒で応戦して被害者を負傷させたという事案で，①被告人の触発行為と被害者の攻撃との時間的・場所的な一連性・一体性，②被告人が不正の行為により自ら侵害を招いたこと，③攻撃が自招行為の程度を大きく超えないことを理由に，正当防衛の成立を否定した。ここでは，被告人の主観面につき一切言及がなされていないこと，急迫性をはじめとする成立要件の判断には一切立ち入らずに正当防衛の成立が否定されていることが重要である。

これまでに述べた判例の基準に対しては，特に積極的加害意思を念頭に，急迫性は客観的な概念であり，行為者の主観面を考慮すべきでないとの批判が出されている。学説では，自招侵害について，正当防衛の成立要件のいずれかを検討することで解決を図る見解や，防衛行為の違法性を阻却しつつも正当防衛状況を惹き起こす侵害の原因となった行為が違法である場合にその責任を問う見解（原因において違法な行為の理論）などが主張されている。

②　自己または他人の権利を防衛するため

▶▶「防衛するため」とは－防衛の意思の要否と内容

「防衛するため」という要件が充たされるためには，防衛の意思が存在しなければならないかをめぐって見解の対立がある。多数説は，36条1項の「防衛するため」という文言を素直に読み，防衛の意思が必要であると主張する（防衛の意思必要説）。また，正当防衛の正当化根拠に基づき，法確証の利益や権利を行使する資格は，防衛の意思がない行為者には与えられないとの主張も見られる。

一方で，防衛者の主観次第で客観的に不正の侵害を防いでいる実態を否定すべきではないとして，防衛の意思を不要とする見解（防衛の意思不要説）も主張されている。その根底には，実際に発生した結果の衡量を問題とする，正当防衛の正当化根拠における優越的利益説の考え方があることに注意してほしい。

▶▶偶然防衛

こうした見解の対立は，次のような事例で結論を分けることになる。Xは殺意をもってYを射殺したが，ちょうどその時，YもXを殺害しようとしており，XはYの殺意をまったく知らなかった。この場合，Xは防衛の意思なく射殺しているが，客観的に見れば偶然にも正当防衛状況が存在している（このような事例を**偶然防衛**という）。Xに正当防衛は成立するだろうか。

防衛の意思必要説によれば，Xには防衛の意思がないため，「防衛するため」という要件が充たされず，正当防衛は成立しない。Xには殺人既遂罪が成立することになる。一方，防衛の意思不要説によれば，客観的に見れば急迫不正の侵害に対して自らの生命を防衛したといえるため，Xに正当防衛が成立する。

もっとも，防衛の意思必要説に立つ論者の一部は，既遂犯としての違法性が行為無価値と結果無価値の両方を充たす場合に初めて認められるところ（Unit 2を参照），偶然防衛では，客観的に正当防衛状況が生じているため結果無価値は存在せず，行為無価値のみ存在するとして，未遂犯の限度で犯罪が成立すると主張している。このように考えるならば，Xの罪責は殺人未遂罪となる。

また，防衛の意思不要説からも，違法な法益侵害結果を生じさせる危険を惹き起こした点を重視し，偶然防衛の場合には未遂犯が成立するとの見解がある。すなわち，XはY以外の第三者に違法な法益侵害結果を生じさせる危険を惹き起こしているため，Xに殺人未遂罪が成立するとの主張も見られる。

▶▶判例の捉え方

判例は，防衛の意思を必要としつつ，その内容を防衛の意図や動機よりも緩やかに捉えている。すなわち，「相手の加害行為に対し憤激または逆上して反撃を加えたからといって，ただちに防衛の意思を欠くものと解すべきではない」（前掲最判昭和46・11・16），「防衛の意思と攻撃の意思とが併存している場合の行為は，防衛の意思を欠くものではない」（最判昭和50・11・28刑集29巻10号983頁〔百選Ⅰ 24事件〕）と解している。ただし，もっぱら攻撃の意思で行った場合には，防衛の意思を否定する（最判昭和60・9・12刑集39巻6号275頁）。大まかにいえば，判例は，防衛の意思の内容を「侵害を認識して，これに対応する意思」であると捉えている。

こうした判例の捉え方に対しては，故意の有無に関わる客観的事実の認識を述べているに過ぎないとの指摘や，むしろ過剰防衛（詳細は Unit 10 を参照）における責任減少を基礎付けているに過ぎないとする指摘がなされている。

▶▶積極的加害意思と防衛の意思との関係

判例は防衛の意思を検討する際，攻撃の意思に着目しているため，先に説明した積極的加害意思と攻撃の意思との関係が問題になる。判例の理解によれば，積極的加害意思は侵害を受ける前の心理状態である一方，攻撃の意思は防衛行為時の心理状態であるとされている。

③ やむを得ずにした行為

一般的に，「**やむを得ずにした行為**」とは，防衛行為の**必要性**と**相当性**を有する行為であるといわれている。必要性は，侵害を防ぐために必要な行為であれば足り，他に侵害を避ける方法がある場合でも構わない。したがって，通り魔に襲われた際，その場から逃げようと思えば逃げられたものの，逃げずに防衛行為に及んだ場合でも，防衛行為の必要性は認められよう。また，相当性とは，防衛手段が相当であること，もしくは防衛行為によって侵害された法益の価値が保全された法益の価値よりも著しく上回るものでないことと理解されており，相当性を欠く場合には**過剰防衛**（36 条 2 項）となる（Unit 10 を参照）。

☑ Check Points

- □ 正当防衛における侵害の急迫性は，正当防衛が緊急行為であるがゆえに要求されるものである。判例によれば，侵害を予期していた場合でも急迫性は否定されないが，積極的加害意思がある場合には否定される。
- □ 判例は，防衛の意思の内容を，侵害に対応する意思と捉えている。一方，学説では，実際に発生した結果の衡量を重視し，正当防衛の成立要件として防衛の意思を不要とする立場があり，議論されている。

3　緊急避難とは何か

緊急避難は，どんな法的性質をもっているのだろうか。

緊急避難とは，自己または他人の生命，身体，自由，財産に対する現在の危難を避けるため，やむを得ずにした行為であり，これによって生じた害が避けようとした害の程度を超えなかった場合をいう。緊急避難として認められる行為も処罰されない（37条1項）。

緊急避難には2つのタイプがある。1つは，通り魔から襲われた行為者が逃げる途中でやむを得ず通行人を突き飛ばす行為のように，現在の危難を無関係の第三者に転嫁するもので，**攻撃的緊急避難**と呼ばれている。もう1つは，遭難して海に投げ出されたXとYが同時に1枚の板にしがみついたが，板は1人分を支える浮力しかなく，Xは自らの生命を守るため，Yを突き飛ばして溺死させた場合（古代ギリシャの哲学者カルネアデスが提起したことから**カルネアデスの板**と呼ばれている）のように，危険源となっている人に向けて避難行為をするもので，**防御的緊急避難**と呼ばれている。

①　緊急避難の法的性質

37条1項では，緊急避難の法律効果として「罰しない」と規定されているが，その法的性質については議論されている。

▶▶責任阻却事由説

緊急避難は，不正でない者の法益を侵害するため違法ではあるが，緊急状況下での避難行為であるため，行為者に適法行為を期待することはできず，行為者を非難しえないとして，責任が阻却されるとする考え方（**責任阻却事由説**）がある。この考え方によれば，通り魔事例で通行人を突き飛ばす避難者の行為は，責任が阻却されるものの，違法であると評価される。そのため，避難者と「不正対正」の関係に立つ通行人は，避難者に正当防衛で対抗することができる。

確かに，本人やその家族の法益を守るためなら，無関係の第三者を犠牲にしてでも法益を守ろうとする行動に出るかもしれず，その場合には適法行為を期待することはできないだろう。しかし，37 条 1 項に規定されている他人のための緊急避難の場合まで同じことがいえるのか，疑問が向けられている。

▶▶違法性阻却事由説

通説は，37 条 1 項が法益の均衡（避難行為によって生じた害が避けようとした害の程度を超えなかった場合）を要求していることから，緊急避難も正当防衛と同様に違法性が阻却されると考えている（**違法性阻却事由説**）。通り魔事例に当てはめると，避難行為は違法性が阻却されるため，避難者と「正対正」の関係に立つ通行人は，緊急避難の限度で対抗できるにとどまる。

しかし，船が難破して漂流中，食料が尽きたので最も衰弱していた者を殺害し，その肉を食べて生き延びた場合（ミニョネット号事件）のように，何ら違法行為をしていない第三者を殺害する避難行為まで適法であるとしてよいのか（この場合，「不正」の侵害にあたらないとされることから，殺害される側は正当防衛で対抗することができなくなってしまう），疑問が向けられている。

▶▶二分説

そこで，避難行為によって生じた害と避けようとした害が同程度の場合は後者の法益が優越しないとして，その場合のみ責任阻却事由と解する考え方（**二分説**）がある。また，原則は責任阻却事由と解しつつ，避難行為によって侵害された法益よりも保全された法益が価値的に著しく優越する場合のみ違法性阻却事由であると考える二分説も見られる。

しかし，37 条 1 項に規定されている一文を，場合に応じて違法性阻却事由と解したり責任阻却事由と解したりすることには無理があるとの批判が向けられている。違法性阻却事由説からは，侵害法益と保全法益が同価値の場合，マイナスではないという意味で，なお違法性阻却を認めることが可能であると反論されている。

②　緊急避難の成立要件

▶▶「自己又は他人の生命，身体，自由又は財産に対する現在の危難」とは

37 条 1 項では，危難を受けている法益が「生命，身体，自由又は財産」と規定されているが，これらは例に過ぎず，名誉などに対する緊急避難も認めら

れる。

「**現在**」とは，通説によれば，正当防衛における「急迫」と同様に，危難が現実に存在し，または差し迫っていることをいう。しかし，37条1項では「急迫」という文言が使われておらず，後述する補充性という厳しい要件がある緊急避難においては，正当防衛よりも時間的切迫性を緩めてもよいとの考え方も有力である。例えば，日頃から妻に暴力をふるう夫が「明日は絶対に殺す」と言って就寝した後，妻が「今度こそ殺される」と思い，睡眠中の夫を殺害したような場合，通説によれば現在性は認められないが，有力説は現在性を認めるべきであると主張している。

「**危難**」の原因は，正当防衛と異なり，人間の行為に限定されない。それゆえ，洪水が発生したため家主の同意なく隣家の2階に逃げ込むような，自然現象による危難に対しても，緊急避難は認められる。なお，危難が人の違法行為に由来し，例えば，仲間を殺害しなければ誘拐した息子を殺害すると脅迫され，仲間を殺害したという事例のように，犯罪行為にやむを得ず応じた**強要緊急避難**の法的性質については，議論が見られる。

▶▶「避けるため，やむを得ずにした行為」とは

通説によれば，「避けるため」という要件を充たすためには，避難の意思が必要であるとしているが，不要とする見解も有力に主張されている。この点は，防衛の意思をめぐる議論と同様に考えられるので，このUnitの*2*②を振り返って参照してほしい。

「やむを得ずにした行為」は，正当防衛の規定（36条1項）と同じ文言が使われているが，その内容が異なる点に注意しよう。ここでは，避難行為が法益を守るための唯一の方法であり，他に取るべき手段がないことを意味する。これを**補充性**という。したがって，正当防衛の場合には，たとえ逃げられる状況でもその場で防衛行為をすることが許されていたが，緊急避難の場合には，逃げられる状況であれば逃げなければならない。

▶▶「これによって生じた害が避けようとした害の程度を超えなかった」とは

緊急避難が成立するためには，避難行為によって生じた害が避けようとした害の程度を超えないことが求められる。これを**法益均衡**という。補充性や法益均衡が充たされない場合は，**過剰避難**となる（37条1項ただし書）。

☑ Check Points

□ 緊急避難の法的性質については，違法性阻却事由と解する考え方と責任阻却事由と解する考え方があり，議論が見られる。

【参考文献】

橋爪隆『刑法総論の悩みどころ』（有斐閣，2020 年）78 頁以下

松原芳博『刑法総論〔第 3 版〕』（日本評論社，2022 年）157 頁以下

Unit 10

過剰防衛と誤想防衛

■ Topics ■　やり過ぎ，勘違いの行く末

Unit 9 では，例えば素手で襲われそうになった人が，自分の身を守るため，相手を突き飛ばして転倒させ，死亡させたとしてもなお正当防衛として違法性が阻却されうることを学んだ。しかし，防衛するためであればどんな行為でも許されるのだろうか。例えばプロボクサーが，体格も年齢も明らかに劣る相手から素手で襲われた際，試合で放つような強烈なストレートを連打して相手をノックアウトした場合も，正当防衛として認められるだろうか。また，相手がダウンしているにもかかわらずなおも殴り続けて相手を死亡させた場合，プロボクサーはどのような罪責を負うだろうか。さらに，そもそも襲われていないにもかかわらず，襲われると勘違いしたプロボクサーが相手をノックアウトした場合はどのような罪責を負うだろうか。

1　過剰防衛

過剰防衛はどのような性格を有しているか。急迫不正の侵害が途中で失われた後，防衛行為に引き続いて侵害がなされてしまったような場合には，どのような処理がなされるか。

①　過剰防衛とは何か

防衛行為をやり過ぎてしまった場合，すなわち正当防衛の成立要件（Unit 9 参照）のうち相当性が欠ける場合を**過剰防衛**という。この場合，違法性が阻却されることはなく，その刑について情状により減軽または免除される可能性があるにとどまる（36条2項）。これを**刑の任意的減免**という。

▶▶**相当性の判断基準**

正当防衛と過剰防衛は，防衛行為の相当性が認められるかどうかで区別される。その相当性は，どのように判断されるのだろうか。

まず，相当性の有無を判断する対象について議論されている。例えば，駅のホームで酔っ払った男性に絡まれて首筋あたりを摑まれた女性が，その男性を手で強く突いたところ，男性が酔っていたためにかなり後退して線路上に転落し，ちょうど進入してきた電車の車体とホームの間に体を挟まれて死亡した場合（千葉地判昭和62・9・17判時1256号3頁〔西船橋駅ホーム転落死事件〕），傷害致死罪（205条）の構成要件に該当するとして，防衛行為の相当性の有無が問題となる。ここでの判断の対象は，女性が男性を死亡させた「結果」だろうか，それとも男性を突いた「行為」だろうか。

この点，結果としての相当性を判断する考え方（**事後判断説**）によれば，防衛行為によって奪われた男性の「生命」と比べると，守られた女性の「身体」の方が法益の価値は低いため，相当性に欠けるとして過剰防衛となり，刑が減免されうるにとどまることになろう。しかし，この立場によると，防衛行為から大きな侵害が生じる可能性がある限り，現場から逃げるしかないことにもなりかねない。そのような懸念から，たまたま重大な結果が生じたとしても，行為として相当であるといえればよいとの考え方（**事前判断説**）が有力に主張されている。西船橋駅ホーム転落死事件では，上記の状況に置かれた女性にとって，行為が必要最小限度の手段といえるかという観点から，相当性が肯定され，正当防衛の成立が認められている。

▶▶**武器対等の原則？**

では，必要最小限度の手段かどうかはどのように判断されるのか。かつて，判例は「武器対等の原則」を採用していると指摘されたことがあった。これは，素手で襲われた際に素手で防衛すれば相当性が認められる一方，凶器を使って防衛した場合には相当性が否定される，というものである。しかし，筋骨隆々の相手から素手で襲われた老人も素手で防衛しない限り相当性が認められないと解するのは妥当でない。むしろ，判例も武器対等の原則を形式的に用いているわけではなく，攻撃者と防衛者との年齢差，体格差といった身体的条件や，防衛行為の態様，代替手段の有無などを考慮し，実質的に判断してきたと考えられている（最判平成元・11・13刑集43巻10号823頁〔百選Ⅰ 25事件，菜切包丁事件〕参照）。

②　刑の任意的減免の根拠

▶▶違法減少説

過剰防衛として評価された場合，なぜ刑の任意的減免が定められているのだろうか。その根拠として，過剰防衛は防衛行為をやり過ぎている面があるものの，急迫不正の侵害から正当な利益を守っている面もあるため，その部分を考慮すると違法性が減少されるからであるとの考え方（**違法減少説**）がある。しかし，やり過ぎている部分だけを見れば完全に違法であるにもかかわらず刑の減免を認めることは難しいとの批判がなされている。

▶▶責任減少説

一方で，行為者の心理に着目する考え方（**責任減少説**）も主張されている。この考え方によれば，思いがけない事態に直面し，心理的に動揺して防衛行為をやり過ぎてしまった行為者に対しては強く非難することができないため，刑の減免が認められていると解されよう。しかし，36条2項が適用される根拠として行為者の心理的な動揺にのみ着目するのであれば，そもそも急迫不正の侵害が客観的に存在しなくてもよいはずではないかと批判されている。

▶▶違法・責任減少説

そこで現在では，過剰防衛に違法性が減少する面と責任が減少する面があることを踏まえて，36条2項において刑の免除まで認められているのは，責任だけではなく違法性も減少するからであるとの考え方（**違法・責任減少説**）が有力となっている。なお，刑の減免が認められるためには違法性と責任が両方とも減少していなければならないとする考え方（**重畳的併用説**）と，どちらか一方が減少していればよいとする考え方（**択一的併用説**）があり，前者によれば過剰防衛の成立範囲は狭くなるが，後者によれば広くなることになろう。

③　過剰防衛の類型

▶▶質的過剰と量的過剰

例えば，相手から素手で襲われた者が，素手でも十分に防衛できたにもかかわらず，拳銃を発射して相手を射殺してしまった場合のように，防衛の手段が行き過ぎた場合を**質的過剰**という。また，相手から素手で襲われた者が，素手で防衛した後に相手が攻撃をやめたにもかかわらず，なおも素手で殴り続けて相手を撲殺してしまった場合のように，手段としては相当であるものの，量的に行き過ぎた場合を**量的過剰**という。

量的過剰をめぐっては，相手が攻撃をやめるまでの防衛行為は正当防衛として違法性が阻却されるものの，攻撃が終了した後の防衛行為だけを見ると，急迫不正の侵害が存在していない。それゆえ，刑の減免根拠として違法性の減少を主張する見解に基づく場合，量的過剰については過剰防衛として認められないとする批判がある。

しかし，違法性の減少を必要とする見解からも，急迫不正の侵害が終了する前後に行われた防衛者の行為を一体として捉えられる場合には，その行為全体を1個の過剰防衛として認めることができよう。従来から量的過剰のリーディングケースとされてきた判例の事案においても，屋根鋏（ばさみ）を持って向かってきた相手に対して鉈（なた）で頭を一撃し，相手の態勢が崩れた後になお鉈を振るって相手を死亡させた事案では，防衛者の行為を一体として捉えた上で，全体につき1つの過剰防衛が成立するとし，36条2項の適用を認めている（最判昭和34・2・5刑集13巻1号1頁）。

▶▶行為を一体として把握できる場合とは

では，どのような場合に，防衛者の行為を一体として捉えることができるのか。判例の基準を大まかにいえば，①先行行為と後行行為との間に時間的・場所的連続性が存在し，②防衛の意思が継続している場合には，全体の行為を一体として捉えることができると解されている。

灰皿投げつけ事件（最決平成20・6・25刑集62巻6号1859頁〔百選Ⅰ 27事件〕）では，被害者から直径19 cm，高さ60 cmの円柱形のアルミ製灰皿を投げつけられた被告人が，これを避けて被害者の顔面を殴り，被害者が転倒して動かなくなったにもかかわらず（第1暴行），憤慨のあまり，腹部を足で蹴る等の暴行を加えて傷害を負わせた（第2暴行）結果，正当防衛とされる第1暴行による頭部打撲が原因で被害者を死亡させた事案において，被告人に過剰防衛が成立するか，問題となった。この事件では，第1暴行と第2暴行を分割して評価すれば被告人には第2暴行のみを理由とする傷害罪が成立するにとどまるが，2つの暴行を一体的に評価すれば過剰防衛による傷害「致死」罪が成立することになる。それゆえ，2つの暴行を一体として捉えることができるか争われたのであった。

最高裁は，2つの暴行が「時間的，場所的には連続しているものの，被害者による侵害の継続性及び被告人の防衛の意思の有無という点で，明らかに性質を異にし，被告人が……抵抗不能の状態にある被害者に対して相当に激しい態様の第2暴行に及んでいることにもかんがみると，その間には断絶がある」として，2つの暴行を一体的に捉えることはできず，被告人は第2暴行に基づく傷害罪の責任を負うべきであるとした。この事件では，被告人が「専ら攻撃の意思に基づいて第2暴行に及んでいる」として，第2暴行の時点では防衛の意思が欠けているため，行為の一体性が否定されたと解されよう。

また，折り畳み机押し返し事件（最決平成21・2・24刑集63巻2号1頁）でも，拘置所内で被害者から折り畳み机を押し倒された被告人が，その反撃として折り畳み机を押し返し，被害者の反撃や抵抗が困難な状態になったにもかかわらず（第1暴行），被害者の顔面を手拳で数回殴った（第2暴行）結果，正当防衛とされる第1暴行により左中指に傷害を負わせた事案において，被告人に過剰防衛が成立するか，問題となった。この事件では，第2暴行の時点でも被害者による急迫不正の侵害がなお継続していたと評価されたため（この点に関しては最判平成9・6・16刑集51巻5号435頁を参照のこと），第1暴行と第2暴行を分割して評価すれば被告人には第2暴行のみを理由とする過剰防衛による暴行罪が成立するにとどまるが，一体的に評価すれば過剰防衛による「傷害」罪が成立する。それゆえ，2つの暴行を一体として捉えられるかが争われた。

最高裁は，「被告人が被害者に対して加えた暴行は，急迫不正の侵害に対する一連一体のものであり，同一の防衛の意思に基づく1個の行為と認めることができるから，全体的に考察して1個の過剰防衛としての傷害罪の成立を認めるのが相当」であると述べた上で，違法性のない第１暴行から傷害が生じた点については，「有利な情状として考慮すれば足りる」とした。

もっとも，この事件に対しては，重い結果が第１暴行から発生している場合に全体を一体として捉えると，本来正当化されるはずの第１暴行から生じた結果についても遡って処罰対象に取り込まれて犯罪が成立することになってしまい，不当であるとの批判が多い。仮に量刑で軽く評価するとしても，およそ成立していない犯罪を成立するとしていることに変わりはないからである。また，罪名と科刑を切り離して検討するような考え方は，一般国民である裁判員にとってわかりやすいものとはいえないだろう。

☑ Check Points

☐ 過剰防衛における刑の任意的減免の根拠をめぐっては，違法性が減少するためか，責任が減少するためか，両者ともに減少するためか，議論されている。

☐ 判例は，防衛行為に当たる第１行為とその後の第２行為との間に時間的場所的連続性が存在し，防衛の意思が継続している場合には，両者の行為を一体的に捉えて１個の過剰防衛が成立しうると解している。

2　誤想防衛

誤想防衛は，事実の錯誤か，それとも違法性の錯誤か。

▶▶誤想防衛とは

正当防衛の要件に当たる事実が存在しないにもかかわらず，あると勘違いして行為する場合を**誤想防衛**という。その典型例は，例１深夜に背後を歩いていた相手を通り魔だと勘違いして，その顔面を素手で殴り，相手に怪我を負わせた，というように急迫性の存否につき誤信していた場合である（これは狭義の誤想防衛と呼ばれている)。また，素手で襲われた際，近くにあった棒状の物でとっさに防衛したところ，それが斧だったため，相手に怪我を負わせた，というように相当性の存否につき誤信していた場合も誤想防衛の一種である。以下では例1を念頭に，どのような解決を図るべきか，考えてみよう。

▶▶故意の認識対象，再び

行為者は，正当防衛の要件に当たる事実があると勘違いしている点で錯誤(Unit 6を参照）に陥っているといえる。そこで，誤想防衛が事実の錯誤か，それとも違法性の錯誤かが問題となる。

この問題は，故意の認識対象（Unit 5を参照）と深く関連している。故意が認められるためには，行為者が，まずは構成要件に該当する事実を認識していなければならない。では，その認識さえあれば故意は認められるだろうか，それとも違法性の意識あるいは違法性を基礎づける事実の認識も必要だろうか。

▶▶違法性の錯誤説

構成要件に該当する事実（例えば「殴る」という事実）さえ認識していれば故意が認められるとする責任説（Unit 6を参照）の考え方を徹底させるならば，誤想防衛の場合にも行為者に故意が認められ，ただ，法律上許されていないにもかかわらず許されていると思い込んでおり，違法性の錯誤に陥っているに過ぎないと解されよう（こうした考え方を**厳格責任説**という)。このような**違法性の錯誤説**によれば，正当防衛の要件に当たる事実があると勘違いした点について，仮に一般人は勘違いしないような場合であれば，行為者は違法性の意識を持ちえたはずだと評価されうるため，責任非難も肯定され，普通に犯罪が成立する。これに対して，一般人も勘違いするような場合であれば，行為者が違法性の意識を有しえたとはいいにくくなり，責任非難の程度が減少し，場合によっては責任が完全に阻却される。

このような考え方を例1に当てはめると，行為者には相手を殴る認識があるため，傷害罪（暴行罪）の故意は認められる。そして，通り魔に襲われると一般人が勘違いしない状況であれば，違法性の意識の可能性も認められるため，傷害罪が成立する。これに対して一般人も勘違いする状況であれば，違法性の意識の可能性が認められないことから，責任が阻却されうる。

しかし，こうした考え方に対しては，前提となる厳格責任説自体が不当であるとの批判に加え，38 条 1 項に規定されている「罪を犯す意思」が故意であるならば，「正当防衛をする」という認識を有している者にこれを認めることはできないのではないかとの批判が向けられている。

▶▶**事実の錯誤説**

誤想防衛を扱った最高裁判例は見られないが，下級審判例（広島高判昭和 35・6・9 高刑集 13 巻 5 号 399 頁）や通説は，誤想防衛を事実の錯誤として捉え，故意が阻却されると解している（**事実の錯誤説**）。まず，故意の内容として違法性の意識まで要求する厳格故意説（Unit 6 を参照）によれば，誤想防衛の場合，行為者は「正当防衛をする」という認識を有しており，違法性の意識が欠けているため，故意が阻却される。また，違法性の意識の「可能性」を要求する制限故意説（Unit 6 を参照）によれば，誤想防衛の場合，一般人でも勘違いする状況であれば，違法性の意識の可能性が欠けるため，これを理由として故意が阻却されうる。他方，現在の多数説は，責任説に立脚しつつも，構成要件に該当する事実の認識の有無だけでなく，違法性阻却事由を基礎づける事実の認識の有無も故意の成否に関係すると解している。これを上述の厳格責任説と比べると，責任説の論理に一定の制限がかけられていることに気づくだろう（このような理由から，一般的に**制限責任説**と呼ばれている）。この考え方によれば，誤想防衛の場合，構成要件に該当する事実の認識はあるものの，急迫性や相当性などといった正当防衛を基礎づける事実の認識を有していることから，結論として故意が阻却される。いずれにせよ，事実の錯誤説に基づく限り，誤想防衛の場合に故意犯は成立しない。ただし，そのような勘違いをした点につき注意義務違反が認められれば過失犯が成立する余地はあるが，そのような事情が認められなければおよそ犯罪は成立しない。

このような考え方を例 1 に当てはめると，行為者は急迫不正の侵害が存在すると認識しているため，故意が阻却され，傷害罪は成立しない。通り魔に襲われると勘違いした点につき過失が認められれば過失傷害罪（209 条 1 項）が成立するが，認められなければ無罪となる。

もっとも，厳格故意説や制限故意説に対しては，すでに見たように批判が向けられている（Unit 6 を参照）。また，制限責任説については，故意を体系上構成要件の段階に位置づける場合，故意犯の成立を認める上で「自分のやっていることは正当防衛に当たらない」という認識が必要だとすると，体系的に構成要件該当性と違法性の区別が失われるのではないかという問題が生じうる。学説上，これを正面から認める考え方も少数ながら存在するが，むしろ結果無価値論の立場から故意を体系上もっぱら責任の段階に位置づけることでこの問題を回避する見解も有力に主張されている。

☑ Check Points

□ 誤想防衛については，事実の錯誤と捉えるか，違法性の錯誤と捉えるか，議論されている。事実の錯誤と捉える場合，故意犯は成立しないが，過失犯が成立する余地が残る。

3　誤想過剰防衛

誤想過剰防衛の場合，行為者に故意犯は成立するか。また，36 条 2 項による刑の減免は可能か。

▶▶誤想過剰防衛とは

急迫不正の侵害が存在しないにもかかわらずあると勘違いして行為に出たが，たとえそのような侵害が存在していたとしても防衛の程度を超えていたと解される場合を**誤想過剰防衛**という。そのうち，例 2 相手が素手で襲ってくると勘違いし，手に取ったのが斧であると認識しつつ防衛行為に出て相手に怪我を負わせたというように，過剰性を基礎づける事実について認識していた場合が挙げられよう（これは狭義の誤想過剰防衛と呼ばれている）。また，同様の勘違いに基づき，手に取ったのが木の棒であると思い込んでこれを用いて防衛したところ，実はそれが斧であったため相手に重傷を負わせたというように，過剰性を基礎づける事実について認識していなかった場合（これはいわば二重の誤想防衛といえよう）も存在しており，これも誤想過剰防衛の一種であるとされることがある。

いずれにせよ，誤想過剰防衛は誤想防衛としての側面と過剰防衛としての側面を有している。以下では 例2 を念頭に，故意犯が成立するか，また，36条2項による刑の任意的減免が可能か，考えてみよう。

▶▶故意犯の成否

まず，行為者に故意犯が成立するか検討する必要がある。厳格責任説は，誤想防衛の場合と同様に，行為者には故意犯が成立すると解する（**故意犯説**）。せいぜい，違法性の意識の可能性の減少により，責任が阻却される余地があるのみである。この考え方を 例2 に当てはめると，行為者は相手の身体に有形力を行使する認識を持っている以上，傷害罪（暴行罪）の故意が認められる。そして，相手が素手で襲ってくると一般人も勘違いするような状況であれば責任が阻却されうるが，そのような状況でなければ傷害罪で処罰されることになる。しかし，故意犯説に対しては，誤想過剰防衛の場合においても法益を守るために行動している面があるため，少なくとも過剰性を基礎づける事実の認識がない場合には故意が阻却されるべきであるとの批判が向けられている。

こうした見地から，多数説は①過剰性を基礎づける事実についての認識が存在しない場合には故意が阻却され，仮にその点につき注意義務違反が認められるのであれば過失犯が成立すると解する。他方，②過剰性を基礎づける事実についての認識が認められる場合には，その認識内容は過剰防衛の場合とまったく同様であるため，故意犯が成立すると解している（**二分説**）。この考え方を 例2 に当てはめると，行為者は斧であることを認識しており，過剰性を基礎づける事実の認識を有しているため，傷害罪が成立することになる。

▶▶刑の任意的減免の可否

誤想過剰防衛には過剰防衛としての側面もあるため，36条2項による刑の減免が可能かについても検討しなければならない。その際には，過剰防衛における刑の減免根拠をめぐる議論を思い出してもらう必要がある。

まず，違法減少説や重畳的併用説では，誤想過剰防衛の場合，急迫不正の侵害がまったく存在しない以上，違法減少が認められないことから，刑の減免は不可能となろう。これに対して責任減少説や択一的併用説によれば，行為者の心理的な動揺は誤想過剰防衛の場合にも存在することから，責任減少が認められ，刑の減免が可能となろう。もっとも，客観的には急迫不正の侵害が存在していない以上，36 条 2 項が本来適用される場合とは異なっていることから，同項が「準用」されると解すべきと主張されることもある。また，単なる誤想防衛もなお過失犯として処罰されうることとの均衡を考えると，誤想過剰防衛については刑の「免除」まで認めることはできず，量刑上，過失犯の刑を下回らないように配慮すべきであるとする指摘も見られる。

▶▶勘違い騎士道事件

誤想過剰防衛が問題となった事件として，勘違い騎士道事件（最決昭和 62・3・26 刑集 41 巻 2 号 182 頁〔百選Ⅰ 29 事件〕）がある。この事件は，空手 3 段のイギリス国籍をもつ被告人が，酩酊した女性とこれをなだめていた被害者がもみ合っているのを目撃した際，被害者が女性に暴行を加えているものと誤解し，女性を助けようと両者の間に割って入ったところ，被害者が防御のため胸の前に手を上げたことから，被告人は被害者がファイティングポーズのような姿勢をとって自分に殴りかかってくるものと勘違いし，自己および女性の身体を防衛しようとして空手の技である回し蹴りをしたところ，被害者の顔面付近に左足を当てて同人を路上に転倒させ死亡させた，というものである。最高裁は，「本件回し蹴り行為は，被告人が誤信した被害者による急迫不正の侵害に対する防衛手段として相当性を逸脱していることが明らかであるとし，被告人の所為について傷害致死罪が成立し，いわゆる誤想過剰防衛に当たるとして刑法 36 条 2 項により刑を減軽した原判断は，正当である」とした。

この事件では，被告人は被害者による急迫不正の侵害が存在していると勘違いしている。他方，仮に被害者が素手で殴りかかってきたとしても，空手の有段者が顔面を狙って回し蹴りという強力な技を繰り出す行為の方がはるかに危険であること，被告人が回し蹴り以外の防衛手段をとることも可能だったことを考慮すると，防衛行為の相当性は否定されよう。その上で，空手の有段者が一般人に対していきなり回し蹴りをすることにつき認識していた以上，過剰性を基礎づける事実の認識が認められる。以上のことから，本件は狭義の誤想過剰防衛の事案であるといえるため，故意犯の成立が肯定されたと解される。他方，36 条 2 項による刑の減軽が肯定されているが，これは被告人が日本語を十分に理解することができず，とっさの状況下であったことにも照らし，大幅な責任減少が認められたことによるものと考えられる。

☑ Check Points

☐ 誤想過剰防衛は，誤想防衛の一面と過剰防衛の一面がある。そのため，故意犯が成立しうるか，36条2項の適用・準用が認められるかを検討する必要がある。

☐ 勘違い騎士道事件において，最高裁は，過剰性を基礎づける事実について認識していた誤想過剰防衛と評価し，故意犯の成立を認めた上で，36条2項による刑の減軽を認めた。

【参考文献】

橋爪隆『刑法総論の悩みどころ』（有斐閣，2020年）104頁以下

Unit 11

責任論の諸問題

■ Topics ■　「責任」を問うとはいかなることか

「通り魔殺人の被告人，責任能力なく無罪！」とのニュースに接して，憤りやわだかまりを感じたことがある人は少なくないだろう。自らの所業に責任を負わないとは何事か，というのがおそらく一般的な反応だと思われる。日常用語でいう「責任」は，その人に起因して生じた事象についての「落とし前」を付けるべきだという意味で，それがどのような状況下で生じたとしても，場合によっては本人に落ち度がなくても，「責任」を負うべきとされることがある。いわゆる「自己決定・自己責任」の考え方も，それに与（くみ）するものである。また，仕事の凡ミスや政治家の不祥事発覚時にもよく「責任を取れ」と言われる。しかし，刑法において「責任」の語が指す意味は，これらよりずっと限定的である。

刑法の「責任論」における「責任」は，ある行為が犯罪となり，その行為者に刑罰を科すことが可能かどうかを問題とするものである。例えば，もともと薬物中毒の行為者には責任能力がないから刑事責任を問われないと聞けば，わだかまる気持ちにもなろう。しかし，刑事未成年に責任能力がないのは，14 歳未満の者に刑罰を科さないと刑法で定めたからであり，心神喪失と判断された場合には責任無能力であるとして刑罰が科されないのは，そのような行為者は法的に非難し得ないからである。もっとも，心神喪失と判断されて無罪あるいは不起訴処分になった場合には，「心神喪失者等医療観察法」が定める制度の対象となり，行為者が必ずしもそのまま解き放たれるわけではないことは，後述する（→ *2* を参照）。

本章では，なぜ刑法が「責任主義」という立場をとるのか，そして，この主義の例外となるかが議論される「原因において自由な行為」について，特に焦点を当ててみていくこととする。

1 責任とは（総説）

刑法でいう「責任」とはどのようなものか。
責任の要素にはどのようなものがあるか。

▶▶責任の本質

刑法では，犯罪とは構成要件に該当し違法かつ有責な行為であると説明され，「責任」は犯罪成立のための３番目の要素である（→ Unit 2）。刑法の基本原則の一つに，行為者に責任がなければ処罰してはならないとする「**責任主義**」（→ Unit 1）があり，責任の有無で処罰の有無が決せられることになる。

そもそも責任とは何か。古典学派の非決定論の立場からは，責任とは，犯罪に出ることを選んだ自由な意思決定に対する法的非難であり（**行為・意思責任論**），これを道義的非難であるとする見解もある（**道義的責任論**）。他方で近代学派の決定論の立場からは，人の意思は因果的に決定されているから，犯罪は遺伝と環境の産物であり，刑罰は非難ではなく行為者の危険な性格を矯正するためのものと考え，責任とは危険な性格ゆえに刑罰を甘受すべき地位だとされた（**社会的責任論**）。これらの対立は，そもそも何のための刑罰かという点の理解に直結する。現在では，刑罰に一般予防・特別予防の側面があることは認めつつ，その前提としてあくまで応報（自由な意思決定に基づいて犯行に出たことに対する非難）が存在している必要があると捉えるのが一般的な理解である。このことから，責任と非難とは相関関係があり，責任がある（有責性）とは非難可能性を有しているということだと言える。

▶▶責任の要素

責任主義の考え方がまず排除したのは結果責任であり，故意犯処罰が原則で過失犯処罰を例外と位置づけ，故意も過失もない行為については処罰しないこととした。かつては，**故意・過失**という心理状態がそのまま責任形式であり責任非難を基礎づけると考えられた（**心理的責任論**）。しかし，故意・過失はそれ自体が類型的に責任非難の差異を示しているし，故意や過失それぞれの内部においても個別の行為の事情によって責任非難の程度は異なりうる。それゆえ，現在では，故意・過失があってもなお責任が否定される場合があると考えられており，責任の実質を，故意・過失に共通する上位概念としての，違法行為に出るのを思いとどまらなかったことに対する非難可能性として理解する見解（**規範的責任論**）が通説となっている。そして，この見解からは，明文で規定されている**責任能力**がない場合に加え，適法行為の**期待可能性**がない場合や**違法性の意識の可能性**がない場合も，非難可能性が否定されるとして，例外的な責任阻却事由とされる。

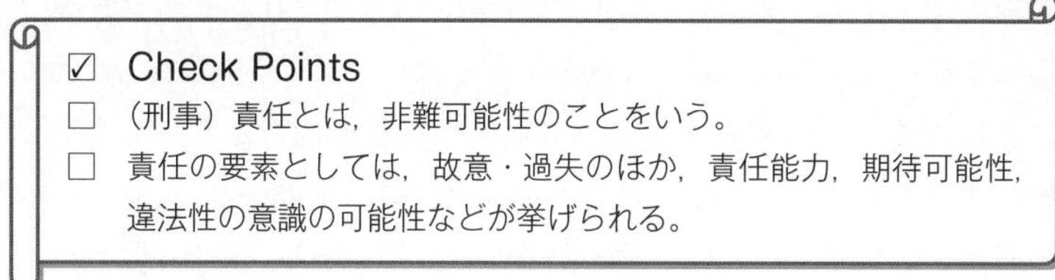
☑ Check Points
□ （刑事）責任とは，非難可能性のことをいう。
□ 責任の要素としては，故意・過失のほか，責任能力，期待可能性，違法性の意識の可能性などが挙げられる。

2　責任能力とは

心神喪失・心神耗弱とはどのような場合をいうか。
責任能力が否定されるのはどのような場合か。

▶▶心神喪失・心神耗弱とは

責任能力とは，非難としての刑罰を科しうる能力のことをいう。刑法39条は，心神喪失の場合には処罰せず（1項），心神耗弱の場合には刑の必要的減軽とする（2項）旨を定めており，前者は責任無能力，後者は限定責任能力といわれる。

判例によれば，**心神喪失**とは，精神の障害により事物の理非善悪を弁識する能力（**弁識能力**）がない場合，または是非の弁識に従って自己の行為を制御する能力（**行動制御能力**）がない場合をいい，**心神耗弱**とは，これらの能力が著しく減退している場合をいう（大判昭和6・12・3刑集10巻682頁）。責任無能力等の原因となる精神障害としては，統合失調症や躁うつ病などの精神病や，病的酩酊，複雑酩酊，激情状態などの深い意識障害などがある。

行為者に故意・過失があっても，責任能力がない場合は不可罰となり，限定責任能力の場合には刑が必要的に減軽される。

▶▶責任能力の判断方法

責任能力を判断するにあたり基準となりうる要素として，前述した，精神障害，弁識能力，行動制御能力が挙げられる。これらのうち，精神病や意識障害などの精神障害という生物学的要素を基準とする**生物学的方法**と，是非弁識・行動制御能力という心理学的要素を基準とする**心理学的方法**があるが，現在の通説的理解は，これら双方を考慮する**混合的方法**と呼ばれる基準である。

判例はこれらのうち混合的方法を採用しており，まず精神障害の存否を判断することになるが，精神障害があれば直ちに責任無能力とされるものではなく，責任能力の有無・程度は，被告人の犯行当時の病状，犯行前の生活状態，犯行の動機・態様等を総合して判定すべきものとされる。また，これらの判断が医学上の判断か裁判所の判断かという点について，精神鑑定における精神医学者の鑑定意見の拘束力につき，従来の判例では，心神喪失または心神耗弱に該当するかは法律問題であって専ら裁判所に委ねられるべき問題であるとされてきた（最決昭和58・9・13判時1100号156頁）。この点，近時の最高裁の判断では，「生物学的要素である精神障害の有無及び程度並びにこれが心理学的要素に与えた影響の有無及び程度については，その診断が臨床精神医学の本分であることにかんがみれば，専門家たる精神医学者の意見が鑑定等として証拠となっている場合には，鑑定人の公正さや能力に疑いが生じたり，鑑定の前提条件に問題があったりするなど，これを採用し得ない合理的な事情が認められるのでないかぎり，その意見を十分に尊重して認定すべきものというべきである」とされ（最判平成20・4・25刑集62巻5号1559頁），鑑定意見を尊重すべきとのスタンスが示された。その一方で「裁判所は，特定の精神鑑定の意見の一部を採用した場合においても，責任能力の有無・程度について，当該意見の他の部分に事実上拘束されることなく，上記事情等を総合して判断することができるというべきである」ともされており（最決平成21・12・8刑集63巻11号2829頁〔百選Ⅰ 35事件〕），これは，心神喪失または心神耗弱に該当するかは法律判断であり，その認定は裁判所に委ねられるべきであるとの判断を維持しつつ，証拠の一つである鑑定につきその証明力を裁判官の自由な心証に委ねるものといえる。したがって，精神障害が存在すれば必ず責任無能力になるわけではない。

▶▶心神喪失者等医療観察法

行為者が心神喪失とされた場合，責任能力が否定されるから，刑事裁判においては無罪となり，処罰されない。それでは，触法精神障害者は，何の処遇もされないまま放っておかれることになるのだろうか。

かつては，責任無能力または限定責任能力だが刑罰より治療が適切であると判断された場合の行政的措置として，「精神保健及び精神障害者福祉に関する法律」（精神保健福祉法）による精神病院への措置入院が可能なだけだった。しかし，2001 年に発生した大阪教育大学附属池田小学校児童殺傷事件が契機となって精神障害に起因する他害行為への対応が関心事となり，2003 年に「心神喪失等の状態で重大な他害行為を行った者への医療及び観察等に関する法律」（**心神喪失者等医療観察法**）が制定された。同法において，殺人・放火・強盗・不同意性交等の対象行為（同 2 条 1 項）を行った者が心神喪失者・心神耗弱者であることを理由に不起訴・無罪・減刑になったとき（同条 2 項）に，検察官は原則として地方裁判所に対して入院等の決定をするよう申し立て（同 33 条），裁判所が 1 名の裁判官と 1 名の精神保健審判員（精神科医）の合議で審判を行い（同 11 条）処遇を決定する。裁判所はその結果，指定入院医療機関への入院や通院などの措置等を決定し，執行させることができる（同 42 条・45 条）。同法の目的は「病状の改善及びこれに伴う同様の行為の再犯の防止を図り，もってその社会復帰を促進すること」（同 1 条）にあり，福祉的側面と再犯防止という保安処分的側面が併存するものといえよう。

▶▶刑事未成年者（41 条）

刑法 41 条は，「14 歳に満たない者の行為は，罰しない」と規定しており，14 歳未満の少年を責任無能力者として扱う（**刑事未成年者**）。これは，年少者には類型的に見て弁識能力が不十分な場合が多いことも考慮されているが，主たる理由は少年保護の観点であり，可塑性に富む少年に対して刑事罰で対処するのは適切でないとの政策判断によるものである。14 歳未満の少年は刑事罰の対象とならないため，犯罪に相当する行為をした場合には**触法少年**と呼ばれる。

なお，満14歳以上であっても20歳未満の少年については，同様の政策的配慮から，少年法により手続法上・実体法上の特別な取り扱いが定められている（このうち，18・19歳の少年は，2022年度施行の改正少年法により「特定少年」とされ，17歳以下の少年とは異なる取扱いがされる）。

☑ Check Points

☐ 心神喪失とは，精神障害により是非弁識能力または行動制御能力がない場合，心神耗弱とはこれらの能力のいずれかが著しく減退している場合である。

☐ 責任能力の判断基準として，判例では，生物学的要素と心理学的要素の双方を要素とする混合的方法がとられている。

3　その他の責任要素

責任能力が肯定されても，責任阻却が認められる場合はあるか。

▶▶責任能力と責任非難

責任能力の判断においては，精神障害に加えて，是非弁識能力または行動制御能力が欠如するかどうかが基準となった。しかし，精神障害がないことから責任能力が肯定されたとしても，具体的な状況下において，適法な行為をすることを期待できない事情がある場合や，行為の違法性の認識可能性を排除する事情がある場合もあり，そこには，責任非難に適さず，責任阻却されると判断されるべき場合が含まれると考えられる。

▶▶適法行為の期待可能性

適法行為の**期待可能性**とは，違法行為を行った行為者に行為時の具体的事情の下で適法行為を期待することが可能であったことをいう。責任非難は，行為者が適法行為を選択することも可能であったのに違法行為を行ったことに対して向けられると考える規範的責任論の立場からすると，故意・過失があり責任能力があったとしても適法行為が期待できず責任非難に適しない場合があり得，その場合には他の犯罪成立要件を備えていても例外的に不可罰とされうると考えられる。このような見解は，19 世紀末のドイツの「暴れ馬事件」判決をきっかけに生まれたとされる。この判決では，馬車の馬が暴れて通行人が負傷したことで過失傷害罪に問われた御者に対し，自身は以前からこの馬の危険性を指摘して別の馬に替えるよう雇用主に頼んでいたが聞き入れられず，解雇されることを恐れてそのままこの馬を使っていたとの事情から，職を失ってまでその馬を使わないようにすることを御者に期待することはできないとして無罪が言い渡された。通説によれば，このような期待可能性の欠如は，超法規的な責任阻却事由と位置づけられる。

もっとも，最高裁は，一般論としては「期待可能性の不存在を理由として刑事責任を否定する理論は，刑法上の明文に基くものではなく，いわゆる超法規的責任阻却事由と解すべきものである」としているが（最判昭和 31・12・11 刑集 10 巻 12 号 1605 頁），実際に期待可能性の欠如を理由に責任阻却が認められた最高裁判例はこれまでにない。

▶▶違法性の意識の可能性

行為の違法性の認識可能性がない場合も，違法な行為を行うことについての責任非難に適さず，責任阻却されると考えられる。これは，**違法性の意識の可能性**の問題とされる。

違法性を基礎づける事実の認識はあるが，それにもかかわらず自己の行為が違法性はないと誤信して違法性の意識を欠いていた場合のことを，**違法性の錯誤**（**法律の錯誤**）という。これは，法律上の処罰規定の存在を知らなかった場合（法の不知）と，処罰規定の解釈を誤って要件を誤解していた場合（あてはめの錯誤）に区別される。刑法 38 条 3 項本文は，「法律を知らなかったとしても，そのことによって，罪を犯す意思がなかったとすることはできない。」としており，違法性の意識は故意の成立に必要なく，違法性の錯誤があっても故意は阻却されない。しかし，責任主義の原則からすると，違法性の意識を欠いたことにつき行為者を非難できない時には，刑事責任を否定すべきである。このように，違法性の錯誤があっても故意は否定されないが，違法性の意識の可能性がないときは責任が否定されるとする見解は，**責任説**（違法性の意識可能性説）と呼ばれる。現実に自己の行為の違法性を認識していた必要はないが，少なくとも違法性を認識する可能性が存在したことが必要であるとするこの見解が，学説上通説となっている。38条3項ただし書が「ただし，情状により，その刑を減軽することができる。」としており，違法性の意識を欠いていた時は非難可能性の程度がより低いと考えられていることが窺えることから，違法性の意識の可能性がないときには，責任が否定され犯罪不成立と考えるのが整合的であるといえる。

他方，判例は，違法性の意識がなくても犯罪不成立になることはないとする，**違法性の意識不要説**をとってきたとされ（最判昭和25・11・28刑集4巻12号2463頁），この考え方からは犯罪成立のためには違法性の意識の可能性も必要ないことになる。下級審判例においては，故意責任を認めるためには少なくとも違法性の意識の可能性が必要であるとの前提に立つものが見受けられるが，そこでは，違法性の意識を欠いたことにつき相当の理由があるから故意が阻却される，という故意の有無の問題として扱われており，責任説のように違法性の意識の可能性が故意とは別の責任要素であるとの立場はとられていない。もっとも，最高裁は，いわゆる百円札模造事件において，表側は百円札の真券と同じデザインで裏側が広告となっているサービス券を配布したことが通貨及証券模造取締法違反として起訴されたが，事前に警察官に見せたところ修正を提案されたが好意的な態度であったためそのままでも大丈夫だと思ったとの事情があっても，被告人が違法性の意識を欠いたことにつき相当の理由はないとされた原判決を是認し，「行為の違法性の意識を欠くにつき相当の理由があれば犯罪は成立しないとの見解の採否についての立ち入った検討をまつまでもなく」原判決の結論が妥当だとした（最決昭和62・7・16刑集41巻5号237頁〔百選Ⅰ48事件〕）。ここからは，将来における判例変更の余地があることが示されているといえよう。

通説のように違法性の意識の可能性が必要だとする場合，あるいは判例のように違法性の意識不要説をとる場合には，事実の錯誤と違法性の錯誤（法律の錯誤）の区別は重要なものとなる。なぜなら，事実の錯誤は故意を阻却するが違法性の錯誤の場合には原則として故意犯が成立することになるからである

（事実の錯誤か違法性の錯誤かについて，Unit 6 を参照）。

☑ Check Points

□ 責任能力が認められても責任阻却されうる場合として，適法行為の期待可能性が欠如する場合と，違法性の意識の可能性がない場合がある。

□ 適法行為の期待可能性の欠如は，超法規的責任阻却事由と位置づけられるが，これを正面から認めて責任阻却した最高裁判例はまだない。

□ 違法性の意識の可能性は，学説上は故意・過失とは別個の責任要素と解する見解が有力だが，判例上はせいぜい故意の一部と捉えられている。

4　原因において自由な行為

行為時に責任能力が欠ける場合でも，行為者を処罰することは可能か。

▶▶行為と責任の同時存在の原則

心神喪失・心神耗弱が認められる際の精神障害には，恒常的な精神病に限らず，飲酒や薬物使用によって生じた一時的な状態も含まれる。しかし，自ら引き起こした心神喪失・心神耗弱状態を理由として常に刑法 39 条が適用されて不処罰・刑の必要的減軽という法的効果がもたらされることは必ずしも適切ではないとの問題意識が広く共有されている。

39 条からは，責任能力は犯罪行為の時に存在しなければならないと読み取れ，これは**行為と責任の同時存在の原則**といわれる。しかし，前述のような理由から，この原則は絶対であるのか，適用範囲を限定的に解することはできないかが模索されている。「**原因において自由な行為**」の理論とは，かような問題意識の下，飲酒や薬物使用により犯罪行為の時点では責任能力がなかったあるいは減退していたがその原因となった飲酒・薬物使用行為（原因行為）の時点では完全な責任能力があったならば犯罪結果についての責任が肯定されると考えられる理論である。

この理論において，従来主張されてきた見解は，構成要件モデルと責任モデルに分類することができる。**構成要件モデル**とは，**原因行為説**とも呼ばれ，原因行為を構成要件該当行為（実行行為）として把握しつつ，その危険が結果行為を介して結果として現実化していることを要求する見解である。伝統的な通説においては，間接正犯類似の構造によって原因行為を実行行為と把握する。すなわち，原因行為は責任無能力に陥った自らを道具として利用し構成要件を実現するものであるから，間接正犯における利用行為と同視することができ実行行為と評価できると説明する（**間接正犯類似説**。間接正犯については，Unit 13 を参照）。そして，実行行為である原因行為の時点で責任能力があることから，この見解によれば，行為と責任の同時存在の原則は破られないこととなる。他方，**責任モデル**とは，**結果行為説**とも呼ばれ，実行行為の段階で責任能力が喪失・減弱していても，事前の最終的な意思決定の段階で責任能力があり，その意思決定がそのまま結果行為として現実化している場合には，完全な責任能力を認めるとの見解である。この見解からは，原因において自由な行為で問題とされる場面は，行為と責任の同時存在の原則の例外とされることになるが，心神喪失・心神耗弱の判断時点を最終的な意思決定の段階に求めることから，39条の文言に反するものではない。

判例においては，過失犯と故意犯のいずれについても，「原因において自由な行為」について39条の適用が排除された判断が存在する。前者については，被告人が多量に飲酒して病的酩酊に陥り心神喪失に至った後に被害者を包丁で刺殺した事案につき，多量に飲酒すると病的酩酊に陥り他人を加害する危険のある素質を有する者は，飲酒を抑止または制限するなど危険の発生を未然に防止する注意義務があるとし，過失致死罪の成立が認められた（最大判昭和26・1・17刑集5巻1号20頁）。また，後者については，自動車を運転して酒を飲みにバーに行き，飲酒後に酩酊して運転をすることを認識しながらビールを20本ほど飲んだが，飲酒後の運転時には心神耗弱状態であった事案につき，飲酒の際に酒酔い運転の意思が認められることを理由に39条2項の適用が排除された（最決昭和43・2・27刑集22巻2号67頁〔百選Ⅰ 39事件〕）。

実行の着手後に責任能力が喪失・減弱し，最終的な結果発生時には責任能力が低下していたような場合については，原因において自由な行為の理論が適用されるだろうか。学説上は，責任能力低下後に決定的な行為が行われている場合には39条を適用すべきとの見解が主張されている。もっとも，責任能力のある状態で実行行為を開始し，全体の実行行為が当初の意思決定により一貫している場合は，完全な責任が肯定され，39条の適用は排除されると考えられる。裁判例では，実行行為開始後に複雑酩酊の状態に陥った事案について，「同一の機会に同一の意思の発動にでたもので，実行行為は継続的あるいは断続的に行われたものである」ことを前提として，39条2項の適用が否定されている（長崎地判平成4・1・14判時1415号142頁〔百選Ⅰ 36事件〕）。

☑ Check Points

□ 原因において自由な行為は，犯罪行為時に責任能力が喪失・減弱していても完全な責任を負わせることを認める理論であり，その理論構成としては，構成要件モデルと責任モデルとがある。

【参考文献】

責任要素全般について：
井田良『講義刑法学・総論〔第2版〕』（有斐閣，2018年）387頁以下
原因において自由な行為について：
橋爪隆『刑法総論の悩みどころ』（有斐閣，2020年）248頁以下

Unit 12

未　遂

■ Topics ■　結果が起きなかったら？

同じ行為をしたとしても，大きな被害をもたらした方が強く叱られる……皆さんにはそんな経験はないだろうか。例えば，兄弟でおもちゃを投げ合っていたところ，兄が投げたおもちゃは壊れ，弟の投げたおもちゃは壊れなかったというとき，この状況を見た母親が，長男には「どうして壊したの」ときつく叱ったのに対して，次男には「もうやめなさい」と静かに注意しただけで済ませた，というような場合である。

刑法でも，犯罪が完成した場合に処罰されるのが原則であり，完成しなかった場合には刑が減軽される可能性がある。とはいえ，犯罪が完成しなくても処罰されるならば，どの時点から可罰性が認められるか，問題となる。

また，先の例で，おもちゃを壊す前に投げ合うのをやめていれば，母親は「お利口さん」と言って兄弟をほめるに違いない。刑法でも，途中で犯罪行為をやめた場合に刑が減軽または免除されるが，それは一体なぜだろうか。どんな要件や基準によって刑が減軽され，または免除されるのだろうか。

このUnitでは，犯罪の完成を目指したものの，完成に至らなかった場合について考えてみよう。

1　未遂犯

未遂犯はなぜ処罰されるのか。未遂犯が成立する条件とは何か。

① 未遂犯の処罰根拠

▶▶未遂犯とは

基本的に刑法では，目指した犯罪が完成するタイプの**既遂犯**を定めている。一方で，「犯罪の実行に着手してこれを遂げなかった」(43条本文) 場合，すなわち，実行行為を始めたものの完成しなかった場合を**未遂**という。例えば，行為者が被害者を射殺しようとしたところ，弾が外れて被害者が無傷で済んだ場合，行為者が拳銃の引き金を引いているものの「被害者の死」という結果が発生していないため，行為者には殺人未遂罪 (203条) が成立する。これは，結果を含む構成要件要素の一部が欠けている場合，**未遂犯**が成立することを表している。既遂犯の構成要件を基本とするならば，未遂犯は，**修正された構成要件**に該当するものであるといえよう。

未遂は，重要な法益を保護するため，各則に未遂犯の処罰規定がある限りで例外的に処罰され (44条)，既遂犯に比べて刑が減軽される可能性がある (43条本文)。このような法律効果を**刑の任意的減軽**という。

なお，犯罪が完成しないタイプには，未遂よりも時系列的に早い段階で犯罪の準備行為を処罰する「**予備**」もあり，特に重要な法益を保護するため，殺人罪や強盗罪などに予備罪の処罰規定が置かれている。また，予備よりもさらに早い段階には「**陰謀**」があり，刑法典には内乱陰謀罪 (78条)，外患陰謀罪 (88条)，私戦陰謀罪 (93条) のみ処罰規定がある。

▶▶未遂犯の種類

未遂犯は，障害未遂と中止未遂の2つに分けられる。**障害未遂**とは，行為者の意思と無関係に犯罪が完成しない場合であり，43条本文で定められているのがこれである。**中止未遂**とは，行為者が「自己の意思により犯罪を中止した」(43条ただし書) 場合であり，**中止犯**とも呼ばれている。

障害未遂を詳しく見ると，着手未遂と実行未遂に分けられる。**着手未遂**とは，実行行為に取り掛かり，実行行為を終える前に犯罪の未完成が確定した場合である。**実行未遂**とは，実行行為を終えた後に犯罪の未完成が確定した場合である。同様に中止未遂も，実行行為に取り掛かり，実行行為を終える前に中止する**着手中止**と，実行行為を終えたものの犯罪が完成する前に中止する**実行**

中止に分けられる。

▶▶未遂犯の処罰根拠

なぜ刑法は，既遂犯だけではなく未遂犯も処罰する旨，定めているのだろうか。かつては，犯罪の完成を目指す行為者の意思や性格に危険性があるため未遂犯も処罰されるとの考え方（**主観的未遂論**）が主張されていた。しかし，客観的な危険がない場合でも意思や性格の危険性を根拠に処罰を認めると，未遂犯が過度に広く成立することになり，思想の処罰に至るおそれもある。

そもそも，刑法の目的が法益の保護にある以上（Unit 1 を参照），法益の侵害に対する危険性が未遂処罰の根拠として重要であろう。そこで今日では，法益侵害の危険があるため未遂犯が処罰されるとの考え方（**客観的未遂論**）が一般的となっている。もっとも，「法益侵害の危険」をどのように捉えるか，法益侵害に対する行為の危険性（行為無価値）と理解するか，法益侵害に対する危険な事態（結果無価値）と理解するかは，実行の着手時期や未遂犯の成立時期と関連する形で議論されている。

●● ② 実行の着手と未遂犯の成立時期 ●●

▶▶実行の着手とは

未遂犯が成立するためには，行為者が犯罪の実行に着手したものの，目指した犯罪が完成しなかったことが必要である。さらに，判例や通説によれば，未遂犯は常に，実行の着手が認められた時点で成立すると解されている。では，未遂犯の成否を決定づける「実行の着手」とは，どんな概念なのだろうか。

この点，実行の着手とは，構成要件に該当する行為の一部を始めた場合を意味するとの考え方（**形式的客観説**）がある。例えば，殺人罪（199条）では，「殺す」行為の一部を始めた時点が実行の着手時期であると説明される。確かに，構成要件に該当する行為が刑罰法規に書かれている限り，この考え方には，実行の着手時期を明確に判断できるメリットがある。しかし，一部の犯罪では，実行の着手時期が遅くなりすぎるデメリットもある。例えば，窃盗罪（235条）では，行為者が「窃取」の一部を始めた時点，すなわち財物に手が触れた時点で実行の着手が認められる。未遂犯の処罰根拠である法益侵害の危険が，財物に手を触れない物色行為の段階で高まっている場合でも，形式的客観説によれば，その段階ではいまだ窃盗未遂が成立しないことになってしまう。

そこで，こうした考え方を修正し，構成要件に該当する行為に「密接な行為」を始めた場合が実行の着手であるとの考え方（**修正された形式的客観説**）が有力に主張されている。このように修正すれば，窃盗罪の場合，財物に手を触れる前の物色行為の段階で，それが「窃取」に密接な行為であるとして実行の着手が認められよう。しかし，どこまでが「密接な行為」といえるのか，課題が残されている。

現在では，実行の着手とは，実質的な判断のもと，法益侵害の現実的危険が生じたことを意味するとの考え方（**実質的客観説**）が多く見られる。その実質的な判断基準を大まかにいえば，①行為者の犯行計画を考慮した上で，②既遂までの障害が存在せず，③既遂となるまでの時間や場所に近接性があるか，といった基準を用いて，法益侵害の現実的危険が生じたかを検討している。

実際の判例では，行為者が電気器具店に侵入し，なるべく金を盗りたいので煙草売場へ行きかけた，という時点に窃盗罪の実行の着手が認められた（最決昭和40・3・9刑集19巻2号69頁〔百選Ⅰ 61事件〕）。この事件では，窃盗罪の実行の着手が認められれば（事後）強盗致死傷罪が成立する一方，認められなければ傷害罪と傷害致死罪の成立にとどまるため，窃盗罪の実行の着手時期が争われたのであった。行為者の「なるべく金を盗りたい」という犯行計画を考慮すると，店に侵入して煙草売場の方に足を踏み出せば障害なく現金を窃取でき，煙草売場までの時間的・場所的近接性もあるため，煙草売場に行きかけた時点で実行の着手が認められたと理解されよう。近時では，キャッシュカード入りの封筒と偽封筒をすり替えて同カードを窃取する計画の下，警察官になりすました氏名不詳者が被害者宅に電話をかけて嘘を述べた後，金融庁職員になりすました行為者が被害者宅まで約140 mの路上まで赴いた，という時点に窃盗罪の実行の着手が認められた（最決令和4・2・14刑集76巻2号101頁）。

なお，詐欺未遂罪の成立が認められた最高裁判例の中には，実行行為に「密接」で「客観的な危険性」が認められる行為に着手したかどうか，とりわけ密接性の判断が重要であるとした補足意見が付されているものがあり，注目されている（最判平成30・3・22刑集72巻1号82頁〔百選Ⅰ 63事件〕）。

▶▶不同意性交等罪の場合

当初は強姦罪として定められていた強制性交等罪から2023年の刑法改正によって改められた不同意性交等罪（177条）は，性的な自己決定の自由（性的自由）を保護すべく，暴行または脅迫等によって相手方の同意を得ずに性交等をする場合に成立する。性交の手段として暴行や脅迫を加えれば，性的自由が侵害される危険は高まるため，この時点で不同意性交等罪の実行の着手が認められることに異論はない。

もっとも，別の場所に連行して性交すべく，無理やり自動車の中に引きずり込むといった行為の時点に不同意性交等罪の実行の着手が認められるかは，検討を要する。判例は，同様の事案において，ダンプカーの運転席に引きずり込もうとした段階で強姦に至る客観的な危険性が認められるとして，その段階で強姦罪の実行の着手を認めた（最決昭和45・7・28刑集24巻7号585頁〔百選Ⅰ62事件〕）。行為者の計画を考慮すると，車内に引き入れれば障害なく姦淫でき，車での移動により時間的・場所的近接性も認められるため，法益侵害の危険が高まるダンプカーへの引き入れ時点に実行の着手が認められたと理解されよう。もっとも，性交（姦淫）の直接的な手段である暴行・脅迫から着手時期を前倒しする場合，どれだけ隔たりがあってもよいのか，また，その場合の行為態様に限定はないのかといった点については，検討の余地があろう。

▶▶早すぎた構成要件の実現の場合

行為者が，複数の行為をすべて遂行し，最後の行為から既遂結果を発生させようとしたところ，途中の行為から既遂結果が生じた場合（これを**早すぎた構成要件の実現**という），実行の着手はどの時点に認められるだろうか。

クロロホルム事件（最決平成16・3・22刑集58巻3号187頁〔百選Ⅰ64事件〕）では，被告人が被害者を溺死させるため，クロロホルムを嗅がせて意識を失わせ（第1行為），約2時間後，2 km離れた港で被害者を車ごと海中に落として殺害したが（第2行為），被害者は被告人の第1行為により死亡した可能性があり，そのことを被告人が認識していなかった，という事案において，第1行為の時点で殺人罪の実行の着手が認められるか，問題となった。第1行為の時点で殺人罪の実行の着手が認められなければ，第1行為について殺人予備罪と傷害致死罪が成立し，第2行為について（後述する不能犯が成立する余地があるものの）殺人未遂罪が成立する（これらの犯罪は包括一罪〔Unit 16を参照〕となる）からである。

最高裁は，行為者の計画を考慮し，第1行為が第2行為に必要不可欠な行為であり，第1行為に成功すればその後の計画を遂行する上で障害が取り除かれ，第1行為と第2行為の時間的・場所的近接性が認められる点を考慮して，第1行為の時点で殺人罪の実行の着手を認めた。また，第1行為・第2行為という一連の殺人行為に着手して目的を遂げたとして，殺人の故意に欠けるところはなく，殺人既遂罪が成立するとした。しかし，こうした最高裁の論拠に対しては，結果を発生させる第2行為との間に一定の時間的・場所的な隔たりがあるにもかかわらず，第1行為の時点で結果発生の切迫性を肯定しうるか，疑問が向けられている。また，最高裁の論拠に従うと，溺死させるべく，死の危険がない分量の睡眠薬を飲ませる行為でも，それが被害者の抵抗を不可能にするものである限り，殺人既遂罪の実行の着手が認められることになるが，その結論が妥当かは，検討の余地があろう。

仮に，第1行為の時点で殺人既遂罪の実行の着手が認められるとしても，行為者の思惑に反して第1行為から結果が生じているため，第1行為の時点で殺人罪の故意が認められるか，因果関係の錯誤も問題となる（Unit 6を参照）。判例の立場でもある法定的符合説によれば，認識した事実と実現した事実が同じ構成要件に該当するため，一連の殺人行為に属する第1行為の開始時点で，殺人罪の故意が認められよう。しかし，行為者が第1行為から結果が発生することを認識していない以上，第1行為の時点で死の結果を故意に実現させたと評価することはできず，その時点では既遂の故意を認めるべきではない，との批判も向けられている。

▶▶離隔犯の場合

離隔犯とは，実行行為と結果発生との間に時間的・場所的な隔たりが存在する犯罪を指す。例えば，行為者が被害者を毒殺するため，毒入り饅頭の入った小包を用意して発送し，それを受領して饅頭を食べた被害者が死亡した場合，どの時点で殺人罪の実行の着手が認められるだろうか。判例は小包の到達時が実行の着手時期であるとしているが（大判大正7・11・16刑録24輯1352頁〔百選Ⅰ65事件〕），その考え方の根拠や問題点は何か，調べてみてほしい。

☑ Check Points

- ☐ 未遂犯は，法益侵害の危険を生じさせるため，処罰される。
- ☐ 未遂犯が成立するためには，実行の着手があり，目指した犯罪が完成しなかったことが必要である。
- ☐ 実行の着手時期については，行為者の犯行計画に基づき，既遂までの障害がなく，時間的場所的近接性があるといえるか，という判断基準で検討されている。

2 不 能 犯

不能犯とは何か。不能犯と未遂犯は，どんな基準で区別されるのか。

① 不能犯とは何か

行為者が既遂を目指す行為に出たものの，刑法で禁止される程度の許されない危険が存在しないため，実行行為として認められず，不可罰となるものを**不能犯**（**不能未遂**）という。例えば，呪いで人を殺せると信じて，不仲な友達の名前を言いながら藁人形に釘を刺した場合，確かに行為者は，友達の死を目指す行為に出ているものの，人形に釘を刺す行為には人が死ぬ危険は存在しないため，実行行為として認められず，不可罰となる。

不能犯になりうるケースには，主体の不能，客体の不能，方法の不能がある。**主体の不能**とは，犯罪の成立要件として行為の主体が限定されているところ，その条件が欠ける者の行為によって結果が生じない場合である。例えば，収賄罪（197条）は，主体が公務員に限定されているところ，公務員でない者が（公務員としての身分があると勘違いしながら）賄賂を受け取った場合が挙げられよう（Unit 27も参照）。**客体の不能**とは，行為の客体が存在しないため，結果が生じない場合である。例えば，案山子（かかし）を人であると思い込んで，殺害の意図で案山子に向けて銃を発砲した場合が挙げられよう。**方法の不能**とは，当該行為の方法からは結果が生じない場合である。例えば，健常者に砂糖を大量に飲ませれば殺害できると思って飲ませた場合が挙げられよう。

②　不能犯と未遂犯を区別する基準

先に説明したように，未遂犯の処罰根拠は法益侵害の危険と理解されている。そこで，不能犯と未遂犯をどのように区別すべきかが問題となる。

▶▶具体的危険説

通説は，一般人が知りえた事実と行為者が特に知っていた事実をもとに，一般人が法益侵害の危険を感じるか否かで判断する（**具体的危険説**）。例えば，行為者が他人を殺害する意思で人型ロボットに拳銃を発射した場合，その人型ロボットを一般人がロボットだと認識しうる状況では，生命が侵害される危険を一般人は感じないため不能犯となるが，そのロボットを本物の人だと一般人が認識するような状況では，生命が侵害される危険を一般人は感じるため，行為者に殺人未遂罪が成立する。しかし，こうした考え方に対しては，「一般人」という基準が明らかではなく，また，国民一般の安心感が重要視されるため，未遂犯の成立範囲が広がるのではないか，疑問が向けられている。

▶▶客観的危険説

そこで，法益侵害の危険があるか否かを客観的に判断することで区別する考え方（**客観的危険説**）も有力に主張されている。とりわけ，かつての判例は，結果の発生が絶対に不可能な場合（絶対的不能）は不能犯，偶然発生しなかったに過ぎない場合（相対的不能）は未遂犯とする考え方（**絶対的不能・相対的不能説**）に基づいていた。例えば，被害者を殺害すべく，その静脈に空気を注射したが注入した空気の量が致死量に達していなかった空気注射事件（最判昭和37・3・23刑集16巻3号305頁〔百選Ⅰ 66事件〕）では，注射された空気の量が致死量以下でも，被害者の身体的条件などによっては死の結果の危険が絶対にないとはいえないとして殺人未遂罪の成立を肯定した。

しかし，絶対的不能と相対的不能の区別がつかないケースもある。警察官から奪った拳銃でその警察官を射殺しようとしたが，弾が入っておらず殺害できなかった空ピストル事件（福岡高判昭和28・11・10高刑判特26号58頁）を例にすると，弾が入っていない拳銃で人を殺害することは絶対に不可能である一方，警察官が所持する拳銃には弾が通常入っており，結果が発生しなかったのは偶然であるともいえるので，絶対的不能か相対的不能かは判別しがたい。

最近では，行為時に客観的に存在していた事実をもとに，科学的な知識をもつ一般人の視点から，仮にどういう事実だったら結果が発生しえたかを明らかにし，そうした仮の事実から結果が発生する危険が存在しえたかを判断する考え方（**修正された客観的危険説**）も主張されている。こうした考え方を空ピストル事件に当てはめると，行為時に使用されたのは空ピストルだったという事実をもとに，鑑定人のような知見を有する人の視点から，弾が入っていれば射殺しうることは科学的に明らかであり，そうした危険がありうることは想定されうるため，行為者に殺人未遂罪が認められよう。もっとも，こうした考え方に基づくと，実際の結論において具体的危険説とどれほどの違いが出るのかは検討を要する。死体殺人事件（広島高判昭和 36・7・10 高刑集 14 巻 5 号 310 頁〔百選Ⅰ 67 事件〕）や都市ガス事件（岐阜地判昭和 62・10・15 判タ 654 号 261 頁〔百選Ⅰ 68 事件〕）を題材に考えてみるとよいだろう。

☑ Check Points

- □ 不能犯とは，未遂犯が処罰される前提となる法益侵害の危険がない場合である。
- □ 不能犯と未遂犯は，前者が不可罰となる点で違いがある。
- □ 不能犯と未遂犯を区別する「危険」の判断は，一般人が知りえた事実をもとにするか，客観的に存在していたすべての事実をもとにするか，対立が見られる。近年は，後者の立場も，科学的な知識をもつ一般人の視点が取り込まれている。

3 中止犯

中止犯が成立するためには，どんな要件を満たす必要があるのか。

① 刑の必要的減免とその根拠

実行に着手したものの，自己の意思により犯罪を中止し，犯罪が完成しなかった場合，**中止犯**（43条ただし書）が成立する。なお，予備の段階で中止した場合，43条ただし書の適用ないし準用が認められるかは，議論が見られる（強盗罪の実行に着手する前〔237条〕に中止した場合をもとに考えてみてほしい）。

中止犯が成立すると，その刑は必ず減軽され，免除される可能性もある。このような法律効果を，**刑の必要的減免**という。中止犯には，なぜ刑の必要的減免が与えられるのだろうか。

▶▶政策説

この点，法益侵害の危険を自ら取り除くことを奨励し，中止行為をした者に特典を与えるため，必要的減免が定められているとの考え方（**政策説**または**奨励説**）がある。要するに，刑の必要的減免を用意しているのは，犯罪の完成に向かう道から「後戻りするための黄金の橋」を渡ってもらうためである。確かに，中止犯の効果にそうした側面があることは否定しがたい。問題は，このように考えることで，中止犯の成立にどのような具体的要件が求められるのか，明らかにすることだろう。

▶▶法律説

そこで，刑の必要的減免の根拠を犯罪の成立要件である違法性や有責性に引き付けて説明する考え方（**法律説**）がある。その内容には，犯罪行為を中止すると法益侵害の危険が消滅し，違法性が減少するため，刑の必要的減免になるとの考え方（**違法減少説**）や，自己の意思で中止したことにより，行為者への非難が減少し，刑が減免されうるとの考え方（**責任減少説**）が見られる。しかし，違法減少説に対しては，自己の意思に反して中止した場合でも，危険が消滅するため違法性が減少されて刑の減免が与えられるはずであるが，なぜ自己の意思による中止が必要とされるのか，説明できていないとの批判が向けられている。また，責任減少説に対しては，自己の意思で中止すれば，たとえ既遂結果が生じても刑の減免が与えられるはずであるが，なぜ結果の不発生が中止犯の成立に必要とされるのか，説明できていないとの批判が向けられている。

▶▶**総合説**

現在では，以上の考え方を対立的に捉えず，総合する考え方（**総合説**）が支持を集めている。もっとも，そのまま総合すると，それぞれの問題点も抱え込むことになる。そこで，中止犯を犯罪の裏返しとみる考え方（**裏返しの理論**）が有力化している。この考え方によれば，中止犯に対する効果は犯罪に対する効果の裏返しで，犯罪の中止を奨励するものであり，犯罪の構成要件と裏返しに中止犯の構成要件を理解する。中止犯の成立要件として，中止行為，中止結果，結果の不発生との因果関係，中止行為の任意性，中止の認識（故意）が必要とされよう。

●● ② 中止犯の成立要件 ●●

43条ただし書を見る限り，中止犯が成立するためには，自己の意思により（**任意性**），犯罪を中止し（**中止行為**），結果が発生しなかったこと（**結果の不発生**）が必要となる。中止犯の成立要件を総合説と関連づけるならば，任意性には責任減少の側面が見られ，中止行為には違法減少の側面が見られると解されよう。

▶▶**任意性**

任意性を判断する基準については議論が見られる。まず，行為者の主観を基準として，「やろうと思ったらできたが，やらなかった」場合に任意性を認める考え方（**主観説**）がある。もっとも，行為者の主観を基準とする際，物理的な観点のみ考慮するのか，それとも心理的な観点も考慮するのかは，必ずしも明らかではない。例えば，犯罪の発覚を恐れて中止した場合，物理的な観点のみ考慮すると，物理的にできないと思っていない限り任意性は認められるが，心理的な観点も考慮すると，物理的にはできるが心理的にできないと思った以上，任意性は否定されることになる。

これに対して，一般人を基準として，通常は犯行を中止する障害とならない状況で中止した場合に任意性を認める考え方（**客観説**）がある。例えば，殺意をもって被害者を殴打したが，被害者の流血姿を見て驚愕し，自己の犯行を恐れて中止した事案において，判例は客観説の立場から，犯罪の完成を妨害する性質の障害に基づいて中止したと判断して，任意性を否定した（最決昭和32・

9・10 刑集 11 巻 9 号 2202 頁)。しかし，こうした考え方を貫くと，暗闇に極度の恐怖を抱く窃盗犯が，金品が置かれている暗闇に入りたくないとして犯行を中止した場合，通常は犯行を中止する障害とならない状況で中止したとして，任意性が認められることになる。こうした結論が妥当でないと考えるならば，行為者を基準に任意性を判断すべきことになるだろう。

行為者を基準とする考え方には，行為者の反省・悔悟・憐憫などの動機に基づいて中止した場合に任意性を認める考え方（**限定主観説**）もある。下級審判例を見ると，中止犯を認める際，行為者の反省や悔悟を指摘するものが多い（福岡高判昭和 61・3・6 高刑集 39 巻 1 号 1 頁〔百選Ⅰ 69 事件〕を参照)。しかし，条文上は行為者の「反省」までは要求されておらず，中止犯の成立範囲が狭くなりすぎるとの批判が向けられており，少数説にとどまっている。

▶▶中止行為

かつて，中止犯として認められるための中止行為は，着手中止と実行中止で異なると解されていた。すなわち，着手中止の場合は，以降の行為をやめれば（不作為で）足りるのに対して，実行中止の場合は，結果発生を阻止するための積極的な作為が必要であるとされていた。しかし，この考え方によれば，行為者が 2 発撃って被害者を殺害しようとして 1 発撃ち，被害者に瀕死の重傷を負わせていても，2 発目の発射をやめれば中止行為が認められることになり，刑法の目的である法益の保護にそぐわないとの批判が向けられた。

現在では，行為者による（作為・不作為の）中止行為によって危険が消滅したこと，すなわち，中止行為と危険消滅による結果の不発生との間に因果関係が必要であるとの考え方（**危険消滅説**または**因果関係遮断説**）が通説となっている。この考え方に基づくと，1 発撃って瀕死の重傷を負わせたならば，実行行為の途中でも，死の結果を回避するための作為が中止行為として必要となる。

判例は，中止行為の要件として，結果の防止に向けた「真摯な努力」を要求している（大判昭和 12・6・25 刑集 16 巻 998 頁を参照)。もっとも，その内容に結果の防止とは無関係な犯行後の態度まで含めるとすれば，過剰な要求であるとの批判も見られる。大阪高判昭和 44・10・17 判タ 244 号 290 頁を読んで，その当否を考えてみてほしい。

☑ Check Points

□ 中止犯が成立するためには，任意性，中止行為，結果の不発生が必要である。

□ 任意性の判断については，行為者の主観を基準とすべきか，一般人を基準とすべきか，行為者の動機を基準とすべきか，議論がある。

□ 中止行為について，通説は，中止行為と危険消滅による結果の不発生との間に因果関係が必要であると解している。

【参考文献】

山口厚『刑法総論〔第3版〕』（有斐閣，2016年）279頁以下

Unit 13

正犯と共犯

■ Topics ■　犯罪の主役と脇役

ドラマには，たいてい主役と脇役がいるが，犯罪の場面でも，主役だけではなく脇役が登場することがある。基本事例として，Xは空き巣を行う際に針金を使って鍵を開けたが，その針金は，空き巣を行う際に使われることを知りながらYがXに渡したものだった，という場合を想定してみよう。この場合，XとYのどちらが窃盗罪（235条）の主役といえるだろうか。多くの皆さんは，どちらかが窃盗罪の脇役になるとしても，脇役も処罰されることにそれほど違和感を覚えないだろう。では，なぜ脇役も処罰されるのだろうか。

もし，XはYの娘（12歳）で，Yが日頃からXを自己の意のままに従わせていた状況において，Yから渡された針金を使ってXが空き巣を行った，という事情があるならば，XとYのどちらが窃盗罪の主役となるだろうか。

このUnitでは，どのような人が犯罪の主役または脇役となるのか，脇役が処罰される根拠とともに考えてみよう。

1　「正犯」・「共犯」とは？

正犯と共犯はいかなる関係にあるのか。共犯にはどんな種類があるか。

●●　①　正犯と共犯の関係　●●

▶▶「共犯」の用語法

Unit 12までは，犯罪が1人で行われる単独犯を前提にしていた。しかし，Topicsで述べたように，犯罪が2人以上で行われる場合も決して珍しくない。

そこで，Unit 13〜15 では，犯罪が2人以上で行われる場合（これを共犯という），犯罪に関わった人たちがどのような責任を負うのか，見ていきたい。

はじめに，特段の断りなく「共犯」という言葉が使われている場合，**任意的共犯**が前提とされていることを押さえておこう。任意的共犯とは，もともと1人でも行える犯罪（例えば殺人罪など）を2人以上で行う場合を指す。

ちなみに，もともと2人以上の行為者を必要とする犯罪は，**必要的共犯**と呼ばれている。クーデターを起こした場合に成立する内乱罪（77条）のように，集団で行われることが必要な集団犯や，賄賂を渡す人と受け取る人がいる賄賂罪（197条以下）のように（Unit 27 を参照），互いに対向した行為が必要な対向犯が，必要的共犯の例である。

▶▶共犯の立法形式

共犯の罪責を示す立法形式としては，共犯という概念をなくし，犯罪の実現に関わった人たちをすべて正犯として処罰する形式がある（このような正犯の捉え方を**統一的正犯概念**という）。しかし，日本の刑法ではこうした立法形式を採用していない。60条以下に，正犯と区別する形で「共犯」が定められている。

なお，共犯という特別の規定を認めつつ，その規定に当てはまらない関わり方をした人について，すべて正犯として処罰する考え方がある（このような正犯の捉え方を**拡張的正犯概念**という）。かつては，こうした考え方をもとに，このUnit の 5 で後述する間接正犯を広く認めようとする動きが見られたが，少なくとも故意犯かつ作為犯に関する限り，今日ではこうした考え方はほとんど支持されていない。もっとも，本書で詳しく述べる余裕はないが，過失犯や不作為犯の領域では議論が見られるので，興味があれば調べてみてほしい。

▶▶共犯の構成要件

通説は，次のように考えている。刑法各則の規定は，主に単独犯としての正犯を想定している（このような正犯の狭い捉え方を**制限的正犯概念**または**限縮的正犯概念**という）。もっとも，刑法の目的である法益保護の観点から（Unit 1 を参照），特殊な関わり方をした人も処罰される必要があろう。そこで刑法は，正犯の二次的な処罰対象者として，共犯の規定を設けた。共犯の構成要件は，60条以下の規定によって，正犯の構成要件と区別された，いわば**修正された構成要件**であり，共犯は**刑罰拡張事由**として定められている。

②　正犯の種類と共犯の種類

▶▶正犯の種類

正犯は，単独正犯と共同正犯に分けることができる。**単独正犯**は1人で犯罪を実行する人であり，**共同正犯**は2人以上で共同して犯罪を実行する人である（詳細はUnit 14を参照）。単独正犯は，さらに直接正犯と間接正犯に分けられる。**直接正犯**とは，結果を惹き起こす行為を自ら行う人であり，**間接正犯**とは，事情を知らない他人や責任能力のない他人の行為などを利用して結果を惹き起こす人である（詳細については，このUnitの5を参照）。

▶▶共犯の種類

共犯（任意的共犯）は，他人と共同して犯罪を実行することで正犯の性質も持つ**共同正犯**（60条），他人を唆（そそのか）して犯罪を実行させる**教唆犯**（61条1項），他人の犯罪を手助けする**幇助犯**（**従犯**）（62条1項）の3つに分けることができる（なお，教唆者を教唆した人は間接教唆として61条2項により正犯の刑で処罰され，従犯を教唆した人は62条2項により従犯の刑で処罰される）。共同正犯，教唆犯，幇助犯はまとめて**広義の共犯**と呼ばれるのに対し，教唆犯と幇助犯のみ指す場合は**狭義の共犯**と呼ばれる。

ここまでの説明を踏まえれば，正犯としての性質を持つ人が犯罪の主役となり，狭義の共犯が犯罪の脇役となる，といえよう。

☑ Check Points

- □ 60条以下の共犯規定は，本来単独犯の処罰が予定された各則の構成要件を修正するものであり，刑罰拡張事由である。
- □ 正犯は，単独正犯と共同正犯に大別され，単独正犯は，さらに直接正犯と間接正犯に区別される。
- □ 刑法典には，共犯の類型として，共同正犯，教唆犯，幇助犯が定められている。このうち，共同正犯は，「正犯」として第一次的な責任を問われるが，狭義の共犯である教唆犯や幇助犯は，第二次的な責任を負うにとどまる。

2　共犯の処罰根拠

共犯は，どのような根拠に基づいて処罰されるのだろうか。

▶▶堕落説

共犯はなぜ処罰されるのか，その根拠については対立が見られる。まず，共犯の処罰根拠は正犯の処罰根拠と異なり，正犯を犯罪の道へと堕落させるからであるとの考え方（**堕落説**）が見られる。堕落説はさらに，正犯の行為が構成要件に該当し，違法で有責性まで認められれば共犯が処罰されるとの考え方（**責任共犯説**）と，正犯の行為が構成要件に該当し，違法性まで認められれば共犯が処罰されるとの考え方（**不法共犯説**）に分けられる。確かに，堕落説は，他人を唆して犯罪の実行を決意させる教唆犯の処罰根拠をうまく説明できるが，幇助犯の処罰根拠を説明できない。犯行の最中に手助けする人（例えばTopicsの基本事例におけるY）は，正犯を堕落させているわけではないからである。

▶▶惹起説

通説は，共犯の処罰根拠と正犯の処罰根拠は同じであり，共犯が処罰されるのは，他人（正犯）を介しているものの，結果を惹き起こす行為に出るためであると考えている（**惹起説**）。こうした考え方の中でも，とりわけ因果関係に着目し，共犯も因果的な影響力を及ぼして結果を惹き起こすために処罰されるとする考え方は，**因果的共犯論**と呼ばれている。

もっとも，惹起説の考え方を純粋に貫くと（**純粋惹起説**），不都合が生じる。例えば，Aが，B自身の指を自ら詰めるようBに唆して実行させた場合，Bは自ら指を詰めているので傷害罪（204条）にはならないが（Unit 17を参照），Aに着目すると，Aは他人の傷害を惹き起こしているため，Aに傷害罪の教唆犯が成立する。しかし，このような「正犯なき共犯」に至る結論は，二次的な処罰対象者であるとされる共犯の性質（これを共犯の従属性という。後述*3*を参照）に反してしまう。

そこで，従属性の観点から純粋惹起説を修正し，共犯が処罰されるのは，

「構成要件に該当する違法な正犯の行為」を介して結果を惹き起こすからであるとの考え方（**修正惹起説**）が生まれた。このように考えれば，Bは自ら指を詰めており，傷害罪の構成要件に該当しないため，これを唆したAについても，構成要件に該当する違法な正犯（B）の行為を介しているとは認められず，傷害罪の教唆犯は成立しない。もっとも，例えば，Cが「私を殺して」とDに依頼してDは快く応じたが，殺害に至らず未遂にとどまった場合，正犯であるDの行為が同意殺人未遂罪（203条）の構成要件に該当して違法である限り，そのような行為を介したCに同意殺人未遂罪の教唆犯が成立することになる。しかし，Cが自ら自殺行為に及んで未遂にとどまった場合は処罰されない一方，他人に自分を殺害するよう依頼して未遂にとどまれば教唆犯として処罰される結論は，バランスに欠けるといわざるをえない。

こうした結論を避けるためには，少なくとも正犯から見て違法であるというだけではなく，共犯から見ても違法である（共犯者自身の行為それ自体にも不法が認められる）ことが必要だと考えられる。このような考え方は**混合惹起説**と呼ばれ，今日の多数説となっている。混合惹起説を上記の事例に当てはめると，Dから見ればCの生命を侵害することは違法であるが，C自身から見れば自己の生命を侵害することは違法ではなく，共犯としての固有の違法性は認められないため，Cに同意殺人未遂罪の教唆犯は成立しないことになる。

☑ Check Points

□ 共犯の処罰根拠は，正犯の行為を通じて結果を惹起しようとする点にあり，正犯行為のみならず，共犯行為それ自体にも違法性が認められなければならない，とされている。

3　共犯の従属性

教唆犯・幇助犯に見られる従属性とは，どのような性質だろうか。

① 共犯の実行従属性

Eは，Fに万引きをするよう唆し，Fは万引きすることを決意したものの実行しなかった。このとき，Eは窃盗教唆の未遂として処罰されるだろうか。

▶▶共犯独立性説

かつて，（狭義の）共犯の処罰は正犯と独立して，共犯の行為だけを見て決めるべきだとの考え方（**共犯独立性説**）が主張されていた。この考え方によれば，Eの教唆行為はすでに終わり，ただ結果が発生しなかったに過ぎないため，43条が適用されてEに窃盗教唆の未遂が成立する。しかし，こうした結論を認めると，法益侵害の客観的な危険性がまったく存在しなくても教唆行為をしただけで処罰されることになり，不当に早い段階で共犯の処罰が可能になってしまう。

▶▶共犯従属性説

そこで現在は，正犯が少なくとも実行に着手しなければ，共犯は成立しないと考えられている。このような共犯の性質を**実行従属性**という（実行従属性を認める考え方を**共犯従属性説**という）。以上から，Fが実行に着手し窃盗未遂が成立するのであれば，Eには窃盗未遂に対する教唆犯が成立することになる。このように「教唆未遂・幇助未遂」は不可罰であるのに対し，「未遂犯に対する教唆・未遂犯に対する幇助」は当然に成立するので，用語法に注意してほしい。

② 共犯の要素従属性

（狭義の）共犯が成立するためには，正犯が実行に着手しなければならない。では，正犯の行為が犯罪成立要件のうちいかなる要素まで具備すれば，共犯は成立するのだろうか。

▶▶最小従属性説

この点，正犯の行為が構成要件に該当すれば共犯が成立しうるとの有力な考え方（**最小従属性説**）がある。しかし，最小従属性説は，共犯が二次的な責任を負う者であるとの理解に反するといわれている。例えば，GがHからの頼みに応じて殺害に使われる包丁を渡し，Hがその包丁で被害者を殺害したが，Hは被害者から先制攻撃を受けたため，やむなくその包丁を使ったという事情がある場合を想定してみよう。Hは正当防衛により無罪となるが，最小従属性説によれば，Hの行為が構成要件に該当する限り，Gに殺人罪（199条）の幇助犯が成立する。正犯の行為が違法でない場合まで共犯の成立を認める結論に，皆さんは納得されるだろうか。

▶▶制限従属性説

通説は，正犯の行為が構成要件に該当し，違法性まで認められれば共犯が成立しうると考えている（**制限従属性説**）。確かに，61条1項には「教唆して犯罪を実行させた者」，62条1項には「正犯を幇助した者」と書かれているため，条文を素直に読む限り，正犯行為の構成要件該当性，違法性，有責性（すべて揃って正犯に犯罪が成立する）まで認められなければ共犯は成立しえない，との考え方（**極端従属性説**）もかつては有力に主張されていた。しかし，責任の有無は個人的な問題であるため（Unit 11を参照），共犯の成立に正犯の有責性を求める必要はないだろう。

スナック強盗事件（最決平成13・10・25刑集55巻6号519頁）では，当時12歳の（刑事未成年者である）長男に対し，スナックから金品を奪ってくるよう指示命令した母親について，「強盗の教唆犯ではなく共同正犯が成立する」とされた。母親に教唆犯が成立しうることも視野に置かれていた点を踏まえると，判例の考え方は，極端従属性説になじまないといえよう。

☑ Check Points

□ 狭義の共犯が成立するためには，正犯が実行に着手しなければならず，通説によれば，正犯の行為が構成要件に該当し，違法でなければならない。

4　正犯と共犯を区別する基準

正犯と狭義の共犯は，どのような基準で区別されるのだろうか。

犯罪に関わった人が正犯になるのか，それとも狭義の共犯になるのかは，極めて重要な問題である。61条1項では，教唆犯と正犯の法定刑が同じであると定められているが，量刑（Unit 16も参照）において教唆犯は正犯よりも軽いものとして考慮されるのが一般的である。また，幇助犯として認められた場合，63条により，幇助犯の刑は正犯の刑よりも必ず減軽される（刑の必要的減軽）。正犯の構成要件と狭義の共犯の構成要件が異なるため，犯罪の成否を検討する際，どちらの構成要件該当性が問題になるのかは，正犯と狭義の共犯を区別する基準によって決められよう。その基準については，見解の対立が見られる。

▶▶主観説

この点，自分の犯罪を実現する意思で関わった人や自分の利益になると思って関わった人が正犯であり，他人の犯罪に加わる意思で関わった人や他人の利益のために関わった人が狭義の共犯になるとの考え方（**主観説**）がある。Topicsの基本事例に当てはめると，YがXを助けるために針金を渡したのであればYは窃盗罪の幇助犯となるが，自分の利益になると思って渡した場合，Yは窃盗罪の共同正犯となる。

しかし，主観説は，共同正犯と幇助犯を適切に区別できない場合がある。例えば，自殺行為を助ける意思で関わった人は，202条に基づく限り自殺関与罪（202条）の正犯として処罰されるが，主観説によれば，そのような人を正犯と解することができない。236条2項（強盗利得罪）や247条（背任罪）などにおいても同様の問題が生じうるが，その理由はどこにあるか，条文の文言を確認してほしい。

▶▶形式的客観説

そこで，基本的に正犯と共犯は客観的に区別されるべきであると考えられるが，かつては，各則の構成要件に該当する行為を自ら行った人が正犯であり，唆す行為や援助行為に関わった人が狭義の共犯であるとする考え方（**形式的客観説**）が有力に主張された。Topicsの基本事例に当てはめると，XとYの立場や状況は関係なく，とにかく盗む行為をしたXが窃盗罪の正犯であり，Yが窃盗罪の幇助犯となる。しかし，形式的客観説に基づくと，構成要件に該当する行為を自らの手で行わず，他人の行為を利用する間接正犯の正犯性を肯定することができなくなってしまう。

▶▶実質的客観説

そのため，形式的（外形的）に見て正犯と共犯を区別するのではなく，実質的に見て構成要件に該当する行為をしたと評価できるか否かを基準とする考え方（**実質的客観説**）が支持を集めるようになった。その根拠としては，結果を発生させる一定程度の危険性をもった行為であるから正犯性が認められる，などと説明されている。ここでは，自らの手で結果を直接惹き起こす行為をしていない場合に間接正犯や共同正犯の成立が認められるかが問題となっているが，実際上は特に共謀共同正犯（Unit 14 を参照）と狭義の共犯の区別が問題となることが多い。この点，実質的客観説からは，さまざまな事実関係を考慮した上で，実質的に実行者と同等に重要な役割を果たしたといえるかが，総合的に判断されることになる。

Topics の基本事例では，Y に共同正犯と幇助犯のいずれが成立するかが問題となるが，上記のような考え方からは，他に特段の事情がない限り，Y が果たした役割は相対的に軽微であることから，共同正犯としての正犯性は否定され，Y は窃盗罪の幇助犯にとどまることになる。しかし，狭義の共犯である教唆犯については，他人を唆して犯罪の実行を決意させるという意味では重要な役割を担っているともいえるため，このような基準によって共同正犯と教唆犯を適切に区別することができるのか，議論されている。

▶▶行為支配説

実質的客観説を出発点としながら，構成要件が実現される過程を支配していたと評価できれば，そのような人を正犯とする考え方（**行為支配説**）も主張されている。Topics の基本事例に当てはめると，Y は単に針金を渡しただけであり，対等な立場で支援したに過ぎないことから，構成要件が実現される過程を Y が支配していたとはいえないため，Y は窃盗罪の幇助犯にとどまると評価されることになる。

しかし，行為支配説に対しては，間接正犯の場合にはその限界が必ずしも明らかでなく（例えば，限定責任能力を有していた者を利用して犯罪を実行させた場合，間接正犯は成立しうるか），共同正犯の場合には「支配」の概念について理解が一致しているか定かでない（例えば，実行者への働きかけが大して強くない場合でも共謀共同正犯の成立は一般的に認められているが，その際，どのような意味で「支配」があったといえるのか)，といった疑問が向けられている。

☑ Check Points

□ 現在の多数説によれば，正犯と狭義の共犯は，実質的に見て結果を直接発生させる程度の危険性を有する関与行為か否かによって区別される。特に，共同正犯の成否の判断に際しては，犯行計画全体において重要な役割を果たしたといえるか，といった点が重視されている。

5 間接正犯

間接正犯が問題となるのは，どのような場合だろうか。

① 間接正犯の特徴

▶▶間接正犯とは

間接正犯とは，他人の行為を利用して犯罪結果を発生させる人である。間接正犯が問題となる事例では，直接行為者と背後者が登場する。直接行為者とは，結果を自らの手で直接発生させる人であり，背後者とは，自らの行為では結果を発生させず，直接行為者を利用する人である。このうち，背後者が間接正犯になりうる。もっとも，背後者は，状況次第で狭義の共犯や共同正犯にもなりうるため，間接正犯と，狭義の共犯や共同正犯との違いを理解する必要がある。

▶▶間接正犯と共犯の違い

間接正犯と狭義の共犯の違いは，思い通りに犯罪を実現しうる一方的な利用・支配関係の有無（行為支配説）によって区別できよう。また，間接正犯と共同正犯の違いは，犯罪の実現に向けた相互の（一方的ではない）意思連絡や共謀が背後者と直接行為者の間に見られるかどうかによって区別できよう。

例えば，Topics の基本事例で Y が X を自己の意のままに従わせていた場合，Y は X の窃盗行為を支配しており，相互の意思連絡が欠けているため，Y に間接正犯としての性質が認められる。一方，この Unit の *3* で述べたスナック強盗事件では，母親が長男に指示命令しているものの，長男の意思を抑圧しておらず，長男は「自らの意思により本件強盗の実行を決意した上，臨機応変に対処して本件強盗を完遂した」と認定された。こうした状況では，母親が長男の行為を一方的に利用しているとはいえないため，間接正犯は成立しない。

●● ②　間接正犯の成否が特に問題となる場合 ●●

背後者は，直接行為者（第三者の場合と被害者自身の場合がありうるので，注意して見てほしい）のどのような状況を利用すれば，間接正犯となりうるのか。ここでは，間接正犯の主な事例を5つに分けて見ていきたい。

▶▶強制による行為の利用

背後者が，直接行為者の意思を抑圧して結果を実現させる場合は，背後者に間接正犯が認められやすい。例えば，四国巡礼窃盗事件（最決昭和58・9・21刑集37巻7号1070頁〔百選Ⅰ 74事件〕）では，被告人が12歳の養女に窃盗を命じて行わせたが，日頃から養女が被告人に逆らう素振りを見せると，被告人が養女に暴行を加えていた。最高裁は，「被告人が，自己の日頃の言動に畏怖し意思を抑圧されている同女を利用して右各窃盗を行ったと認められるのであるから，たとえ所論のように同女が是非善悪の判断能力を有する者であったとしても，被告人については本件各窃盗の間接正犯が成立する」と述べている。また，被告人が被害者に自殺するよう執拗に迫り，被害者が車ごと海中に飛び込んだ（のちに被害者は自力で脱出した）事案（最決平成16・1・20刑集58巻1号1頁〔百選Ⅰ 73事件〕）では，「被告人の命令に応じて車ごと海中に飛び込む以外の行為を選択することができない精神状態に陥らせていた」として，被告人に殺人未遂罪が成立している。

▶▶責任無能力者の利用

責任無能力者である直接行為者の行為を背後者が利用した場合も，背後者は間接正犯になりやすい。例えば，Topicsの基本事例でXが幼稚園児や精神障害者である場合，Xの行為に有責性は認められず（Unit 11を参照），XがYの言いなりになっている限りYはXの行為を支配しているといえるため，Yは窃盗罪の間接正犯となる。

▶▶錯誤の利用

背後者が直接行為者を錯誤に陥らせたり，直接行為者の不知を利用したりする場合も，背後者に間接正犯が成立しうる。例えば，医師が患者を殺害するため，毒物をひそかに入れた点滴を看護師に渡し，事情を知らない看護師が患者にその点滴を施すことによって患者を死亡させるような場合である。看護師に殺意はなく，過失があるとしても，看護師の行為は殺人罪の構成要件に該当しない。医師は看護師の行為を支配しており，間接正犯となる。また，自分に財物の処分権があるように装い，事情を知らない第三者に他人の財物を搬出させた事案（最決昭和31・7・3刑集10巻7号955頁）では，被告人は「窃盗罪の刑事責任を免れることはできない」とされた。ここでは，文脈上，窃盗の事実を認識していない者を利用した間接正犯の成立が認められていると考えられる。

▶▶目的や身分がない者の利用

直接行為者に故意が認められるものの，目的や身分が欠けるために，直接行為者が構成要件に該当せず，背後者が間接正犯となる場合がある。通説によれば，背後者が，偽物の通貨を流通させる（これを行使という）目的を伏せたまま直接行為者に偽物の通貨を作らせた場合，直接行為者は行使の目的を持っていない限り通貨偽造罪（148条）の構成要件に該当せず，背後者が通貨偽造罪の間接正犯となる。また，公務員である夫が，非公務員である妻に賄賂を受け取らせる場合，妻には公務員という身分がなく収賄罪（197条1項）の構成要件該当性が認められず（Unit 27を参照），背後者である夫に収賄罪の間接正犯が成立するとされている。しかし，妻は夫の依頼を拒否できる状況にあり，夫の犯罪事実を認識している以上，間接正犯は認められないとして，妻は65条1項に基づいて幇助犯もしくは共同正犯となり，背後者である夫が教唆犯もしくは共同正犯になるとする見解も主張されている（「共犯と身分」という問題についてはUnit 28を参照）。

▶▶適法行為の利用

背後者が直接行為者の正当防衛や正当行為を利用して犯罪結果を実現した場合，直接行為者の行為には違法性が認められない（Unit 9 を参照）。通説によれば，正犯に違法性まで認められなければ共犯は成立しないため（制限従属性説），背後者が間接正犯として処罰される。例えば，Ｉが，被害者に怪我をさせる目的を伏せたままＪに護身用の特殊警棒を渡す一方，被害者にＪを襲うよう唆し，実際に被害者から襲われそうになったＪが，その特殊警棒で被害者に傷害を負わせた場合，Ｊの行為は正当防衛により違法性が阻却される一方，被害者に怪我をさせるという筋書き・シナリオの進行を支配していたと評価されるＩには，傷害罪の間接正犯が成立することになる。しかし，Ｊの行為に違法性が認められず，要素従属性の観点からＪとの共犯が成立しないという根拠だけで，Ｉに直ちに間接正犯が成立するわけではない（むしろ，一種の緊急事態においてＪの自律的な意思決定が制約されていたことこそが重要であるとも思われる）。また，そもそもこうした事態を自分の意のままに進行させたといえるケースが実際にどれだけ存在しうるのか疑問がある，との指摘もなされている。

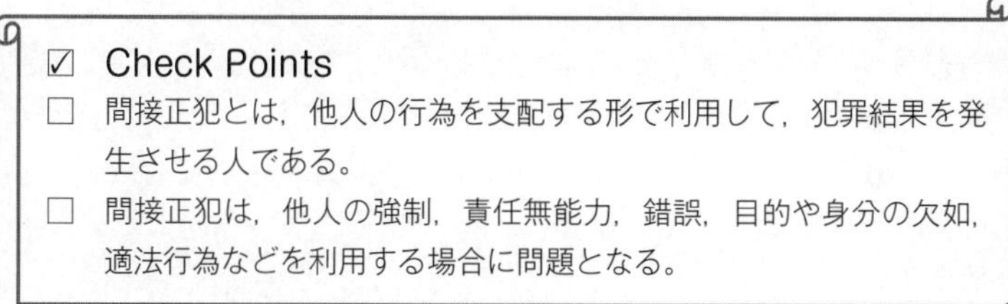
☑ Check Points

☐ 間接正犯とは，他人の行為を支配する形で利用して，犯罪結果を発生させる人である。

☐ 間接正犯は，他人の強制，責任無能力，錯誤，目的や身分の欠如，適法行為などを利用する場合に問題となる。

【参考文献】

松原芳博『刑法総論〔第３版〕』（日本評論社，2022 年）391 頁以下

Unit 14

共同正犯

■ Topics ■　犯罪の黒幕

「赤信号みんなで渡れば怖くない」というフレーズは，仲間がいればルールを破りやすい私たちの心理をうまく捉えている。次のような例を考えたい。XとYは，互いに協力してZから財布を強奪する計画を立てた。犯行当日，計画に基づいて，XがZを殴っている最中にYがZの財布を抜き取った。この場合，暴行だけ行ったXは暴行罪（208条）または傷害罪（204条），財布を抜き取ったに過ぎないYは窃盗罪（235条）としての責任しか負わないのだろうか。

そもそも本当の極悪人である黒幕は，自ら表に出てきて結果を直接惹き起こす行為などしない。世界各国で横行している振り込め詐欺のように，黒幕は裏で共謀し，指図をしているのが一般的である。そのような黒幕を処罰する場合，どのような理由づけが必要だろうか。また，振り込め詐欺の受け子にも時折見られるが，実行行為の途中から初めて参加する人もいる。そのような人は，参加する前に生じていた結果についても共同正犯としての責任を負うだろうか。

このUnitでは，共犯の中でも共同正犯に的を絞って，共同正犯の基本的な成立要件を習得してほしい。

1　刑法60条の意義

なぜ刑法60条が定められているのだろうか。

① 一部実行全部責任の法理

刑法各則に定められている犯罪は，通常1人で行う単独正犯が前提とされている。そのため，60条の規定がなければ，Topicsで挙げたXとYの罪責は個別に検討され，Xは暴行罪または傷害罪，Yは窃盗罪の限度で責任を負うにとどまることになる。しかし，一緒に「強盗」という結果を目指し，その結果の発生に大きな影響を及ぼしているにもかかわらず，行為を分担すると強盗罪（236条1項）としての責任を問えなくなってしまうのは，受け入れられない結論だろう。そこで，刑法は，「共同正犯」という特別の規定を60条に設けて，単独正犯の場合以外にも各則の規定を適用できるよう，修正を図っている。

その修正方針が，**一部実行全部責任の法理**である。一部実行全部責任の法理とは，各関与者が協力しながら実行行為の一部を分担して犯罪を実現すれば，関与者全員に実行行為を1人で全部行った場合と同じ責任が問える，という原理である。Topicsの事例を見ると，XとYの各行為は，共に相手の心理や行為を介して「強盗」という結果との因果関係を有しており，正犯としての性質（重要な役割など）も有している（正犯性を判断する正犯と共犯の区別基準については，Unit 13を参照）。60条は，このような場合に，因果関係の連係（補充）を容認し，正犯としての責任が問えることを明らかにしたのである。それゆえ，XとYは，60条により，強盗罪の共同正犯としての責任を負うことになる。

② 何を「共同」するのか？

60条によれば，共同正犯とは2人以上で共同して犯罪を実行した人を指す。では，共同正犯は，一体何を「共同」する人なのだろうか。Aは殺意を持って，Bは傷害の意思で，それぞれ協力し合いながらCに暴行を加え，Bの暴行からCが傷害を負い，さらにAの一撃でCが死亡した場合を基に考えてみよう。

▶▶行為共同説

まず，自然的な意味での「行為」を共同する人が共同正犯であるとの考え方（**行為共同説**）がある。この考え方によれば，行為さえ共同していれば共同正犯が成立するため，故意を異にする者同士の間でも問題なく60条が適用され，共同正犯の関係が認められる。

行為共同説を先の事例に当てはめると，AとBは故意を異にしているものの，行為を共同しているため，Aは殺人既遂罪（199条）の共同正犯，Bは傷害致死罪（205条）の共同正犯となる。他方，行為共同説によれば，例えばAが殺人の故意で，Bが器物損壊の故意で行為を共同した場合のように，かなり性質の異なった行為を行った者相互の間にも共同正犯の成立が認められることになるが，このような場合にまで「共同して犯罪を実行した」といえるのか，議論が見られる。

▶▶完全犯罪共同説

これに対して，「犯罪」を共同する人が共同正犯であるとの考え方（**完全犯罪共同説**）がある。この考え方によれば，同一の故意で同一の構成要件を実現していなければ「犯罪」を共同することはできないため，故意を異にする者同士の間では共同正犯は成立しない。

完全犯罪共同説を先の事例に当てはめると，AとBの故意が異なるため，共同正犯は成立しない。Aには殺人既遂罪の「単独正犯」が成立するが，Bには60条が適用できない結果として，Aの行為を介した死亡結果に対する因果関係が認められず，死亡の事実についておよそ共犯としての罪責を問えない。したがって，Bは「傷害罪の単独正犯」にとどまってしまうことになる。しかし，この種の事案で傷害を負わせずに死亡結果を惹き起こすことは不可能であり，Aは殺人の故意と共に傷害の故意も有しているといえる。そうであれば，両者は，傷害罪の結果的加重犯である傷害致死罪（Unit 17を参照）の限度で，「共同」して犯罪を実現したと評価することはできないだろうか。

▶▶部分的犯罪共同説

こうして通説は，故意が要素の1つとされている構成要件（Unit 5を参照）に重なり合いが認められれば，両者に共同正犯が認められると考える（**部分的犯罪共同説**）。先の事例に当てはめれば，AとBは傷害致死罪の限度で構成要件に重なり合いが見られるため，両者に「傷害致死罪の共同正犯」が成立する。さらに，Aが殺意を持ってCを死亡させたことは否定できず，この点を適切に評価すると，Aには殺人既遂罪も成立するが，これは共同正犯には含まれないので，Aには「殺人既遂罪の単独正犯」が別途成立すると解される

（A に成立する傷害致死罪は殺人既遂罪に吸収される。この点については Unit 16 を参照）。

Unit 4 で登場したシャクティパット事件（最決平成 17・7・4 刑集 59 巻 6 号 403 頁〔百選Ⅰ 6 事件〕）では，被告人らは生存に必要な治療を施さずに被害者を死亡させているが，殺意のある被告人に不作為の殺人罪が成立し，殺意のない被告人との間では保護責任者遺棄致死罪（219 条）の限度で共同正犯になるとされた。殺意のある被告人は，自分が被害者の保護責任者であり，被害者の健康状態を悪化させる認識も持っているため，保護責任者遺棄罪（218 条）の故意も有している。構成要件に重なり合いが見られる限度で共同正犯の成立を認めたこの判例は，部分的犯罪共同説に立つことを明らかにしたものといえよう。

なお，判例は**過失の共同正犯**も認めている（最判昭和 28・1・23 刑集 7 巻 1 号 30 頁，東京地判平成 4・1・23 判時 1419 号 133 頁，最決平成 28・7・12 刑集 70 巻 6 号 411 頁〔百選Ⅰ 79 事件，明石歩道橋事件〕）。部分的犯罪共同説の立場を前提とした際，過失の共同正犯を認めるためにどのような説明がなされているのか，これらの判例を手掛かりに考えてみてほしい。

☑ Check Points
- □ 60 条が定められているのは，一部実行全部責任の法理を表明するためである。
- □ 共同正犯とは，2 人以上で共同して犯罪を実行した人であり，判例や通説によれば，構成要件の重なり合いが認められる限度で共同正犯が成立する。

2　共同正犯の成立要件

共同正犯は，どのような場合に成立するのだろうか。

単独犯の場合と同じように，共同正犯が成立するためには，まず構成要件に該当しなければならない。では，その要素として，特にどのような要件が必要となるのだろうか。

① 実行共同正犯

共同正犯の典型的な事例は，Topicsで挙げた事例のように，各関与者が実際に実行行為の一部を自ら行うものである。このような共同正犯は，**実行共同正犯**と呼ばれている。

実行共同正犯が成立するためには，2人以上の行為者に，共同実行の事実と共同実行の意思が認められなければならないとされている。共同実行の事実とは，客観的に見て実行行為を分担して実行したという事実であり，共同実行の意思とは，主観的な関与者同士の合意や意思連絡を意味する。この意思連絡については，一般的な犯罪成立要件としての故意とは異なる点に注意を要する。故意とは，構成要件に該当する犯罪事実の認識があることだが（Unit 5を参照），意思連絡とは，対等な役割分担を相互に認識しながら犯罪行為を一緒に行うことの合意であると捉えられよう。

では，このような意思連絡がなく，一方的に協力する意思しか見られない場合でも，（実行）共同正犯は成立しうるだろうか。この点，行為共同説によれば，相互の意思連絡がなくても行為を共同すればよいため，一方的に加わった人についても，ともかく因果的な影響を及ぼしていれば共同正犯が成立しうる。それゆえ，行為共同説からは，例えば，空き巣の計画をこっそり知っていた人が，犯行当日に鍵を開けておいた場合，そのような行為については因果性があり，役割の重要性も認められるので，窃盗罪の共同正犯が成立すると解されている（このような共同正犯を**片面的共同正犯**という）。

しかし，判例や通説のように，部分的犯罪共同説を出発点として，関与者同士の合意や意思連絡を要求するならば，片面的共同正犯は否定されよう（大判大正11・2・25刑集1巻79頁）。なお，片面的共同正犯を否定する立場からも，一方的に加わった人に幇助犯は成立しうると解されている（大判大正14・1・22刑集3巻921頁）。このような幇助犯は，**片面的従犯**と呼ばれている。

②　共謀共同正犯

▶▶共謀共同正犯の意義

もっとも，実行行為を一部たりとも行わず，共謀にのみ加わった人も共同正犯になりうるのではないか，議論されている。そのような共同正犯を**共謀共同正犯**という。

正犯と狭義の共犯を区別する基準として形式的客観説（Unit 13を参照）を採用するならば，共謀にのみ加わった人は，構成要件に該当する行為を一部たりとも行わないため，共同正犯になりえない（**共謀共同正犯否定説**）。しかし，こうした考え方を貫くと，例えば，自らは実行行為をせずに手下に任せつつ，計画を自ら立案したり，積極的に指示や命令を出したりしている場合，単に実行行為を行っていないという理由だけで，そのような黒幕的な人物が常に教唆犯か幇助犯にとどまることになってしまう。そのため，古くから判例は（大判明治29・3・3刑録2輯3巻10頁），共謀にのみ加わった人も共同正犯になりうると解してきた（**共謀共同正犯肯定説**）。

▶▶共謀共同正犯の理論的な根拠づけ

当初の理由づけは，次のようなものである。共謀者と実行行為者は，犯罪の実現を目指す共同の目的を持つことで１つの共同意思主体としてまとめられ，その主体に属するメンバーの１人が実行行為に出れば，その行為は共同意思主体の行為とみなされてメンバー全員が結果を惹き起こしたとみなされる（**共同意思主体説**）。しかし，そこで前提とされている発想はまさに団体責任・集団責任にほかならず，責任主義（Unit 1を参照）から導かれる個人責任に反するとの批判が学説から強く向けられた。

そこで判例は，練馬事件（最大判昭和33・5・28刑集12巻8号1718頁〔百選Ⅰ75事件〕）で次のような理由づけを展開した。「共謀共同正犯が成立するには，2人以上の者が，特定の犯罪を行うため，共同意思の下に一体となって互に他人の行為を利用し，各自の意思を実行に移すことを内容とする謀議をなし，よって犯罪を実行した事実が認められなければならない。したがって，右のような関係において共謀に参加した事実が認められる以上，直接実行行為に関与しない者でも，他人の行為をいわば自己の手段として犯罪を行ったという意味において，その間刑責の成立に差異を生ずると解すべき理由はない」。この判例を契機として，学説の側でも，共謀のみに関与した者と実行担当者との関係が間接正犯における背後者と直接行為者の関係に類似していることを根拠として（Unit 13 を参照），共謀共同正犯を肯定しうるとする見解（**間接正犯類似説**）が主張された。しかし，両者の関係が対等の場合は，共謀者が実行行為者を利用しているとはいえず，その場合には共謀共同正犯が認められなくなってしまうのではないか，疑問が向けられている。

現在の多数説は，正犯と共犯を区別する基準として実質的客観説（Unit 13 を参照）を出発点とし，共同正犯においては，たとえ実行行為を分担していなくても，犯罪の実現にとって実行に準ずるような重要な役割を果たしたといえれば，共同正犯としての正犯性を肯定しうるとする（**重要な役割説**）。しかし，こうした考え方は，実質的客観説を説明する際に触れたように，例えば教唆犯も重要な役割を果たしているといえることから，共謀共同正犯と教唆犯の区別が困難になるという懸念がある。

▶▶共謀共同正犯に関する近時の裁判例

Unit 13 で登場したスナック強盗事件（最決平成 13・10・25 刑集 55 巻 6 号 519 頁）では，被告人が，当時 12 歳の長男に金品を奪ってくるよう指示命令していた。最高裁は，「被告人は，生活費欲しさから本件強盗を計画し，B〔長男〕に対し犯行方法を教示するとともに犯行道具を与えるなどして本件強盗の実行を指示命令した上，B が奪ってきた金品をすべて自ら領得した」点から，被告人に強盗罪の共同正犯が成立することを認めた。この判例では，共謀共同正犯の成立を根拠づける正犯性の有無を判断する際，被告人の地位や役割，被告人が得られた利益などに基準が置かれている。

同様の傾向は，スワット事件でも見られる（最決平成 15・5・1 刑集 57 巻 5 号 507 頁〔百選Ⅰ 76 事件〕）。スワット事件では，暴力団の組長である被告人が，別の自動車に乗っていた警護役（スワット）の拳銃所持に関する責任を問われた。最高裁は，被告人が「スワットらに対してけん銃等を携行して警護するように直接指示を下さなくても，スワットらが自発的に被告人を警護するために本件けん銃等を所持していることを確定的に認識しながら，それを当然のこととして受け入れて認容し」，「そのことをスワットらも承知していた」場合には，被告人とスワットらとの間にけん銃等の所持につき黙示的に意思の連絡があるとした。その上で，「スワットらは被告人の警護のために本件けん銃等を所持しながら終始被告人の近辺にいて被告人と行動を共にしていたものであり，彼らを指揮命令する権限を有する被告人の地位と彼らによって警護を受けるという被告人の立場を併せ考えれば，実質的には，正に被告人がスワットらに本件けん銃等を所持させていたと評し得る」と述べた。スワット事件を通じて，共謀共同正犯の成立要件としての意思連絡は黙示的でも足りる点，正犯性の有無を判断する際に被告人の地位や立場が考慮されている点を押さえておこう。

なお，共謀の形成過程は，**現場共謀**（犯行現場での共謀）に限らず，練馬事件で認められたように，**事前共謀**や**順次共謀**（数人が順次に意思連絡し合う形式）でも認められる。さらに，被告人が確定的故意を持っている場合に限らず，未必の故意（Unit 5を参照）しか持っていない場合でも，共謀共同正犯の成立が認められる（最決平成19・11・14刑集61巻8号757頁）。こうした流れを踏まえた上で，「黙示の意思連絡」かつ「未必の故意」の場合に共謀共同正犯が認められるか，考えてみるとよいだろう。

☑ Check Points

- □ 判例や多数説の考え方によれば，共同正犯が成立するためには，相互の意思連絡に基づいて，重要な役割を果たす必要があるといわれている。
- □ 判例や通説の考え方によれば，一部たりとも実行に関与せず，共謀にのみ関与する者も共謀共同正犯として処罰されうるが，その根拠づけについては対立が見られる。
- □ 判例によれば，黙示の意思連絡による場合でも，共謀共同正犯の成立が認められている。

3　承継的共犯

承継的共犯とは，どのようなものだろうか。それは認められるだろうか。

共同正犯の典型例は，Topicsで挙げたXとYのように，はじめから行動を共にするものである。しかし，正犯行為の一部がすでに行われた（先行行為）後，初めて事実を知って途中から参加する関与者（後行行為者）も考えられよう。もちろん，こうした関与者には，参加した後の行為や結果について，共同正犯や幇助犯が認められる。では，参加する前に生じていた行為や結果についても，後行行為者は，共同正犯または幇助犯としての責任を負うだろうか。

▶▶承継的共同正犯

この点，後行行為者には，参加する前に生じていた行為や結果についても共同正犯（**承継的共同正犯**）が成立するとの考え方がある。その理由としては，後行行為者が，先行行為者の生じさせた事態を認識・認容した上で自己の犯罪遂行の手段として積極的に利用する点（横浜地判昭和56・7・17判時1011号142頁，大阪高判昭和62・7・10高刑集40巻3号720頁）や，先行行為から生じた効果を利用することで犯罪の結果について因果関係を持つ点（最決平成24・11・6刑集66巻11号1281頁〔百選Ⅰ 81事件〕の補足意見）などが挙げられている。

しかし，承継的共同正犯を否定する考え方も有力に主張されている。後行行為者自身の行為から，参加する前に生じていた行為や結果を発生させることは不可能だからである。すでに生じていた結果について，後行行為との間に因果関係を有することはありえない。また，後行行為者に承継的共同正犯を認めるならば，それは正犯として認められる構成要件的故意ではなく，刑法上認められていない事後の故意であるとの批判も向けられよう。

▶▶承継的従犯

では，後行行為者には，すでに生じていた結果も含めた全体についての幇助犯（**承継的従犯**）も認められないのだろうか。承継的共同正犯を否定する見解は，この問題をめぐって2つの立場に分かれる。

因果関係にのみ着目するならば，後行行為と先行行為から生じた結果との間に因果関係が認められないため，後行行為者には，すでに生じていた結果も含めた全体についての幇助犯も認められない，との結論に至る。

しかし，そもそも幇助行為は，事前に行われる場合だけではなく，正犯行為の途中でも行われることが想定されている。客観的に見れば正犯行為の一部を行っている人も，正犯と狭義の共犯を区別する基準（Unit 13 を参照）によって幇助犯になりうる（このような人を**故意ある幇助的道具**または**実行行為を行う従犯**という）点も踏まえれば，後行行為者には，すでに生じていた結果も含めた全体についての幇助犯が成立しうると解されよう（承継的従犯を認めた判例として，大判昭和 13・11・18 刑集 17 巻 839 頁がある。もっとも，関与以前に死亡結果が生じている事案である以上，その点は「促進」しようがないので，仮に幇助犯の成立を認めるとしても「強盗」幇助の限度にとどめるべきであるとの批判が向けられている）。

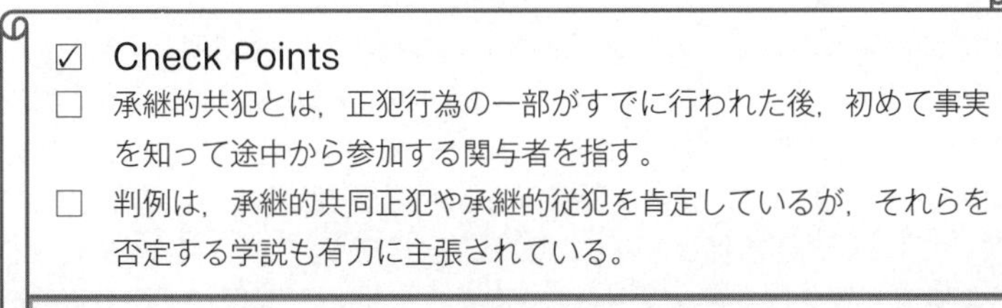

☑ Check Points

□ 承継的共犯とは，正犯行為の一部がすでに行われた後，初めて事実を知って途中から参加する関与者を指す。

□ 判例は，承継的共同正犯や承継的従犯を肯定しているが，それらを否定する学説も有力に主張されている。

【参考文献】

松原芳博『刑法総論〔第 3 版〕』（日本評論社，2022 年）407 頁以下，442 頁以下

橋爪隆『刑法総論の悩みどころ』（有斐閣，2020 年）300 頁以下

Unit 15 共犯関係の解消・共犯と錯誤・共謀の射程

■ Topics ■ 「あれやっといてね」で「これ」が実現

人名等がすぐに浮かんでこないという経験を味わうと嫌でも年齢を意識せざるを得なくなるが，学生の皆さんの中にも，そもそも意味の通じるように整理して言葉にする経験それ自体が不足していることが原因で，例えば演習等の最中に「あれです，あれ」と言ったきり「あれ」が何なのかついに出てこないというタイプの方がいることがある。勿論こちらも辛抱強く聞き出そうと努め，上手くいけば「あれ」がこちらの示した「A」だったということで解決する場合もあるが，「本当にこの人はAの話がしたかったのかな，実はBだったのでは……」と後から疑問が生じることもある。いわゆる伝言ゲームを見れば明らかなように，人と人のやり取りにはミスコミュニケーションの危険性が常に伴っているともいえるが，実は共犯関係も（片面的幇助のような場合を除いて）通常，意思の疎通が前提となることから，当初話し合った内容Aと異なる事実Bが実現されてしまうということがある。本Unitではそのような場合の解決策と理論的な位置付けについて考えることにしたい。

1 共犯関係の解消（共犯関係からの離脱）

当初犯行計画に加わった者が共犯としての罪責を問われないためには，どのような措置を講じる必要があるか。

▶▶因果的影響の「解消」

他人と意思を通じて犯罪の計画に加わったとしても，その促進効果が除去され，結果との間の因果性が否定されれば，今日では一般に「共犯関係の解消」「共犯関係からの離脱」として扱われ，その後で仮に他の共犯者の行為から結果が発生したとしても，その点について罪責を問われることはないとされる。より具体的な効果としては，①他の関与者による実行の着手前であれば（予備罪を除いて）罪責は否定される。②実行の着手後であっても，既遂以前であれば，離脱者には未遂の限度でのみ罪責が認められる。さらに，任意に結果発生を防止した場合には中止未遂も成立しうるとされており，このことから，離脱の問題は中止未遂の成否とは別問題であると位置付けられていることが分かる。

その根拠は以下のような点に求められている。すなわち（広義の）共犯の処罰根拠については，他の者の行為を介して間接的に結果を生じさせたという点に求められるとする立場（**因果的共犯論**）が支配的であるが（Unit 13 参照），仮に自分が当初与えた因果的な影響を解消することにより，結果に対する因果性を「遮断した」と評価できるのであれば，それ以降の事実は自分とは無関係に他の者のみが実現したと評価できる，ということになる。このような考え方は**因果性遮断説**と称され，多数説の地位を占めている。

▶▶従前の判例

かつての判例では，行為者が翻意して他の関与者に対して離脱の意思を表明し，他の共犯者もこれを受諾・了承した場合（東京高判昭和 25・9・14 高刑集 3 巻 3 号 407 頁）とか，離脱の意思を明示的に表明しなくとも他の関与者がそのことを認識しながら犯行を継続した場合（福岡高判昭和 28・1・12 高刑集 6 巻 1 号 1 頁）に離脱が肯定されていた。これらはいずれも実行の着手以前に「離脱の意思」を表示し，それが他の共犯者によって認識されれば，それ以上特段の措置を講じることなく解消が認められるとしたものであるといえる。しかし例えば暴力団幹部のように他の者を統制する立場にある者が強い影響力を及ぼしていた事案においては「共謀関係がなかった状態」に復元させなければ解消がなされたとはいえないとして，自ら現場に赴いて他の者を説得して連れ戻すなどの積極的な行動をとらなかった以上，共犯としての罪責を免れないとされたものも存在していた（松江地判昭和 51・11・2 刑月 8 巻 11 = 12 号 495 頁）。

▶▶平成元年決定とその影響

その後，共犯関係の解消を否定した最高裁判例が出現し，以後の議論に大きな影響を与えた。事案は，X と Y が共謀の上，A を Y 宅に連行して暴行を加えたが（第１暴行），その後Ｘは「おれ帰る」とのみ言い残してＹ方を立ち去った。その後Ｙが再びＡに暴行を加え（第２暴行），Ａは死亡したが，その原因は第１暴行であるのか第２暴行にあるのかは証拠上明らかにならなかった，というものである。最高裁は，Ｘが帰った時点ではＹがなお制裁を加えるおそれが消滅していなかったのに，「格別これを防止する措置を講ずることなく，成り行きに任せて現場を去ったに過ぎない」から，当初の共犯関係がこの時点で解消したということはできず，その後の第２暴行も当初の共謀に基づくものと認められ，Ｘにも傷害致死罪の共同正犯が成立するとした（最決平成元・6・26刑集43巻6号567頁〔百選Ⅰ 96事件，おれ帰る事件〕）。

本件ではＹはいずれの暴行にも関与している以上，どちらが死因を形成していても傷害致死罪の罪責を負うことに変わりはない。問題はＸであるが，判断の前提となる事実関係を確定する上で「疑わしきは被告人の利益に」の原則に従うと，自身が直接実行に加わった第１暴行は死因を形成していないと解されることになる。そうすると，第２暴行から生じた死亡結果につき共犯として罪責を負うかどうかは，現場を立ち去った時点で共犯関係の解消が認められるか否かにかかってくる。そして，本決定はこの点につき，危険解消措置が講じられていないことを理由に共犯関係の解消を認めなかったものと解される。

学説においてはこの頃までに上述の因果性遮断説が支配的な見解になっていたが，特に着手が認められた以降は結果発生の危険性が高まっている以上，単に犯行継続を放棄する意思を示しただけでは「解消」を認めるには足りず，何らかの措置により危険性を消滅させることが必要だとする理解が有力であった。そして上記の平成元年決定も以上のような立場を採用したものだとする理解が以後急速に広まっていったのである。

▶▶平成21年決定とその評価

その後，実行の着手以前の解消が問題となった事案において，最高裁は以下のように危険解消措置を要求する判断を示すに至った。事案は，侵入盗を繰り返していたＸらは，まず２名がＡ方の屋内に侵入し，内部から入り口の鍵を開けて侵入口を確保した上，Ｘを含む残りの共犯者らが屋内に侵入して強盗に及ぶという住居侵入・強盗の意思連絡を遂げた。そして，実際に侵入した２名が侵入口を確保したが，強盗に着手する以前に，見張り役の共犯者が，現場付近に人が集まってきたのを見て犯行の発覚をおそれ，屋内にいる共犯者らに電話をかけ，「犯行をやめた方がよい，先に帰る」などと一方的に伝えただけで電話を切り，待機していたＸら２名と相談して一緒に逃げることを決め，Ｘが自動車を運転して現場付近から立ち去った。その後，屋内にいた共犯者２名は，いったん屋外に出てＸら３名が立ち去ったことを知ったが，現場付近に残っていた共犯者３名と共に強盗を実行し，その際に加えた暴行によって被害者を負傷させた，というものである。最高裁は，Ｘは「格別それ以後の犯行を防止する措置を講ずることなく」待機していた場所から立ち去ったのみで，残された共犯者らはそのまま強盗に及んでおり，たとえ着手前に「見張り役の上記電話内容を認識した上で離脱し，残された共犯者らがＸの離脱をその後知るに至ったという事情があったとしても，当初の共謀関係が解消したということはできず，その後の共犯者らの強盗も当初の共謀に基づいて行われた」ことを認めて，Ｘは住居侵入罪のみならず強盗致傷罪についても共同正犯として責任を負うとした（最決平成 21・6・30 刑集 63 巻 5 号 475 頁〔百選Ⅰ 97 事件〕）。

因果性遮断説の観点からは，例えば前掲松江地判昭和 51・11・2 のように当初与えた影響の度合いが非常に大きい場合には，着手以前の事案においてもその影響を打ち消すためには相応の措置が必要となる場合があり得る。しかし平成 21 年決定の事案におけるＸは首謀者的な人物とはいえないため，どのような理由でＸの与えた影響が「大きかった」といえるのかを考える必要がある。

この点，①Ｘらは以前から同様の犯行を繰り返しており，その際にＸ自身が実行を分担することもあったこと（そのようなＸが関与した場合，そうでない者が関与した場合と比較すれば，他の共犯者に対して与える心理的影響はより大きいといえる），②確かに強盗それ自体は着手に至っていないが，既に住居侵入としては既遂の段階に到達していること（この点で侵入自体も着手以前の状況であった事案とは状況が異なる），③深夜に民家の屋内に自由に出入りできる状況となっており，強盗に至る危険がかなり切迫していたといえること，などを踏まえると，この段階に至るまでの意思連絡・寄与に基づいてＸが他の者に及ぼした影響は相当の程度に達していたと考えられるであろう。

こうして，いかなる時点での解消が問題となる事案であっても，基本的に，自己が与えた影響が大きければ解消するには相応の重大な措置が求められるし，逆に小さければ取り立てて措置を講じなくとも足りるという場合もあるといえよう。比喩的にいうなら，ちょっとした落書きであれば消すのも容易であるが，消えにくい塗料を用いた大規模な落書きであれば消去するには多大な労力や時間，費用が必要となるということと同様であるといえる。

☑ Check Points

- □ 因果的共犯論の立場からは，自己の与えた因果的影響を解消したと評価できるのであれば，以後他の者によって実現された結果については共犯としての罪責は問われないとされる（因果性遮断説）。
- □ 以上の前提からは，実行の着手以前か以後かを問わず，その時点に至るまでにどの程度の影響を与えたかが問われ，その影響力を解消するのに相応しい措置を講じることが必要となる。

2　共犯関係の「射程」と共犯における「錯誤」

当初の意思連絡と異なった事実が実現された場合，故意の存否を問題とすることが考えられる。もっともそれ以前に，仮に解消措置が講じられていなくとも因果性が否定される余地はないだろうか。

▶▶因果性の判断と故意の判断

上述してきたような因果的共犯論の前提からは，そもそも他の者の実現した結果に対して因果的影響を及ぼしていないという場合には，故意を問題とするまでもなく，客観的に共犯構成要件に該当しないということになる。したがって，因果性を含めた客観的な成立要件がすべて充足されていることを前提とした上で，行為者の主観面と客観的な事実との間にずれが生じている場合に，初めて「錯誤」の処理が問題とされるのである。

▶▶昭和 25 年判決とその評価

この両者の区別を考える上で興味深い判例はいろいろあるが，最初に以下の事案について考えてみよう。Yが金銭の入手法についてXに相談を持ちかけたところ，XはAの家に侵入して金品を盗むよう唆した。Yはこれにより強盗を決意し，Zらと共にA方屋内に侵入したが，母屋に侵入する方法を発見できなかったため断念した。しかしYらは隣家であるB商会に押し入ることを謀議し，Yは同家付近で見張りをし，Zら3名が屋内に侵入して強盗を実行した。なお，この点については，ZらがA方の母屋に入ることができないと言って出てきたのでYはあきらめて帰りかけたところ，Zら3名が「吾々はゴットン師であるからただでは帰れない」と言い出しB商会に入っていったので，Yは外で待っていたとされる。以上の事案につき，最高裁は，①法定的符合説を前提とすれば，Yの住居侵入・強盗の行為がXの教唆に基づいてなされたものと認められる限り，Xは住居侵入・窃盗の範囲において教唆犯としての責任を負うべきなのは当然である。②しかしYの供述によれば，B商会における犯行はXの教唆に基いたものというより，むしろいったん障害のために犯意を放棄したが，たまたま共犯者が強硬にB商会に押し入ろうと主張したことに動かされて決意を新たにして敢行したものであるとの事実を窺われないでもない。そうすると，③明確にXの教唆行為とYの行為との間に因果関係があるといえるかは疑問である，として，強盗教唆の成立を認めていた原判決を破棄し差し戻した（最判昭和25・7・11刑集4巻7号1261頁〔百選Ⅰ91事件，ゴットン師事件〕）。

本判決は「共犯と錯誤」の問題として扱われることが多い。確かに法定的符合説を前提とするならば，窃盗（主観面）と強盗（客観面）との間に法益侵害の点（どちらも所有権），行為態様の点（どちらも領得罪）であることを理由として符合を認めることができ，主観的に軽い罪にあたる事実しか認識していなかった以上，38条2項により，軽い窃盗罪の限度でのみ故意が認められるとして，①の帰結に至ることができる（以上につき，Unit 6参照）。しかし他方で，本判決は②③を根拠にそもそもXの行為とYの実現した結果との間に「因果関係」が認められないという疑問を提示して結論を導いているのであるから，そもそも客観的な構成要件該当性自体が否定されていることになる。そうすると厳密には①は傍論に止まるのであって，むしろ本判決は「共犯の因果性」を問題とした判例であると解するのがより正確であろう。

▶▶昭和 54 年決定とその評価

以上に対して，X らと Y が A に対して暴行を加えることについて意思を通じたが，Y が A の言動に激昂して突発的に殺意を生じ，所携の刃物で A を突き刺して死亡させた事案につき，最高裁は殺意のなかった X らには殺人罪の共同正犯は成立せず，傷害致死罪の共同正犯のみが成立するとしている（最決昭和 54・4・13 刑集 33 巻 3 号 179 頁〔百選Ⅰ 92 事件〕）。この事案につき，死亡結果との関係で X らに①因果性，②故意が認められるかを考えてみよう。

まず①については，X らに傷害「致死」罪の成立が認められているのであるから，因果性自体は否定されていないことが分かる。もっとも，この事案において物理的に実行行為を行ったのは Y のみであったのだから，X らは Y の行為についても当初の意思連絡に基づいて「心理的に影響を及ぼしていた」と評価できなければならない。この点，暴行といってもさまざまな態様・程度があり得るが，本件においては，血気盛んな暴力団関係者が複数名集結し，平素から恨みを有していた警察官に対して仕返しをする趣旨で意思を通じていたことが認められる。従って，厳密には刃物を用いることについてまで認識していなかったとしても，なお相当に危険な暴行を加えることの合意があったといえる。また，意思連絡の時点と実行の時点を比較してみた時に，実行者 Y の動機に質的な意味での変化はなかったと解される（いずれの時点においても A に対する怨恨という点で一貫性がある）。このような点を踏まえるならば，「当初の意思連絡によって創出された危険性」が，Y の行為を誘発して，結果の中にそのまま「実現した」と評価してよいのではないだろうか。

他方，②については，X らには生命まで奪うことの認識はなく，暴行，せいぜい傷害までの限度でしか認識が及んでいなかったことになる。そこで，客観的に生じた「殺人」の事実との関係では抽象的事実の錯誤が存在していたことになるが，昭和 25 年判決における①の判断と同様に，符合が認められたのち，軽い罪にあたる認識しか存在していなかったことから，38 条 2 項が適用され，X らは暴行・傷害の故意で死亡の結果を生じさせたといえるため，傷害致死罪が成立することになる。こうしてみると，本決定は射程外の結果について罪責を否定したものではなく，むしろ錯誤を理由に生じた結果につき故意を否定した判例として理解されるべきことになろう。

なお最後に，「殺人罪」のYと「傷害致死罪」のXらとの間で，いかなる範囲で60条が適用されるかという問題が生じるが，本決定は，全員を殺人罪としつつXらの科刑のみを傷害致死の限度にとどめる立場（いわゆる完全犯罪共同説）は妥当でないということのみを述べているものの，それ以上に，重い罪の故意を有していたYの適条が示されていないため，いわゆる部分的犯罪共同説に立つのか，行為共同説に立つのかという点は明らかにされていない。どちらの立場でもXらは「傷害致死罪の共同正犯」とされることを確認しておいて欲しい（この問題およびその後の判例についてはUnit 14参照）。

☑ Check Points

- □ 当初の意思連絡の影響が実際になされた行為に及んでいるか否かを判断する上では，両者の内容を比較対照し，動機の点や犯行態様の点で変化があるかを確認する必要がある。
- □ 仮に両者の異質性が大きければ，因果性が否定され，(B) により生じた結果は共犯関係の射程外と解されることになる。
- □ 仮に因果性が肯定されたとしても，認識していた事実と実現された事実との間に齟齬があれば，錯誤論による処理が必要となり，故意が阻却されることがあり得る。
- □ 仮に共同正犯者間において故意が異なった場合，判例の立場では構成要件的に重なり合う限度において共同正犯が成立することになる。

3　「共謀の射程」に関する事案

意思連絡に基づく当初の行為後に，事態が予想外に展開し，自身が把握していないうちに他の者が結果を実現した場合，共同正犯は成立し得るか。

▶▶「当初の意思連絡」の内容と，それとは「かかわりのない」こと

上述の説明からも明らかなように，離脱・解消を論じる前提として，どこか

ら「離脱」するのか，何を「解消」するのかという問題，すなわち，当初にいかなる範囲で共犯関係が形成されていたのかを確認しておくことが重要である。もし他の共犯者の行為が当初の意思連絡とはまったく無関係であったのなら，それは単独犯であって，被告人にとっては離脱・解消の成否や故意の有無を論じるまでもなく，最初からかかわりのない出来事であったということになる。現在ではこの問題は共同正犯における「**共謀の射程**」として論じられることが多い。

▶▶平成６年判決とその評価

少々複雑ではあるが，重要な判例である以下の事案を用いて検討することにしたい。すなわち，Xは友人A，B，C，Dと歩道上にいたところ，GがDに対して暴行を加えたため，A，B，Cと4人でこれを制止しようとしてGに対して暴行を加えた（①）。GはDへの暴行をやめたが，Xらに対してなお悪態をつきながら移動していった。その後，Aが単独でGに対し暴行を加え傷害を負わせたが，その間，Cは制止していたが，Xは暴行を加えておらず，制止することもなかった（②）。最高裁は，①侵害現在時における暴行が正当防衛と認められる場合には，②侵害終了後の暴行については，①における暴行の共同意思から離脱したかどうかではなく，「新たに共謀が成立したかどうか」を検討すべきであり，新たな共謀が認められた場合に初めて，①②を全体として考察し，防衛行為としての相当性を検討すべきである，本件では②について新たに共謀が成立していたとは認められないから，自ら暴行に出なかったXには①についての正当防衛が成立するにとどまるとして，Xを無罪とした（最判平成6・12・6刑集48巻8号509頁〔百選Ⅰ 98事件〕）。

本判決を整理すると，以下のような手順で判断がなされていると思われる。すなわち第1に，①の事実について構成要件該当事実を確認した上で，正当防衛の成否を検討する（肯定）。第2に，②の事実について，この時点ではGによる侵害の急迫性は既に消失していた（Dへの暴行は終わっていた）が，①に引き続いてこれを行ったAについては，①②の一体性が認められれば全体が傷害罪の量的過剰防衛となる（Unit 10参照。仮にそういえないのであれば，②の部分のみが処罰対象となる）。第3に，Xにとって②がなお当初の「共謀の射程」内にあるといえるか，共犯としての因果性が及んでいるといえるかを検討し，結論としてこれを否定する，という順序である。

ところが第3の点に関しては，Xは①の時点で暴行を分担しており，②（から生じた傷害）について共犯関係の解消を問題とするならば，Aらによるさらなる暴行の危険性を解消するだけの措置を講ずる必要があると考えられる。しかしそうした事実は認められないにもかかわらず，②についてXに罪責は問われていない。学説においてはこの点を重視し，当初の共謀に基づく影響力を解消できていないのであれば解消は認められず，Xも傷害罪（の過剰防衛）として罪責を問われることになるはずだとする見解も存在する。しかしこれに対しては，第1に，Xは①の意思連絡に際しては主導的な役割を果たしておらず，①における暴行の程度もGを「6分の力」で数回蹴ったというにとどまるものだと認定されており，その後はAらの犯意を強化するような言動をしていないから，Xの②に対する因果的影響力は乏しいといえ，その影響もCの制止によって遮断されたと評価できること，第2に，Aは侵害終了後のGの罵言を聞いて殴りかかっているのに対して，実は少々遅れて移動してきたXはこれを聞いていないと認定されていることなどが指摘されており，これらの事情からは，②は①とは別個独立の行為であるとされる。このように解すると本判決は「共謀の射程」外の結果についての罪責が否定された判例だということになろう。

▶▶一方的「解消」？

近年では，以下のような事案が議論の対象となっている。すなわち，Xは共犯者Yらと共にAに対して暴行を加え傷害を負わせたものの（第1暴行），Aの姿を見て「もうこれ以上はやめよう」と進言したところ口論となり，XはYに殴られて失神してしまった。その後，Xをその場に残したままYらはAを車に乗せて移動し，そこで再度Aに暴行を加えて傷害を負わせた（第2暴行）というものである。裁判所は，当初の共犯関係は，Xに対する暴行と放置という行動によってYから一方的に解消され，第2暴行はYらのみによってなされたものとして，Xには第2暴行から生じた傷害結果については共同正犯は成立しないとした（名古屋高判平成14・8・29判時1831号158頁。ただしXは結局，同時傷害の規定〔207条〕によって責任を負うとされている）。

本件では心理的影響はひとまず除かれたと評価しうるものの，第1暴行によって被害者が移動不能の状況になった以上，物理的影響が消去されたとはいい難く，X自身も失神していたためにその解消措置を講じることができていない。このように物理的影響が消去されたとはいい難い場合においても，他の者の側から一方的に共犯関係が解消されたとして因果性を否定し得るか＝射程外の結果として扱うことが可能かが問題となっている。

☑ Check Points

- □ 平成６年判決については，射程外の結果につき共犯の成立が否定された事案であると解する立場が有力である。
- □ 物理的影響が解消できていない場合にも，他の者から一方的に共犯関係が解消されたといい得るか，その根拠は何かが議論されている。

4　裏面から見た（共謀）共同正犯の成立要件

実務においては共同正犯の成否は「共謀」の存否という形で論じられることが多いが，これは個々の成立要件とどのような関係に立っているのか。

本 Unit では共犯の（A）因果性の側面と（B）故意の側面とを区別して検討してきたが，実務における大半の事案を占める共謀共同正犯の場合には，従来の実務では「共謀」という概念の中に集団内で果たした役割の重要性などの多様な内容を含める理解が有力であったことからすると，「共謀」には以上のほか，（C）共同正犯としての正犯性という問題も含まれていたことになる。

したがって，「共謀」の成否とされる問題を検討する際には（A）（B）（C）のどの局面が問題となっているのかを意識することが大切である。これらのうち（A）や（B）が否定されれば不可罰となるが，（C）のみが否定される場合にはなお教唆犯・幇助犯としての処罰の余地が残るからである。

以上のように考えると，例えば平成21年決定のように共犯関係の解消が否定された場合でも，後に実現された事実との関係で重要な役割を果たしたといえるのか，すなわち（C）の存否が問題となる余地があることが指摘されている。

☑ Check Points

□「共謀」という用語のみに頼るのではなく，因果性，故意，正犯性のそれぞれについて分析的に検討することが思考の筋道を明確にすると考えられる。

【参考文献】

橋爪隆『刑法総論の悩みどころ』（有斐閣，2020 年）311 頁以下

Unit 16

罪数と量刑

■ Topics ■　口は災いの元？

ここでは，裁判官経験者の著書から以下のような事例を紹介しよう。まず，「普通の主婦」であるX女が，学校帰りの小学校低学年の少女Aを不注意により車ではねて死亡させた。その後，XがAの葬式に参列した際に「Aが飛び出した」と発言したため，Aの母親Bが「娘がそんなことをするはずがない」と激昂し，それ以降，一切Xとの示談にも応じず，ひたすらXが刑務所に入ることだけを望み，ついにその望み通りにXが実刑となり，確定した。しかし，この種の事例の通常の処理に倣えばおそらくXは執行猶予を付されていたと考えられ，Aが飛び出したかどうかは明らかにはならなかったものの，あり得ないと断言できる合理的な根拠もなかったのであるから，結局，Xは不用意な発言が発端となって実刑に処されたというほかない，という（原田國男『量刑判断の実際〔第3版〕』〔立花書房，2008年〕143頁）。このような問題についてどのように考えるべきなのか，本Unitを手がかりに考えてみて欲しい。

1　罪数・量刑判断のプロセス

犯罪の成立が認められた場合，言い渡される刑の重さはどのようにして決められるのか。同一の公判手続において複数の犯罪が成立した場合はどのように処理されるのか。

▶▶法定刑・処断刑・宣告刑

犯罪の成立が認められた場合，裁判所は被告人に対して法律上認められた範囲で言い渡すべき刑を確定する作業を行う。これを広義における量刑（刑の量定）と呼ぶが，そこではまず個々の刑罰法規に定められた刑（**法定刑**）について加重・減軽を行って**処断刑**を形成し，その範囲内において最終的な**宣告刑**を決定するという手順が踏まれることになる。

▶▶処断刑形成の過程——一罪と数罪

法定刑から処断刑を形成する際には，例えば再犯加重（56条1項・57条）のような加重事由や，自首（42条）・未遂（43条）などの任意的減軽事由，心神耗弱（39条2項）・幇助犯（63条）などの必要的減軽事由，その他裁判官の裁量に委ねられている酌量減軽（66条）が考慮され，その結果として例えば「半月以上5年以下」のような形で処断刑が得られることになる。

もっとも，当該事実について1つの刑罰法規（**罰条**）のみが適用される場合であればその法定刑から処断刑を形成していけばよいが，事実の評価に際して複数の刑罰法規を適用することが不可欠である場合には，各々の規定の法定刑を前提としてどのように処断刑が形成されるべきなのかを判断しなければならない。その際，まずは1つの刑罰法規を1回適用すれば足りるのか，それとも複数の刑罰法規の適用（ないし同一の刑罰法規の複数回の適用）が必要なのかという問題（狭義の「罪数」の問題）があり，次いで，複数の刑罰法規の適用が必要とされた場合にはいかにして処断刑を形成すればよいかという問題（「犯罪の競合」の問題）が生じるのである（以上につき，***2***・***3***で検討）。

▶▶量刑判断

以上を経て，最後に処断刑の範囲内で諸般の事情を考慮し宣告刑が形成されるが，この過程が狭義における「量刑」判断に相当する（以上につき，***4***で検討）。ここでは，いかなる事情をどのような形で考慮すべきかが問題となる。

☑ Check Points

□ 被告人に言い渡す刑を確定する上では，①法定刑から処断刑を形成し，その上で②処断刑から宣告刑を形成する必要がある。

□ ①の場面では一罪か数罪かの区別が問題となり，②の場面ではどのような事情をどのように考慮すべきかという点が問題となる。

2 「一罪」が認められる範囲――本来的一罪

一罪とされる場合にはどのようなものが含まれているか。「不可罰的事後行為」と「共罰的事後行為」とはどのように異なるか。

▶▶一罪と数罪

書店で本を一冊盗めば1つの窃盗罪が成立する（これを**単純一罪**という）。しかし実際には，形式的には複数の犯罪事実が生じたように見えても，実体としては一罪として評価すべきと思われる場合は多々存在する。こうした場合を含め，一罪と数罪をいかなる形で区別するべきかという点が問題となる。

一般的には，犯罪の個数を決定する基準について，「1つの構成要件により1回的に評価される場合」を「一罪」とし，数回の評価が必要となる場合を「数罪」とするという説明がなされる。これによれば，例えば1回の行為で3人を殺害した場合，生命という法益はそれぞれ独立して保護されているので，各々の被害者との関係において3回の構成要件的評価が行われなければならず，3つの殺人罪（199条）が成立するが，1回の放火行為によって3つの現住建造物を焼失させたような場合には，現住建造物放火罪（108条）の規定は個々の家屋を独立して保護しているわけではなく，1つの公共危険が生じたに過ぎないと考えられるため，1つの現住建造物放火罪が成立することになる。もっとも，どこまでの事実を「1つの構成要件による評価」を受ける対象として考えればよいのかについては実際上判断が難しい場合もある。

このように，最終的には裁判官が判決を下すに際して1つの条文だけを掲げれば足りると考えられる場合が「一罪」であるということになるが，これらを総称して**本来的一罪**ということがある。

▶▶法条競合

数個の刑罰法規に触れる事実が存在するように見える場合でも，それら相互の論理的な関係から最終的には1つの罰条のみが適用される場合を**法条競合**という。まず，以下の場合が法条競合に含まれることについては争いがない。すなわち，(A) 複数の刑罰法規のうち一方が他方を完全に包摂する関係にはなっていないものの，双方の規定を適用すると二重評価となってしまうことから，結果的に一方しか適用されないと解される場合（**択一関係**）がある。例えば横領罪（252条）と背任罪（247条）がこれに当たるとされる。次に，(B) 複数の刑罰法規が一般法と特別法の関係にある場合（**特別関係**）があり，例えば業務上横領罪（253条）と横領罪がこれに当たる。そして，(C) 複数の刑罰法規が基本法と補充法の関係にある場合（**補充関係**。両者の包摂関係が (B) ほど自明ではないが，論理的にそのように解される場合）があり，例えば建造物等損壊罪（260条）と器物損壊罪（261条）のように，一方の規定が適用されない場合に補充的に他方の規定が適用される場合がこれに当たるとされる。

以上のほか，(D) 複数の刑罰法規のうち，一方が他方を「吸収」する関係にある場合（**吸収関係**）が存在しており，例えば強盗罪（236条）が成立する場合には暴行罪（208条）・脅迫罪（222条）はこれに吸収されるが，従来はこれも法条競合の一種として扱われてきた。しかし，強盗罪が成立する場合に暴行罪の構成要件に該当する事実が存在しなくなるわけではないため，近年ではこれはむしろ後述する包括一罪として扱われるようになっている。

▶▶包括一罪

常習犯（例えば常習窃盗罪〔盗犯等防止法2条〕）や営利目的で反復される営業犯（例えば業として麻薬等を譲り渡す行為〔麻薬特例法5条〕につき，最決平成17・10・12刑集59巻8号1425頁）では，構成要件上当然に複数回の行為が予定されており，これらを**集合犯**と称する。また，短時間のうちに同一の犯罪行為を立て続けに反復して行った場合に，これを**接続犯**と称することがある（例えば最判昭和24・7・23刑集3巻8号1373頁〔百選Ⅰ 100事件〕）。こうした場合には，実務上，本来的一罪と同等に扱われてきた。以上を総称して**包括一罪**と呼ぶ。

▶▶混合的包括一罪

もっとも，包括一罪とされるのはこうした場合に限られない。例えばXがピストルでAを射殺した場合，殺人罪が成立するのは当然として，Aの着衣を破いた点について器物損壊罪の構成要件該当性も認められるはずである。しかし一般的には（例えばよほど高価な着物やドレス等でない限り）ここで261条の適用を別途認める必要はないと解される。ここでは，衣服の損壊は通常殺人罪に随伴するものであり，殺人罪の法定刑の重さにあらかじめ織り込み済みの事実であるとする説明が考えられる。ただし，「衣服の損壊」は殺人罪の構成要件に該当する事実ではないのだから，ここでは構成要件に該当しない事実につきいかなる範囲でその罪の量刑事情として扱うことが可能かという点が問題となっていると考えられる。

このようなケースは，「論理的に１つの条文しか適用されない」法条競合とは異なって，「論理的には数個の刑罰法規による評価が可能であるが，しかし最終的な罰条適用としては１つの条文だけを適用すべき」と考えられる場合であるといえよう。現在では，このような場合を**混合的包括一罪**と称して包括一罪に位置付ける理解が一般的になっている。例えば，財物を窃取・詐取したのち，暴行によって返還請求権を侵害した場合，先行する窃盗罪・詐欺罪は後行する２項強盗罪によって吸収され，後者の混合的包括一罪となると解されている（最決昭和 61・11・18 刑集 40 巻 7 号 523 頁〔百選Ⅱ 40 事件〕。Unit 22 参照）。

このように，「構成要件的」に一罪性を説明できない包括一罪は，実質的には複数の構成要件該当事実が存在しているものを「一罪」として取り扱っているため，後述する科刑上一罪と近いといえる。近年では，個々の犯罪事実が特定できれば併合罪として加重処罰できるものの，それが困難であり，他方で数罪として扱うと特定できなかった部分が被害事実から除外されてしまうため，被害者を異にする複数の犯罪を包括一罪とすることにより，長期にわたる犯罪事実全体を処罰の対象とした判例が出現しており（最決平成 22・3・17 刑集 64 巻 2 号 111 頁〔百選Ⅰ 102 事件〕），その当否をめぐって議論がある。

▶▶「不可罰的事後行為」と「共罰的事後行為」の違い

例えばＸが盗んできた財物を消費したり損耗した場合に，それらの行為が予想された範囲内で行われたといえるのであれば，占有離脱物横領や器物損壊の部分は先行する窃盗によって評価し尽くされていると考えられる。従来は，こうした横領行為や損壊行為につき，独立した犯罪事実を構成しない「**不可罰的事後行為**」であるとして，吸収関係の一種であると説明されていた。

しかし，ここで器物損壊罪の構成要件に該当する事実の存在を否定してしまうと，例えば，上記の例でＸに対し窃盗の後に横領・損壊行為を教唆したＹがいた場合，Ｙは「構成要件に該当しない行為」に関与したことになり，共犯として処罰できないことになる。そこでこの場合にも，占有離脱物横領・器物損壊の構成要件に該当する行為それ自体は存在しているものの，罰条適用を行うか否かの判断に基づき，最終的には1つの刑罰法規（窃盗罪）の適用だけが認められ，事後の行為はその量刑事情として考慮されることになると考えられる。ここでは裁判所としては一つの罰条（窃盗）だけを掲げれば足りるが，その際，事後行為（横領・損壊）は先行する犯罪によって包括され，いわば「共罰」的に扱われているということになる。近年ではこうした場合を「**共罰的事後（事前）行為**」と呼ぶようになっている。例えば，他人所有の同一の不動産につき，無断で①抵当権を設定した後に②売却したような場合，いずれの行為についても横領罪が成立し得るとされるが（最大判平成15・4・23刑集57巻4号467頁。Unit 24参照），仮に双方が有罪とされた場合には，学説では犯情の重い②が軽い①を吸収して包括一罪の関係に立つと解されており，この場合，①は②の「共罰的事前行為」に当たると考えられる。

他方，例えば他人から借りた金銭を横領したのち，所有権者と出会った際に返還を請求されたが，欺罔行為によってこれを免れたような場合，形式的には返還請求権の侵害として詐欺罪（246条2項）に該当するようにみえるものの，この部分について2項詐欺の成立を認めてしまうと，本罪の方が横領よりも重いため，2項詐欺罪の包括一罪として扱われることになる。しかし，そうなると横領後に行われることが類型的に見て容易に予想できる行為を行っただけで常により重く処罰されることになり，立法者が横領罪の法定刑を詐欺や窃盗よりも軽く設定した趣旨が没却されてしまうので，最初から2項詐欺の構成要件該当性を否定すべきであると解されている。現在ではこのような場合を真の意味での「不可罰的事後行為」であると説明するようになっている。

☑ Check Points

□ 本来的一罪とされる場合には法条競合と包括一罪とが含まれる。包括一罪には実務上多様な場合が含まれるとされてきた。

3　犯罪競合——数罪の処理

実質的に数罪だとされた場合，処断刑を形成する上でどのような処理が行われるか。科刑上一罪と併合罪とはどのように異なるか。

本来的一罪がいずれも1つの罰条適用のみで事実を十分に評価し尽くすことのできる場合であるのに対して，複数の罰条による評価が必要であり，判決を下す際にそれらの条文をすべて掲げる必要があると考えられる場合が実質的「数罪」に当たる。このうち，それぞれ別個に犯罪が成立し刑が科される場合（**単純数罪**）を除き，わが国の刑法は科刑上一罪と併合罪の規定を設けている。

①　科刑上一罪

▶▶観念的競合と牽連犯

54条1項前段は1個の行為が複数の刑罰法規による評価を受ける場合を規定しており，これを**観念的競合**と称する。例えば職務執行中の警察官を殴って怪我を負わせれば公務執行妨害罪（95条1項）と傷害罪（204条）が成立するが，これらは観念的競合の関係に立つので，より重い傷害罪を基準として15年以下の拘禁刑が上限となる。他方，同条1項後段では，ある犯罪が別の犯罪の手段や結果に当たる場合を規定しており，これを**牽連犯**と称する。他人の住居に侵入して財物を盗んだ場合は住居侵入罪（130条）と窃盗罪（235条）が成立するが，これらは牽連犯の関係となって，より重い窃盗罪を基準として10年以下の拘禁刑が上限となる。

▶▶効果とその根拠

観念的競合や牽連犯とされた場合，各罪について定められた刑のうち「最も重い刑」によって処断されることになり，後述する併合罪よりも軽い処断刑が形成される。また，ここでは実質的に数罪である行為につき，刑を科すに際して一罪として取り扱われることが認められている（**科刑上一罪**）。科刑上一罪を構成する犯罪の1つについて有罪もしくは無罪の判決が確定すれば，全体について**一事不再理**の効力が及ぶために，それ以外の犯罪について起訴することはできなくなり，起訴された場合は免訴の判決を言い渡さなければならない（憲法 39 条，刑事訴訟法 337 条 1 号）。この点に実際上の大きな意義が認められる。

本来は併合罪として加重されるべきところ，より軽い特殊な処断刑が形成される理由については，一般的には「1 個の行為である」とか「1 回の意思決定によるものであり，数回の意思決定を行う併合罪の場合より責任非難の点で軽くなる」という説明がなされている。例えば，①1 回ずつ発砲して 2 名を殺害した場合には 2 回の意思決定に基づいており，複数の行為が存在しているので併合罪の関係に立つが，②1 回の発砲で同時に 2 名を殺害した場合には，1 回の意思決定に基づいており，1 個の行為で複数の殺人を実現しているので，科刑上一罪（観念的競合）として扱われることになる。

▶▶観念的競合の成否に関する判断基準

判例は観念的競合における「1 個の行為」の意義について「法的評価をはなれ構成要件的観点を捨象した自然的観察のもとで，行為者の動態が社会的見解上 1 個のものとの評価をうける場合をいう」としている（最大判昭和 49・5・29 刑集 28 巻 4 号 114 頁〔百選Ⅰ 104 事件〕）。この基準に従い，道交法上の酒酔い運転の罪と業務上過失致死罪とは「社会的見解上別個のもの」であって併合罪となるとしたもの（上記最大判昭和 49・5・29）や，道交法上の救護義務違反の罪と報告義務違反の罪は「社会生活上」「ひとつの社会的出来事として認められている」ので観念的競合となるとしたもの（最大判昭和 51・9・22 刑集 30 巻 8 号 1640 頁〔百選Ⅰ 105 事件〕）がある。

●●　②　併合罪　●●

▶▶要件と効果

確定裁判を受けていない複数の犯罪について同時に審判され，刑が科される場合（45 条）には，有期拘禁刑の場合，原則として最も重い罪について定めた刑の長期を 1.5 倍にして得られた刑を全体の処断刑の上限とすること，ただし，その場合に個々の犯罪について定められている刑の長期の合計を超えることはできないこと（47 条）が規定されている。これを**併合罪**という。例えば，偽証罪（169 条）と証拠隠滅罪（104 条）の併合罪として有罪判決を受けた場合には，最も重い罪である偽証罪の刑の長期である拘禁刑 10 年を 1.5 倍すれば 15 年になるが，他方で，証拠隠滅罪の刑の長期は拘禁刑3年であり，偽証罪の刑の長期と合計すれば13年となるので，処断刑の上限は13年にとどめられることになる。

▶▶処断刑形成の理由

わが国の刑法では，死刑および無期の拘禁刑については基本的にそれ以上の加重は行われない（**吸収主義**，46条）ほか，罰金・拘留・科料については基本的に他の刑と併せて刑が科される（**併科主義**，48条・53条）。ただ，主要な刑罰である有期の拘禁刑相互の間においては，最も重い罪について定めた刑の長期を1.5倍に加重して得られた刑を全体の処断刑の上限とすることが定められている（47条）。このような考え方を**加重主義**という。

その根拠としては，複数の犯罪を別個に行った場合，本来的一罪や科刑上一罪の場合と比較して基本的により重く処罰されるべきではあるが，他方で併科主義を貫き，併合罪を構成するそれぞれの犯罪の刑期を形式的に併科していくと，被告人にとってあまりに過酷な結果を招き，犯罪予防の目的に照らして意味のない（どころかかえって有害な）処罰がもたらされる場合が生じることになるからであると説明されている。例えば，偽造された公文書を一定の期間をおいてそれぞれ別の場所で10回行使したような場合には，仮に一回あたりの偽造公文書行使罪（158条）について拘禁刑5年が妥当な刑だとしても，単純に併科すれば常に50年の拘禁刑が科されるべきだということになるが，それは妥当でないため，制約が必要だということになるのである。

☑ Check Points

- □ 科刑上一罪には観念的競合と牽連犯とが含まれる。いずれも実質的に数罪であるが，1回の意思決定に基づくことから特に軽い処断刑が形成される。
- □ 科刑上一罪とされた場合には全体につき一事不再理の効力が働く。
- □ 併合罪とされた場合，最も中心となる有期拘禁刑においては，処断刑の形成に際して加重主義による制限が加えられている。

4　量刑判断の問題点

量刑判断に際しては，どのような点に留意されるべきか。

▶▶刑罰目的論と量刑基準の関係

刑罰はあくまで犯した罪の限度において，責任非難に見合う範囲で科されるものであるが，その枠内において可能な限り一般予防や特別予防の観点を考慮する（相対的応報刑論）と考えられている（Unit 1参照）。すなわち，純粋な応報の見地からは同等の重さと思われる場合であっても，個別具体的な予防の必要性に応じて刑の重さが変わることが予定されているのである。

具体的には以下のような手順が踏まれていると考えられる。まず第1に，結果がどれだけ重大なものであったか，行為態様がどれだけ悪質なものであったのか，どのような動機から行為に出たのか，といったその犯罪の違法性・責任の程度に関わる事情が評価される。それと同時に，社会にどれだけの影響を及ぼしたか（例えば模倣犯が続出することになったか）といった点も考慮される。

第2に，仮に犯罪がきっかけとなって被害者が自殺したり，被害者の遺族にさまざまな悪影響が及んだりしたような場合には，それらの事実は違法性や責任の程度に直接の関連を持つものではなくとも，非難の度合いがどの程度であるのかを調べるための手がかりとして位置づけることができる。

第3に，行為者の性格や経歴（前科の有無なども含まれる），犯罪後にどのような態度を示していたか，といった事情は，その行為者が再び犯罪を行う危険性がどの程度認められるのかを判断する手がかりとなり得る。また，損害賠償がなされるなどして被害者側が特に重い処罰を望んでいない場合などにおいても，再犯の危険性を減少させる要素として考慮する余地があろう。

▶▶「被害者保護」の視点とその限界

刑事責任は「国家」が被告人に対して追及するものであるため，被害者やその家族は厳密な意味では刑事司法における「当事者」には含まれない（Unit 1の*4*参照）。しかし，従来の刑事手続においては被害者やその家族に対する配慮が十分ではなかったのではないかという点が近年特に意識されている。その影響もあり，この点を量刑にも反映させることが可能かがしばしば問題となる。確かに，「これだけの重大な被害が生じているのだから，重い刑が科されなければおかしい」という感覚自体は正当であり，その感覚は上述のうち第1の場面や第2の場面で反映されることになろう。そして，こうした考慮を極限まで推し進めれば，「被害者やその家族にもたらされた被害が重大であれば常に重い刑を科すべきである」ということになりそうである。

しかし，刑罰制度は「復讐」を代行するための制度ではなく，被害者の利益の回復は原則として私法の問題であって，具体的には損害賠償という形で行われるというのが近代法の前提である。他方，刑罰が科される目的は責任「非難」に見合った刑罰を科すことを通じて将来の犯罪防止を図ることにあるのだとすれば，たとえ被害結果が重大で処罰感情が著しく強い場合であっても責任非難が不可能であれば犯罪は成立しないし，逆に未遂犯などの場合には具体的な「損害」が生じなくとも刑罰が科されることもあり得る。したがって，（いわば生の）被害感情の強弱が刑の重さを直接左右することは認められないと解される。ましてや，個々の被害者を離れた「世論」が刑の程度を左右するようなことがあってはならないであろう。もちろん，犯罪被害者やその家族に対するさまざまな形での支援のための制度を強化し，1日も早く元通りの社会生活を営むことができるよう社会全体でサポートすることが必要であるという点に疑いの余地はないが，それはひたすら重い刑を科すことによって達成できるものではない。

▶▶裁判員制度と量刑判断

以前は量刑判断はもっぱら裁判官の裁量に委ねられるものと考えられてきた部分があり，その基準は必ずしも明確なものとはいえなかった。しかし，裁判員制度の施行に伴い，実務家の「感覚」や「経験」のみに頼って解決を図ることはもはや不可能になっている。もっとも，職業裁判官と裁判員との間に感覚のギャップが生じることはある意味必然であり，その点が問題となることもあり得よう。最近では，被告人を死刑に処した裁判員裁判による第1審判決が重過ぎて不当であり，無期懲役に処すべきとされた判例も出現している（最決平成27・2・3刑集69巻1号1頁，最決平成27・2・3刑集69巻1号99頁。なお，2025年6月からは，無期「拘禁刑」となる点に注意〔12条1項〕）。

☑ Check Points

☐ 相対的応報刑論からは，まず「応報」の程度が確認され，その枠内において一般予防の必要性や特別予防の必要性はどの程度かが検討される。

【参考文献】

井田良『講義刑法学・総論〔第 2 版〕』（有斐閣，2018 年）576 頁以下

Part 2
各論

Unit 17

暴行・傷害・傷害致死

■ Topics ■　無言電話と傷害罪

「傷害罪」と聞くと，多くの皆さんは，素手や棒などで相手を殴る行為によって出血や骨折などの怪我を負わせる事例をイメージするだろう。しかし，刑法に定められている傷害罪（204 条）は，私たちのイメージよりもはるかにさまざまな事例をカバーしている。例えば，めまいや倦怠感を生じさせる場合や，睡眠障害を生じさせる場合なども，刑法上の「傷害」に当たる余地があると解されている。裁判例では，約半年間ほぼ連日にわたり，深夜から早朝にかけて無言電話をかけ，被害者に加療約 3 週間を要する精神衰弱症を負わせたケースについて，傷害罪の成立が認められている（東京地判昭和 54・8・10 判時 943 号 122 頁）。

それでは，刑法上の「傷害」や「暴行」とは，いったいどんな概念なのか。この Unit では，暴行罪・傷害罪・傷害致死罪という 3 つの犯罪の相互関係を理解してもらいたい。さらに，近年問題となっている PTSD（Post-traumatic stress disorder：心的外傷後ストレス障害）についても考えてみよう。

1　個人的法益に対する罪・総説

個人的法益に対する罪にはどのようなものがあるか。暴行罪，傷害罪はそれらのうちどこに位置づけられるか。

Unit 17～24 では，個人の利益を保護する目的で定められている犯罪，すなわち個人的法益に対する罪を扱う。個人的法益に対する罪はいかなる法益に対する罪であるかにより，一般的には以下のように分類される。第 1 に，「生命に対する罪」が挙げられ，殺人罪や各種の「致死」罪が含まれる。第2に，「身体に対する罪」が挙げられ，暴行罪（208条），傷害罪などはここに含まれる。第3に，「自由に対する罪」が挙げられ，逮捕・監禁罪（220条），脅迫罪（222条），不同意わいせつ罪（176条），住居侵入罪（130条。もっとも，住居侵入罪における保護法益の内容については議論がある。Unit 18参照）などが含まれる。第4に，「秘密・名誉に対する罪」が挙げられ，秘密漏示罪（134条），名誉毀損罪（230条）などが含まれる。第5に，「信用および業務に対する罪」が挙げられ，信用毀損罪（233条前段），業務妨害罪（233条後段・234条）などが含まれる。第6に，「財産に対する罪」が挙げられ，窃盗罪（235条），詐欺罪（246条），横領罪（252条）などが含まれる。

☑ Check Points

- □ 個人的法益に対する罪は，生命に対する罪，身体に対する罪，自由に対する罪，秘密・名誉に対する罪，信用および業務に対する罪，財産に対する罪に分類することができる。
- □ 暴行罪，傷害罪は，身体に対する罪に含まれる。

2 暴行罪

暴行罪における「暴行」とは何か。身体への接触や傷害の危険は必要か。

204条以下で定められている傷害の罪の保護法益は「人の身体」である。行為の客体は「人」とりわけ「他人」であるため，自傷行為は不可罰である。

傷害罪（204条）の典型例は，Topicsの最初に示したように，暴行を手段として傷害が生じる場合である。そこでまずは，暴行罪（208条）における「暴行」の意義を押さえておこう。

①　暴行罪における「暴行」の意義

▶▶判例から見る「暴行」概念

暴行罪における「暴行」とは，人の身体に向けられた不法な有形力（物理力）の行使をいう。例えば，殴る・蹴るといった行為の他，音声・風力・水力・光・熱・電気などのエネルギー作用による行為も「暴行」に該当するとされている。判例では，被害者の身辺近くでブラスバンド用の大太鼓などを連打して意識朦朧とさせ，または脳貧血を起こさせる行為が暴行に当たるとされた（最判昭和 29・8・20 刑集 8 巻 8 号 1277 頁）。

もっとも，性病を感染させる懸念があることを認識しながら，被害者の同意を得て自己の性器を被害者の性器に押し当てて性病を感染させる行為は暴行に当たらない（傷害罪が成立する）とされた（最判昭和 27・6・6 刑集 6 巻 6 号 795 頁）。この事案について学説では，病毒を感染させる行為それ自体が暴行に当たるか，仮に暴行に当たるとしてもその点については被害者の同意が及んでいるのではないか，といった点が議論されている。

他方，判例は，手段としての有形力が被害者の身体に接触しなくてもよいと解している（**接触不要説**）。脅かす目的で被害者の数歩手前を狙って投石する行為（東京高判昭和 25・6・10 高刑集 3 巻 2 号 222 頁），狭い 4 畳半の室内で被害者を脅かすために日本刀の抜き身を数回振り回す行為（最決昭和 39・1・28 刑集 18 巻 1 号 31 頁〔百選Ⅱ 3 事件〕），乗用車での追跡行為や幅寄せ（東京高判平成 16・12・1 判時 1920 号 154 頁）は，いずれも被害者に向けられた暴行であるとされた。

また，傷害の危険性がない行為についても，暴行罪の成立が認められる（**危険不要説**）。例えば，電車に乗り込もうとする被害者の衣服をつかんで引っ張る行為（大判昭和 8・4・15 刑集 12 巻 427 頁）や「お清め」と称して腹立ち紛れに塩を被害者の身体に数回振りかける行為（福岡高判昭和 46・10・11 判時 655 号 98 頁）は，暴行罪に当たるとされた。

▶▶被害者の身体への接触は必要か？

学説においては，こうした判例の理解では「暴行」概念が広くなり過ぎるとして，より限定的な捉え方が主張されている。その 1 つに，有形力が被害者の身体に接触する場合のみ「暴行」に当たるとの見解がある（**接触必要説**）。その背景には，接触不要説によれば，脅かすつもりで被害者の身体に触れないよう刃物を向けた場合でも暴行罪が成立しうることになり，安全感や意思決定の自由を保護法益とする**脅迫罪**（222条）と区別できなくなるとの懸念がある。しかし，接触必要説に対しては，例えば他人の頭に向けて石を投げたところ，頭上すれすれに飛んで行った場合，接触していない限り不可罰となるが，そうした結論は妥当でないとの批判が向けられている。

なお，接触必要説の立場からも，被害者を騙して落とし穴に転落させるような行為については，被害者自身を利用した有形力の行使であるとして，暴行罪の間接正犯（Unit 13を参照）が成立するとされている。

▶▶傷害の危険は必要か？

208条で「暴行を加えた者が人を傷害するに至らなかったときは」と規定されていることから，暴行罪は傷害未遂を処罰する趣旨であるとして，「暴行」には傷害を生じさせるだけの危険性が必要であるとの限定的な捉え方も主張されている（**危険必要説**）。しかし，危険必要説に対しては，水やビールを浴びせかける行為のようにおよそ傷害の危険を有しない行為が暴行に該当しないことになると，処罰範囲が過度に限定されてしまうとする疑問が向けられている。

また，有形力が被害者の身体に接触する場合は傷害の危険を不要としつつ，身体に接触しない場合には傷害の危険を必要とする見解も主張されている。もっとも，このような見解を支持する場合には，身体の接触の有無によって「暴行」概念を区別する理論的な根拠が必要とされよう。

②　他の犯罪類型における「暴行」の意義

刑法典には，暴行罪以外にも「暴行」を手段として必要とする犯罪があるが，その内容は個々に異なっており，一般的に以下の4種類に分けられている。

▶▶最広義の「暴行」

最も広い意味の暴行においては，有形力（物理力）が「人もしくは物」に向けられていれば暴行に当たる。内乱罪（77条1項），騒乱罪（106条），多衆不解散罪（107条）における暴行には，建造物の損壊や不法占拠も含まれる。

▶▶広義の「暴行」

広い意味の暴行においては，有形力が「人」に向けられていれば足り，物に対する有形力でも人に物理的影響を与えうるもの（間接暴行）であれば暴行に当たる。この意味で用いている犯罪として，公務執行妨害罪（95条1項），加重逃走罪（98条），特別公務員暴行陵虐罪（195条），強要罪（223条），恐喝罪（249条）などがある（恐喝罪についてはUnit 20を参照）。例えば，司法巡査が適法に差し押さえた現場で覚せい剤のアンプルを足で踏みつけて損壊する行為は，公務員の職務の執行を妨害するに足る暴行であるとされる（最決昭和34・8・27刑集13巻10号2769頁）。

▶▶狭義の「暴行」

狭い意味の暴行では，有形力が「人の身体」に向けられていることを要する。暴行罪における暴行は，この意味で用いられている。

▶▶最狭義の「暴行」

最も狭い意味における暴行では，有形力の程度が重要となる。すなわち，被害者の反抗を抑圧し，または著しく困難にする程度に不法な有形力の行使が暴行に当たる。強盗罪（236条）に規定されている暴行がこれに当たる。

☑ Check Points

- □ 暴行罪における「暴行」とは，人の身体に向けられた不法な有形力（物理力）の行使である。
- □ その暴行について，判例は，被害者の身体に接触する必要はなく，傷害の危険を有するものでなくてもよいと解している。

3 傷害罪

傷害罪における「傷害」とは何か。暴行罪と傷害罪はどんな関係にあるか。

●● ①「傷害」の意義 ●●

▶▶生理的機能障害説

判例や通説によれば,「傷害」とは, 人の生理的機能に障害を与えることをいう（**生理的機能障害説**）。言い換えれば, 人の生活機能を損ねたり, 健康状態を不良に変更したりすることが「傷害」である。判例では, 外傷（怪我）の他, めまいや吐き気（大判昭和 8・6・5 刑集 12 巻 736 頁), 胸部の疼痛（最決昭和 32・4・23 刑集 11 巻 4 号 1393 頁), 急性薬物中毒の症状（最決平成 24・1・30 刑集 66 巻 1 号 36 頁〔百選Ⅱ 4 事件〕）なども傷害に当たるとされている。一方で, 女性の毛髪を同意なく根元から切断するような行為は, 人の生理的機能に障害を与えているとはいえないため, 傷害ではなく, 暴行にとどまるとされた（大判明治 45・6・20 刑録 18 輯 896 頁)。

これに対して,「傷害」とは, 身体の外貌に重要な変化をもたらす程度に身体の完全性を損ねる行為であるとの見解（**完全性侵害説**）も主張されている。しかし, この見解に対しては, 同意なく長髪を丸坊主にするような身体の完全性を損ねる行為は暴行罪として評価すれば足りるとの批判が向けられている。

▶▶PTSD は「傷害」か？

それでは, 精神的機能の障害は一切「傷害」に該当しないのか。いわゆる PTSD（心的外傷後ストレス障害）を発症させることは 204 条の「傷害」に該当しうるか, 検討してみよう。

204 条には「人の身体を傷害した者は」と規定されており,「身体」と「精神」を厳密に区別するならば, 無力感や恐怖心といった精神的機能の障害だけでは「傷害」に該当しないとの見解が主張されている。こうした見解によれば, PTSD は, 動悸や発汗といった身体的症状を伴う場合に限って刑法上の「傷害」に該当することになる。

しかし, 人間のからだが身体的機能と精神的機能の総体として捉えられるならば, 精神的機能も身体の生理的機能の一部として理解することは可能であろう。PTSD が日常生活に支障をきたすものであることも踏まえて, 通説は, PTSD が刑法上の「傷害」に該当すると解している。判例も, 女性を不法に監禁して PTSD を発症させた事案において, 医学的な診断基準において求められている特徴的な精神症状が継続して発現していることからPTSDの発症が認められたとする事実認定を前提に，そのような精神的機能の障害をもたらした場合も傷害に当たるとした（最決平成24・7・24刑集66巻8号709頁）。

②　暴行によらない傷害

傷害罪の典型例は暴行を手段とするものであるが，204条では行為の手段が限定されていないため，暴行以外の無形的な手段（言語や不作為など）を用いる場合にも，傷害罪が成立しうる。例えば，脅したり錯誤に陥らせたりするなどして健康状態を悪化させる場合や，食事を与えずに衰弱させるような場合がこれに当たる。

この点に関し，最決平成17・3・29刑集59巻2号54頁（百選Ⅱ5事件）では，約1年半にわたり，隣家の被害者らに向けて精神的ストレスによる障害を生じさせるかもしれないことを認識しながら，連日連夜ラジオの音声や目覚まし時計のアラーム音を大音量で鳴らし続けるなどして，精神的ストレスを与え，慢性頭痛症，睡眠障害，耳鳴り症の障害を負わせた事案において，傷害罪の成立が認められた。この事案は，前掲最判昭和29・8・20と比べると，音が被害者の身体の間近で鳴らされておらず，傷害が音の物理的な空気振動によって生じたものでないため，暴行による傷害と評価することはできない。しかし，ストレスによって上記の症状を生じさせているため，暴行によらない傷害として評価されよう。

③　傷害罪における故意の内容

暴行による傷害の場合，判例や通説は，暴行の故意があれば十分であり，傷害結果を認識する必要はないと解している。この点，204条には「人の身体を傷害した者は」と規定されており，「暴行を加え，よって人を傷害するに至ったときは」とは規定されていないことから，傷害罪には暴行罪の結果的加重犯は含まれず，いかなる場合でも傷害の故意が必要であるとする見解もある。しかし，そのように解すると，暴行の故意で傷害に至ったときには，法定刑の上限が30万円である過失傷害罪（209条）が成立するにとどまり，法定刑の上限が2年である暴行罪よりも軽く評価されることになってしまう。こうした不均衡を避けるため，判例や通説は，傷害罪に暴行罪の結果的加重犯も含まれるとして上記のように解しているのである。もっとも，暴行罪の結果的加重犯を傷害罪で処罰する際，学説では一般的に傷害結果が生じることにつき過失（予見可能性）が必要であると考えられているが，判例上は要求されていない点に注意してほしい。

なお，暴行によらない傷害の場合は，暴行罪の結果的加重犯ではないため，傷害結果の認識が必要となる。先に挙げた最決平成 17・3・29 では，「精神的ストレスによる障害を生じさせるかもしれないことを認識し」ていたとして，被告人に傷害結果の（少なくとも未必的な）認識が存在していたことが慎重に認定されている。

☑ Check Points

□ 判例や通説によれば，傷害罪における「傷害」とは，人の生理的機能に障害を与えることであり，PTSD も傷害に当たる。

□ 傷害の手段として，暴行によらない場合にも傷害罪が成立しうる。その場合には，傷害結果の認識が必要となる。

□ 判例や通説は，傷害罪には暴行の結果的加重犯も含まれると解している。その場合には，暴行の故意があれば十分である。

4 傷害致死罪

傷害致死罪は，暴行罪や傷害罪とどんな関係にあるか。

傷害致死罪（205 条）は，傷害罪の**結果的加重犯**である。死の結果について，学説では責任主義（Unit 1 を参照）に基づいて過失（予見可能性）が必要であるとの見解が支配的であるが，判例は不要であると解している（最判昭和 26・9・20 刑集 5 巻 10 号 1937 頁）。したがって，判例の立場によれば，傷害と死亡との間に因果関係が存在していれば傷害致死罪が成立しうる。

さらに，判例や通説によれば，傷害罪には暴行罪の結果的加重犯も含まれるため，傷害致死罪にはいわば「二重の結果的加重犯」が含まれることになる。例えば，怪我をさせることの認識なく被害者を殴ったところ，偶然被害者が転倒し，打ちどころが悪く死亡させてしまった，というような場合に，①暴行の結果的加重犯としての傷害が成立し，次いで②傷害の結果的加重犯としての傷害致死が成立することになりうるのである。

☑ Check Points

- □ 傷害致死罪は，傷害罪の結果的加重犯である。死の結果について，判例によれば過失は不要であると解しているが，学説の多くは過失が必要であると主張している。
- □ 判例や通説によれば，傷害致死罪には暴行の二重の結果的加重犯も含まれる。

5　同時傷害の特例

同時傷害の特例は，どのような場合に適用されうるか。

▶▶同時傷害の特例とは——207 条の趣旨

傷害罪が問題となる事案では，暴行を加える者が複数人存在することも多い。その際，傷害の原因が誰の暴行によるものか明らかにすることは容易ではない。特に行為者の間に意思連絡が存在しない（またはその存在を証明できない）場合，一般的に共同正犯（60 条）は成立しないと解されているため（Unit 14 参照），単独犯として扱われることになる。したがって，傷害との間に因果関係を有する暴行が特定されなければ，「疑わしきは被告人の利益に」の原則から，どの行為者にも傷害罪は成立せず，暴行罪にとどまることになる。しかし，被害者が現に傷害を負っているにもかかわらず傷害の責任を問われる者が誰もいないのは不当であることから，同時傷害の特例（207 条）が規定されている。

同時傷害の特例とは，2人以上で暴行を加えて人を傷害した場合において，それぞれの暴行による傷害の軽重を知ることができず，またはその傷害を生じさせた者を知ることができないときは，共同して実行した者でなくても，共犯として扱うものである。その趣旨について，判例や通説は，暴行と傷害との間の因果関係の存在を推定するものであると解している。これによれば，被告人は自己の暴行と傷害結果との間に因果関係が存在しないことを証明しない限り，傷害罪の責任を負うことになる。

もっとも，このような特例が「疑わしきは被告人の利益に」の原則と正面から抵触することは否めない。そのため，学説からは，207条の適用を慎重に解すべきであることが指摘されている。

▶▶207条の適用要件

207条が適用されるためには，①2人以上で意思連絡なく暴行を加え，②傷害の原因となる暴行が不明であることの他，③各暴行が当該傷害を生じさせうる危険性を有し，④各暴行が外形的には共同実行に等しいと評価できるような状況で行われたものでなければならない（最決平成28・3・24刑集70巻3号1頁〔百選Ⅱ6事件〕）。特に④は，各暴行が同一の機会に行われたものであることの証明であるとされる。この「機会の同一性」は，各暴行が時間的場所的に近接して行われ，各行為者が相互に他方の暴行を現認しうる状況にあることを要求する趣旨であると解されている（札幌高判昭和45・7・14高刑集23巻3号479頁参照）。

▶▶207条の適用範囲

判例は，傷害の原因が不明である場合に限らず，傷害「致死」の事案で死因が不明である場合にも207条の適用を認めている（前掲最判昭和26・9・20。他方，強盗致傷罪や強姦致傷罪〔現在では不同意性交等致傷罪〕においては207条の適用が否定されていることに注意してほしい〔強盗致傷罪につき，東京地判昭和36・3・30判時264号35頁，強姦致傷罪につき，仙台高判昭和33・3・13高刑集11巻4号137頁〕）。また，傷害罪の承継的共同正犯が否定された場合に適用を肯定したものが多く見られる（一例として，最決令和2・9・30刑集74巻6号669頁）。

☑ Check Points

- □ 同時傷害の特例は，２人以上で意思連絡なく暴行を加え，傷害の原因となる暴行が不明で，各暴行が当該傷害を生じさせうる危険性を有し，各暴行が外形的には共同実行に等しいと評価できるような状況で行われた場合に適用されうる。
- □ 判例は，傷害致死の事案で死因が不明である場合や，承継的共同正犯が否定される事案などでも 207 条を適用している。

【参考文献】

橋爪隆『刑法各論の悩みどころ』（有斐閣，2022 年）24 頁以下

Unit 18

住居等侵入罪

■ Topics ■　住居侵入罪とプライバシー保護

例えばカメラを搭載したドローンを操縦して他人の家の中を飛行させ，内部の様子を撮影したとしよう。こうした行為により居住者の私生活上の利益が侵害されていることは間違いなく，居住者は操縦者に対して不法行為に基づく損害賠償請求（民法 709 条）ができるだろうし，操縦者の「行為」が急迫不正の侵害を構成するならばこれに対する正当防衛（36 条）を行う余地もある（Unit 9 参照）。ただ，操縦者の行為は「侵入」するという態様に該当しないため，住居侵入罪（130 条）は成立しない。仮に成立を認めるということになれば，飼い猫を他人の家の敷地内に入り込ませたり，水鉄砲で水を飛ばしたり，団扇で焼き魚の煙をあおいだりする行為などにつき，他人の敷地内に「何らかの存在」を送り込んだという理由で住居「侵入」罪が成立するということになりかねない。このように，各論の解釈論においては行為態様による処罰範囲の限定を検討することも重要な課題である。

ところで，刑法学において問題とされる「プライバシー」とは，憲法学の用語法も踏まえるならば，あくまでも「一人で放っておいて貰う」という消極的・自由権的な利益であって，いわゆる自己情報コントロール権のような積極的・受益権的な利益ではない（片桐直人ほか『一歩先への憲法入門〔第２版〕』〔有斐閣，2022 年〕294 頁以下〔大林啓吾執筆〕参照）。そして，刑法においてはそうしたプライバシーは網羅的に保護されているわけではなく，個人の私生活や社会的評価を保護する各犯罪類型の保護法益はプライバシーと部分的に重なることはあっても同じものではないと解されている。では，住居侵入罪においてはいかなる利益が保護されているのだろうか。

1 客　体

> 130 条の客体にはどのようなものがあるか。囲繞地とは何か。

▶▶住　居

「**住居**」とは人の日常生活に使用されている建造物を指しており，判例では「起臥寝食」の場所として使用されているものとされている（大判大正 2・12・24 刑録 19 輯 1517 頁）。継続的な使用でなくても足りるとされ，したがってホテルや旅館の客室，病院の病室についても認められる余地がある。

なお，後述する保護法益の理解と関連するが，本罪は事実上そこで生活している者の利益の保護を図る規定であり，財産としての建物の所有権を保護する規定ではないので，そこに住み着き生活することについての法律上の権限は不要であると解される（最決昭和 28・5・14 刑集 7 巻 5 号 1042 頁）。この関係で，居住関係から離脱してそこでの生活の実態を失うに至った者は，その後，現に居住している者に無断で立ち入れば本罪が成立する余地がある。判例では，家出した息子が，実父宅に強盗の目的で共犯者と共に深夜立ち入った行為（最判昭和 23・11・25 刑集 2 巻 12 号 1649 頁）や，別居中の妻が住む自己所有の家屋に不貞行為を現認するなどの目的で立ち入った行為（東京高判昭和 58・1・20 判時 1088 号 147 頁）につき，住居侵入罪の成立が認められている。

▶▶邸　宅

「**邸宅**」とは居住用に作られた建造物のうち，現に住居として使用されていないものを指す。例えば空き家やシーズンオフの別荘などがこれに含まれる。

▶▶建造物

「**建造物**」とは一般に，屋根があり，壁や柱で支えられて土地に定着しており，人の出入りに適した構造を有している工作物を指すが，本罪における建造物とはこのうち住居と邸宅を除外したものを指す。例えば，官公庁の庁舎や学校，工場，社寺，倉庫，物置などがこれに含まれる。

▶▶艦　船

「**艦船**」とは軍艦その他の船舶を指すが，他の客体とのバランスからして，人の出入りできる大きさを有していることが求められるとされる。近年では，調査捕鯨船団を構成する航行中の船舶にジェットスキーで接近し，甲板の侵入防止ネットをナイフで切断して船内に立ち入った行為につき艦船侵入罪の成立が認められた裁判例がある（東京地判平成 22・7・7 判時 2111 号 138 頁）。

▶▶「看守する」の意義

以上のうち，住居を除く客体についてはすべて「人の看守する」ものであることが必要である。これは日常生活に用いられている住居とは異なり，その客体を人が事実上管理・支配していることを示すための要件であるが，その関係上，立入りを防止するための人的・物的設備を施すことが必要であり，単に戸締りをしただけとか「立入禁止」の立札を立てただけでは足りないと解されている。もっとも判例では，駅に近接した建造物につき看守されているとはいえないとしたもの（東京高判昭和 38・3・27 高刑集 16 巻 2 号 194 頁）と，いえるとしたもの（最判昭和 59・12・18 刑集 38 巻 12 号 3026 頁）が存在している。

▶▶囲繞地

以上のほか一般に，建物に接してその周辺に存在する土地で，管理者が外部との境界に門や塀などを設置することによって建物利用のために供されるものであることが明示されているものを**囲繞地**（いにょうち）と呼び，これを建物と同等に保護する必要上，本罪の客体に含まれると解されている（最判昭和 51・3・4 刑集 30 巻 2 号 79 頁）。囲繞地に立ち入った場合，その中心にある建物が邸宅であれば邸宅侵入罪として，建造物であれば建造物侵入罪として扱われる。住居も同様に考えられるべきと思われるが，判例では住居の囲繞地を邸宅と理解しているもの（傍論ではあるが，仙台高判昭和 27・4・26 高刑判特 22 号 126 頁）と住居と解するもの（福岡高判昭和 57・12・16 判タ 494 号 140 頁）とが存在している。

☑ Check Points

□ 本罪の客体については，人の住居，人の看守する邸宅・建造物・艦船のほか，これらの周囲に存在している囲繞地も含まれると解されている。

2　保護法益論

> 住居侵入罪の保護法益を各個人の「意思」内容として（のみ）把握すべきか。それとも建物内部における実質的な利益をも含めるべきか。

▶▶旧住居権説

かつての判例は，本罪の保護法益を住居に立ち入りを認める決定権と解していたが，同時にその決定権は家長（夫・戸主）のみに認められるとしており，例えば夫の不在中に姦通の目的で「妻」の同意を得て住居に立ち入る行為は夫の住居権を侵害するものであって住居侵入罪を構成するとしていた（大判昭和14・12・22 刑集 18 巻 565 頁）。もっともこうした発想は，「家」を単位として国民を把握し，「家父長」に特権性を認めるという封建的な考え方の反映であり，妻の不貞行為を「姦通罪」として処罰する規定が存在していた時代の産物である。これが，両性の本質的平等という理念を含む現行憲法 14 条 1 項と相容れないことは明らかであろう（片桐ほか・前掲 270 頁以下〔大林執筆〕参照）。

▶▶平穏説

その後，支配的な地位を占めたのは，共同生活を営む者全員に平等に帰属する利益である「住居の事実上の平穏」が保護法益であるとする考え方であり，**平穏説**と称される。本説によれば，仮に居住者の意思に反していても平穏が害されていなければ本罪は成立しないので，例えば上記のような姦通目的の立ち入りであっても「平穏」が害されていない以上は不可罰となし得ることになる。判例においてもこうした考え方を示すものが現れるに至った（例えば，建物の囲繞地への侵入が処罰されるのは建造物への侵入と同等に建造物利用の「平穏」が害されるからであるとした前掲最判昭和 51・3・4 参照）。

しかし平穏説には，そもそも「平穏」それ自体の内容が抽象的で不明確であるという批判が加えられてきた。もし仮に立ち入りに際して騒がずに静かな態様でさえあれば「平穏」だということになると，夜間に窃盗目的でこっそり入れば本罪は成立しないということになってしまうが，誰もそのようには考えない。判例もその後，ATM 利用客のカードの暗証番号等を盗撮する目的で，行員が常駐しない無人の銀行支店出張所に営業中に立ち入り，1時間半以上にわたってカメラの設置等を行ったという事案において，立ち入りの外観が一般のATM利用客のそれと特に異なるものでなくても建造物侵入罪が成立するとしており（最決平成19・7・2刑集61巻5号379頁〔百選Ⅱ 18事件〕），こうした帰結は平穏説からは説明が困難であるとされている。

▶▶新住居権説

その後，学説では，本罪の保護法益を各個人が平等に有する，他人の立ち入りを認めるかどうかの決定権（住居権）であるとする見解が多数となる。家父長のみを住居権者としていた旧住居権説とは異なり，建物内部の個々の居住者・管理権者各人の「立ち入り許可の有無についての意思決定」が法益の内容であるとしており，個人主義的な法益理解を徹底したものといえる。さらに本説を突き詰め，建物内部における実質的な利益は本罪の保護法益には含まれないという趣旨を明確にする意味で「許諾権」説と称する見解もある。

判例も，組合役員である被告人らが春闘の一環として郵便局内にビラを貼ることを目的として，施錠されていなかった通用門から庁舎内に立ち入った事案において，本罪における「侵入」とは管理権者の意思に反して立ち入ることをいい，管理権者が事前に立入拒否の意思を積極的に示していない場合であっても，「建造物の性質，使用目的，管理状況，管理権者の態度，立入りの目的などからみて，現に行われた立入り行為を管理権者が容認していないと合理的に判断されるとき」には建造物侵入罪が成立するとした（最判昭和58・4・8刑集37巻3号215頁〔百選Ⅱ 16事件〕）。1審判決が「平穏」を害するものでないという理由で無罪としていたのに対し，最高裁は「管理権者の意思に反する立入り」であることを根拠に本罪の成立を認めており，その後も，例えば前掲最決平成19・7・2では「管理権者である銀行支店長の意思に反するものであること」を根拠に本罪の成立を認めていることから，現在の判例は基本的に本説の立場に立っていると考えられている。

▶▶立ち入り目的の考慮

もっとも，既に前掲最判昭和58・4・8にみられるように，住居権者・管理権者の立ち入りの許諾に関する明示的な意思が表示されていない事案においては，建造物の性質などのほか，行為者の立ち入り目的を考慮した上で，権利者の「推定的意思」に反する立ち入りであるかどうかが判断されることになる。これを推し進めれば，立ち入り後に建造物内部のいかなる利益が侵害されることが予定されているかを考慮した上で，当該立ち入りが「侵入」に該当するかどうかを実質的に判断しているとみる余地もある。学説の中にはこうした実質的な利益侵害の内容に着眼した上で，これが「平穏」侵害かどうかを判断する基準となるとする見解や，個人の住居の場合は許諾権が，公共営造物の場合はその「平穏」な利用がそれぞれ保護されていると解する見解（多元説）も存在している。

▶▶複数の許諾権者が存在する場合

例えば① A が友人の家を訪問した際に不在中の家族がいたところ，実はその内の一人が A の来訪に反対していたという場合や，② B が家庭教師として訪れた家で，生徒になる予定の高校生が明示的に B の立ち入りに反対したものの，両親の側に促されて家に入ったという場合のように，複数の許諾権者の間で対立がある場合，新住居権説からはどのように考えるべきかが問題となる。

第 1 に，許諾権者全員の許諾が必要とする考え方がある。本説からは，一人でも反対者がいればその者の意思に反する以上本罪が成立することになる。一例として，平穏説を前提としており，かつ団体交渉を要求するために敷地内に立ち入ったという事案に関するものではあるが，「住居利用に関し，複数の利益享受者が存する場合に，その一部の者が特定の個人に対して住居への立ち入りを許容したとしても，それによりその立ち入りを拒否する者の利益が害されて良いとする理由は全くない」として住居侵入罪の成立を認めた裁判例がある（東京高判昭和 57・5・26 判時 1060 号 146 頁）。しかし，このような考え方を徹底すると①②いずれの場合も本罪が成立することとなり，これを回避するためには，不在者を含めた許諾権者全員の意思を確認し，その承諾を得てからでなければ他人の家を訪問できないということになってしまう。

そこで第 2 に，現にその場において許諾を与えた者（現在者）の意思が優先すると解する見解があり，これによれば少なくとも①の場合は不可罰と解することができる。ただ，現在者間で対立が生じている②のような場合には，第 1 の考え方と同様に，反対者がいれば本罪が成立することになる。また，物理的にその場にいない限り権利の性質が弱まるというのであれば，空き巣が忍び込んだような場合に本罪を成立させる根拠の説明に窮することになろう。

現在，新住居権説の内部で有力なのは次の第3の考え方である。すなわち，住居権とはそもそも他の居住者の意思との関係で相互に制約されている利益であり，したがって誰か一人が立ち入りを許諾すれば本罪は成立しないということになる。これによれば①②いずれの場合も本罪不成立となる。ただ，仮に各「個人の意思」が保護法益なのであれば，他の自由に対する罪と同様，「他人」が承諾しているという事情によって「自己」の意思に反する行為から保護されなくなってしまう理由は説明できないようにも思われる。また，官公署などとは異なり「管理権」「許諾権」の所在と範囲とが明確に定められていない私人の住居の場合には，誰がどこまで立ち入れば本罪が成立するのか，判断が困難になろう。

☑ Check Points

- □ 判例は平穏説の立場から新住居権説の立場に移行したと考えられている。
- □ 推定的意思に反する立入りといえるかを判断する際には，建造物の性質のほか，立入りの目的がいかなるものであったかが重視される。
- □ 複数の許諾権者間において対立がある場合の処理をめぐっては議論がある。

3 「侵入」の意義

何らかの違法行為を行う目的を隠して同意を得て立ち入った場合，常に本罪は成立するか。それが一般に出入り自由な場所であった場合はどうか。さらに，何らかの表現を行う意図を有していた場合はどうか。

▶▶真の目的を秘して居住者の同意を得た場合

例えば，①セールスマンが販売・押し売りの目的を秘してアンケートと称して訪問した場合や，②詐欺や贈賄を行う目的を隠して通常の来客として訪問したような場合，立ち入りの段階で住居侵入罪は成立するか。判例では，③強盗を行う意図を秘して「今晩は」と挨拶し，家人が「お入り」と答えたのに応じて住居に入ったという場合に，外見上家人の承諾があったように見えても，真実においてはその承諾を欠くものであるとして本罪の成立が認められている（最大判昭和24・7・22刑集3巻8号1363頁）。

この点，新住居権説の立場から，欺罔に基づく承諾に関する法益関係的錯誤説（Unit 8参照）を採用した上で，上記のいずれの場合についても許諾権者が「自分の眼前にいる者の立ち入り」それ自体については承諾している以上，相手方の目的に関する誤信は承諾の有効性に影響しないとして，本罪は成立しないと解する見解がある。他方，平穏説の立場から，例えば上記①②のような場合はその目的が発覚した時点で退去要求を行うことが可能であり，その時点から130条後段の不退去罪による保護のみを認めれば十分であるとして，立ち入りの段階での住居侵入罪の成立は認めるべきでないとしつつ，他方で③のように重大な犯罪を行う目的を秘していたような場合には，目的が発覚した時点で退去要求を行っても何の役にも立たない以上，当初の立ち入りの段階から「平穏」を侵害する態様であって「侵入」に当たるとする見解も存在する。

▶▶構造上多くの者の立ち入りが予定されている建造物の場合

例えば役場，公園，球場，図書館，デパート，スーパーマーケット，コンビニエンスストア，駅などのように公共性の高い建造物では，通常は立入りに際しての厳格な身体検査や指紋認証等は行われていない。ここでは性質や構造上，不特定多数の者の立ち入りが予定されていると考えられるが，建造物内部で一定の違法・不当な行為を行う目的をもってこうした場所に立ち入った場合，建造物侵入罪は成立するだろうか。

この点，新住居権説を徹底した上で，仮にこうした場合にも立ち入り自体の許諾は与えられていると解するならばおよそ本罪は成立しないということになる。しかし，例えば強盗，殺人，爆弾設置などの意図を秘してこれらの場所に立ち入ったような場合にも常に同様に考えるべきかとなると疑問の余地があろう。

判例は上述してきた通り，建造物の性質，立ち入り後の目的の性質を考慮した上で，（推定的）意思に反する立ち入りといえるかを慎重に判断しているとみることができる。また，私人の住居とは異なり，こうした場所に立ち入ることについては，場合により表現の自由のような憲法上保障されている権利の正当な行使と評価できる余地があり，その点を踏まえた慎重な考慮が求められるという点に注意が必要である（前掲最判昭和59・12・18参照）。

▶▶集合住宅の共用部分に立ち入った場合

近年では以下の2つの判例をめぐって議論がある（憲法学上の議論につき，片桐ほか・前掲192頁以下〔大林執筆〕参照）。まず，反戦平和のための活動を行っている被告人らが「自衛隊イラク派兵反対」等と記載したビラを防衛庁宿舎の各居室玄関ドアの新聞受けに投函する目的で，上記宿舎の敷地内に立ち入り，さらに宿舎の出入口から各室玄関前までの建物共用部分に立ち入ったという行為につき，1審判決は「住居」侵入罪の構成要件に該当するとしつつ，本件行為が憲法21条1項の保障する政治的表現活動の一態様であることに言及し，可罰的違法性がないとして無罪とした（東京地八王子支判平成16・12・16判時1892号150頁）が，控訴審判決は「邸宅」侵入罪の成立を認めた（東京高判平成17・12・9判時1949号169頁）。最高裁もこれを是認したが，その際，まず侵入とは管理権者の意思に反して立ち入ることである点が再確認され，被告人らが立ち入った場所は防衛庁の職員・家族が私的生活を営む場所である集合住宅の共用部分（邸宅）およびその敷地（囲繞地）であり，自衛隊・防衛庁当局がそのような場所として管理していたもので人が自由に出入りすることのできる場所ではなく，たとえ表現の自由の行使のためであっても，そこに管理権者の意思に反して立ち入ることは「管理権者の管理権を侵害するのみならず，そこで私的生活を営む者の私生活の平穏を侵害するもの」とされている（最判平成20・4・11刑集62巻5号1217頁。以下，「平成20年判決」とする）。

次いで，被告人が民間の分譲マンションの各住戸に政党の活動報告等を記載したビラ等を投函する目的でマンションの玄関ホールに入ったのち，奥にあるドアを開けてエレベーターに乗り，7階に上って各住戸のドアポストにビラ等を投函しながら廊下と外階段を経由して3階まで降りてきたという行為につき，1 審判決はこれらのマンション共有部分は「住居」に該当するとした上で，本件立ち入りが管理権者である管理組合の意思に反するものであることは認めながら，これを禁じる意思が来訪者に伝わるような実効的な措置が執られていたとはいえず，「正当な理由」のない立ち入りとは認められないとして無罪とした（東京地判平成 18・8・28 刑集 63 巻 9 号 1846 頁参照）。しかし控訴審判決では，玄関ホール奥のドアから先は部外者の立ち入りが予定されておらず，ホール内の目立つ位置にこれを禁止する旨の貼り紙が貼付されており，来訪者にこれを伝える実効的な措置が執られていたとされ，玄関ホールへの立ち入り部分を含めて「住居」侵入罪が成立するとされた（東京高判平成 19・12・11 判タ 1271 号 331 頁）。最高裁は被告人側の上告を棄却したが，そこでは，被告人が立ち入った場所は住人らが私的生活を営む場所である住宅の共用部分であり，その所有者によって構成される管理組合がそのような場所として管理していたもので，一般に人が自由に出入りできる場所ではなく，たとえ表現の自由の行使のためであっても，そこに管理組合の意思に反して立ち入ることは，「管理組合の管理権を侵害するのみならず，そこで私的生活を営む者の私生活の平穏を侵害するもの」だとして，「刑法 130 条前段の罪」が成立するとされている（最判平成 21・11・30 刑集 63 巻 9 号 1765 頁〔百選Ⅱ 17 事件〕。以下，「平成 21 年判決」とする）。

▶▶平成 20 年判決・平成 21 年判決の提起した問題点

このような事案ではまず，共用部分がどの客体に該当するかにより許諾権者が変わってくるという点に注意が必要である。この点，平成 20 年判決は共用部分を「邸宅」とし，敷地をその囲繞地と解しており，許諾権者は（居住者ではなく）施設管理権を有する自衛隊各部署の責任者および防衛庁の各部署だとされ，邸宅侵入罪が成立するとされている。他方，平成 21 年判決の事案では，1 審および控訴審においては，共用部分は分譲された各住戸に付随しており，区分所有者である居住者の生活上の平穏に配慮することが強く求められる空間であって，住戸と一体のものとして「住居」に該当すると解されていたのに対し，最高裁は「刑法 130 条前段の罪」とのみ述べていて住居なのか邸宅なのかを明示していない（それがどのような考慮に基づくものなのかについては判例の意義についての理解に関わるので，ゼミなどで深く学んでほしい）。ここでは，管理組合といっても居住者らとまったく別個独立の存在というわけではなく，各住戸を自ら購入した区分所有者らがその代表として選出した者によって構成されていること，賃貸物件に比してより長期にわたって居住する者が多いと考えられることなどを踏まえると，平成20年判決の事案に比して居住者側の権利・利益により配慮すべき（≒住居と解すべき）と考えられる点に注意が必要であろう。

それでは，この種の事案において立ち入りを許諾すべきかどうかにつき管理権者と居住者が対立した場合や，居住者同士の間で対立した場合はどのように考えるべきなのだろうか。また，これらの判決では表現の自由の行使であるという点が認められつつ有罪とされているが，商業的な広告等の投函のために立ち入る場合，あるいは布教などの目的に基づいて来訪した場合も対象となると考えられるところ，実際にそのような処罰は広く行われているのだろうか。

さらに，いずれの判決も「管理権」の侵害だけではなくそこで私的生活を営む者の「私生活上の平穏」が侵害されていることを確認した上で本罪の成立を認めているが，これは建物内部における実質的なプライバシー侵害の側面が大きいという点を重視したものと解される。では，この点を理論的にどのように位置付ければよいのだろうか（例えば，構成要件該当性の判断なのか，それとも実質的な違法阻却の判断なのか）。平成21年判決は明言していないが，仮に玄関ホール内の短時間の立ち入りにとどまった場合には本罪は成立するのだろうか。

逆に，「意思に反する」ことのみを根拠に「侵入」であると解するのであれば，いかに不当・違法な意思に基づく立ち入りの拒絶であったとしても常に本罪で保護されるのだろうか。例えば飲食店の店主が外国人差別や女性差別の意思を有していた場合，そのことのみを根拠に，店舗に立ち入った外国人や女性につき常に建造物侵入罪の成立を認めてよいのだろうか。

☑ Check Points

□ 判例は，建造物の性質や立ち入り後の目的などを精査した上で，「侵入」に当たるかどうかを慎重に判断しているとみられる。

□ 平成 20 年判決，平成 21 年判決では，共用部分を住居と解するか邸宅と解するかにより，許諾権者が変わってくる可能性がある。複数の許諾権者間で対立が生じた場合にどのように解すべきかという点も問題となり得る。

□ 「意思に反する立ち入り」というだけで常に成立を認めるべきか，限定するのであればどのような理由によるべきか，といった点につき，議論がある。

【参考文献】

佐伯仁志「住居侵入罪」法学教室 362 号（2010 年）96 頁以下

山下純司ほか『法解釈入門〔第 2 版〕』（有斐閣，2020 年）191 頁以下（島田聡一郎執筆），202 頁以下（宍戸常寿執筆）

Unit 19

名誉毀損罪

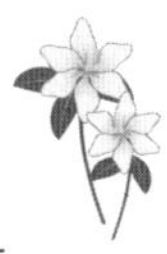

■ Topics ■　盗撮ビデオの販売と名誉毀損

ここでは近年議論の対象とされた裁判例を挙げて学修のきっかけとしたい。東京地判平成14・3・14裁判所ウェブサイトでは，販売目的で露天風呂に入浴中の女性を盗撮し，これを収録したビデオを店舗に陳列した行為につき，名誉毀損罪の成立が認められた。その際，被害者の女性が周囲から好奇の目で見られたり，嫌悪感を抱かれるなどの否定的な評価を生ずるおそれがあること，事情を知らない者が見れば，被害者の女性が撮影・録画され販売されることを承知の上で自ら進んで裸体をさらしているのではないかという印象を与えかねないものであることがその理由とされている。

盗撮録画の事案で「名誉毀損」に該当すると聞くと日常用語からはかけ離れているように感じられることは否めない（もっとも現在では，こうした行為は性的姿態撮影等処罰法２条１項１号，３条によって処罰されることに注意して欲しい)。こうした判断の当否を検討する上では，そもそも「名誉」とは何を指すのか，このような行為が条文所定の態様に該当するのか，という問題について考える必要がある。

1　名誉の意義

名誉とは何か。「虚名を暴く」ような行為も名誉毀損にあたるのだろうか。

▶▶類似する概念との関係

名誉毀損罪（230条)，侮辱罪（231条）において保護されている「名誉」とは，人の人格的な価値に対する「社会的評価」（**外部的名誉**）を指すといわれる（大判昭和8・9・6刑集12巻1590頁)。およそ他人から侵害することができない，人の「真価」（内部的名誉）については刑法上の保護対象として位置付けることができないのである。

この点，信用毀損罪（233条前段）において保護されている**信用**についても，社会的評価という点では類似性を有しているが，同罪において想定されているのは経済的側面における社会的評価であり（典型的には支払能力等に対する社会の側の信頼が挙げられる），間接的に経済活動の保護にも役立つものと解されている点を踏まえるならば，なお名誉とは異なるものといえる（大判大正5・6・1刑録22輯854頁参照）。

次に，名誉を傷つける行為は，他人に知られたくない個人の情報を明らかにしてしまうという意味では，個人の「私生活上の秘密」（消極的な意義におけるプライバシー）を侵害するという側面をも有している。しかし名誉毀損罪が問題とするのは社会的存在としての人の評価である以上，同罪が成立するためには単に秘密を公表したというだけでは足りず，あくまでもその者の社会的評価を低下させるおそれのある行為であることが必要である（本罪は一般に抽象的危険犯であって名誉が現実に「低下する」ことまでは要しないと解されている）。個人の秘密は名誉とプライバシーの双方に関わるものであることが多いであろうが，両者はあくまでも別個の概念であり，したがって，名誉毀損とプライバシー侵害の区別もまた慎重に行われるべきである。

なお，**秘密**それ自体については，個人だけでなく国家や組織・団体にも認められるという点，その価値や保護の必要性にもさまざまな程度差があるという点に注意を要する。このような観点から，秘密についてはそれぞれの性質に応じる形で個別的な保護がなされている（例えば信書開封罪〔133条〕，秘密漏示罪〔134条〕，営業秘密侵害罪〔不正競争防止法21条以下〕，データベース提供・盗用罪〔個人情報保護法179条〕などが挙げられる）。

▶▶虚名の保護

230条1項では，公然と「事実」を摘示して名誉を毀損した場合，「その事実の有無にかかわらず」処罰されることが規定されている。そして，同条2項が死者に関しては「虚偽の事実」を摘示しなければ罰しないと規定していることも併せれば，現に生きている者を対象とした1項の場合，後述する230条の2が適用される場合を除いて，真実を摘示しても処罰されること，言い換えれば「虚名」であっても保護されていることが分かる。

この点につき，多数説は，仮に事実とは異なったとしても社会においてその人が現に受けている事実的な評価（**事実的名誉**）が存在するのであれば，それは保護されるとしているが，その理由は以下のような点に求められている。すなわち第1に，仮に虚偽の指摘をされても簡単に反証して一笑に付すことができる（むしろ虚偽の指摘をした側が自身の信用を失う）といえるが，逆に指摘された内容が真実に近ければ近いほど評価が引き下げられる程度（被害の程度）が大きいと考えられること，第2に，仮に虚偽の指摘の場合のみが処罰されるとすると，公開の法廷において（憲法37条1項参照）対象となった事実の真偽を詮索され，かえってプライバシーが必要以上に侵害されること，である。

▶▶「事実的名誉」か「規範的名誉」か

この点と関連して近年議論の対象とされているのは，これまで触れてきた「社会的評価」の範囲についてである。例えば，芸能人について実は離婚歴を有しているという事実を公表したり，政治家について難病にかかっているという事実を公表した場合，それらは名誉毀損にあたるのだろうか。

この点，これまでに説明してきた多数説からは，とにかくその者が事実として現に享受している「社会的評価」を傷つけるおそれのある行為であれば名誉毀損に該当することになる。しかし，これに反対する有力な見解は，例えば離婚歴があることや病気にかかっていることが社会的評価を引き下げることにはならないのであり，仮に名誉毀損罪の成立を認めると裁判所がそうした人について「名誉が低い」と評価したことになってしまう（あるいはそうした人に対する社会の側の偏見を追認することになってしまう）と批判する。そして，例えば政治家の汚職を公表しそれが真実であった場合にその政治家の「名誉が傷つけられた」とはいわないと考えられることから，そもそも「虚名」が常に保護に値するといえるかは疑わしいとした上で，保護に値する社会的評価の範囲を限定しようとする。すなわち本罪における名誉とは「正当な社会的評価」を受ける権利（**規範的名誉**）に限られるとするのである。この見解によれば，上述した事例については，プライバシーの侵害ではあり得ても名誉毀損罪を構成しないとされることになる。以上の批判に対し，多数説の側からは，出自，経歴，病歴などの属性は確かに人格的な価値とは関わりのないものであり，これらを理由とする偏見は正当化されるものではないが，残念ながらそうした事情によって社会的評価が左右されてしまう事態が現に存在する以上，そのような風潮を利用して他人の評価を低下させる行為を名誉毀損として評価することこそが230条1項に整合する，という反論がなされている。

▶▶Topicsの事例について

この点，Topicsで掲げた裁判例に関しては，そもそも名誉の問題であるのかがまず問われる。事実的名誉全般を対象とする多数説からは，不特定多数に視聴される対象となることを知りつつ「自ら進んで裸体をさらしている」というような「否定的な評価」がなされる可能性を根拠として，これを「名誉」に含めることが考えられる。これに対して，判決でその他に述べられている点，例えば盗撮の被害者となったために「好奇の目で見られ」ること自体が社会的評価に結びつくものといえるのか，「被害者である」ことを前提とした上でなお「嫌悪感を抱かれる」などという事態がそもそもあり得るのかについては疑問も残る。

他方，規範的名誉に限定する見解からは，仮に上述のような行動をとる女性がいたとして，果たしてそれが人格的評価の高低に関わる性質のものであるのか，掘り下げた検討が求められることになると思われる。

▶▶団体は対象となり得るか：「名誉感情」は保護法益となり得るか

これまで述べてきた名誉は個人的法益であって，例えば「東京都民」とか「阪神ファン」といったような不特定の集団を対象とする事実の摘示がなされた場合には，本罪は成立しないと解されている（大判大正15・3・24刑集5巻117頁）。それでは，法人などの団体・組織が対象とされた場合はどうか。

この点，判例は，名誉毀損罪も侮辱罪も上述してきたような社会的評価＝外部的名誉を保護しており，両者は侵害の態様（「事実の摘示」の有無）のみによって区別されると解した上で，自然人だけでなく法人に対する社会的評価も存在することを根拠に，法人に対する侮辱罪の成立を認めており（最決昭和58・11・1刑集37巻9号1341頁〔百選Ⅱ22事件〕），多数説もこれを支持している。他方，名誉毀損罪は外部的名誉を保護しているが侮辱罪では主観的名誉（**名誉感情**）が保護されていると解する見解からは，法人のような組織には名誉感情が観念できない以上，本罪は成立しないと解されることになる（上記最決における反対意見参照）。しかし，①例えば密室で侮辱されても名誉感情は害されるのだから，侮辱罪において後述する「公然性」が要求されている理由が説明できない，②名誉毀損罪が成立しても常に同時に侮辱罪が成立することになる，③真実性が証明されて名誉毀損罪が成立しない場合（230 条の 2）になお侮辱罪が成立する余地を残すべきではない，④個人差が大き過ぎる主観的な「感情」は保護法益としてふさわしくない，⑤対象が幼児や法人の場合に侮辱罪が成立しないのは不当であるといった批判がなされており，支持を得ていない（ただし③については，230 条の 2 が適用されても一定の場合には侮辱罪の成立の余地があるとする見解も近年では有力である）。もっとも，多数説の立場に立ったとしても，名誉が人の「人格的価値」に対する社会的評価である以上，主体となるのは自然人に限定すべきであるとする見解も主張されている。

なお，仮に法人などの団体を対象から除外したとしても，団体の各構成員個人の評価を低下させ得る行為であると認められるなら，それらの個人を対象として名誉毀損罪や侮辱罪が成立する余地があることには注意が必要である。

☑ Check Points

□ 判例・多数説によれば，名誉毀損罪，侮辱罪の保護法益は共に外部的な事実としての人の社会的評価であるとされる。

□ その評価を「正当に受けるべき評価」に限定すべきかについて議論がある。

2　公然性の要件

特定・少数の相手方にのみ告げたような場合にも「公然と」事実を摘示したといえるか。

▶▶伝播性の理論とその当否

名誉毀損罪でも侮辱罪でも「公然と」行うことが要件とされている。その意義については，「不特定または多数の人が認識しうる状態」であることが必要だとされており（大判昭和3・12・13刑集7巻766頁，最判昭和36・10・13刑集15巻9号1586頁），例えば家族2，3人に対して話すとか，利害関係者5人の前で公表するとかいう行為は，特定かつ少数人にしか認識されない以上，構成要件に該当しないという帰結になる。

もっとも判例では，直接の相手方が特定・少数の者であった場合においても，そこから他の者に伝播して，最終的に不特定多数者に認識される可能性があればなお公然性が認められるとしており，これを**伝播（可能）性の理論**と呼ぶ（大判大正8・4・18新聞1556号25頁，最判昭和34・5・7刑集13巻5号641頁〔百選Ⅱ 19事件〕）。これに対して学説上は，公然性は行為の「態様」として規定されており，処罰範囲を限定するための要件であるから，伝播性の理論を採用するとこうした限定の意味が失われてしまうとして反対する見解が多数である。

以上につき具体例を挙げるなら，例えばXが時間を置いて1人ずつ，A，B，Cの計3人に特定の事実を伝えたが，この3人がその後あちこちで話すであろうことをXが十分に認識していたような場合，判例の立場からは3人に伝えた時点で名誉毀損罪が成立するが，多数説の側からは，A，B，Cの各人が公然と実行行為を行った場合にXはその共犯として処罰される余地があるにとどまるということになろう。

▶▶Topicsの事例について

以上に関連して，Topicsで掲げた裁判例では，仮に名誉毀損の問題となると解した場合，ビデオを不特定多数の利用客に対して販売する目的で店頭へ陳列したという事実関係が認められるならばどの立場からも公然性が認められることになる。仮に伝播性で足りるとするならば，ビデオが店舗側の特定少数の従業員に引き渡された時点（未だ店舗に陳列されていない時点）においても既に公然性が充足されたと解される余地があろう。

☑ Check Points

□ 公然性が充たされるためには，不特定または多数の者が認識し得る状態に至ったことが必要である。最終的にそのような状態に至る可能性が存在するというだけで足りるかをめぐっては議論がある。

3 230条の2の趣旨と要件

230条の2はどのような理由に基づいて設けられたのか。どのような性格を有しているか。

▶▶総　説

日本国憲法21条により表現の自由が保障されたことを受けて，一定の前提が充たされた場合には，被告人側にその事実につき**真実性の証明**を行うことを許し，証明がなされた場合には名誉毀損罪によって処罰しないとする230条の2が新設されることとなった。これは表現の自由（特に，知る権利）と名誉が衝突した場合に両者の保護の調和を図ることを意図したものであると解されている。

▶▶事実の公共性と目的の公益性

本条の適用のためには，第1に，摘示された内容が「公共の利害に関する事実に係」ることを要する。純粋に私的な事柄について知る権利が許容されるわけではないから，**事実の公共性**が認められることが最低限必要といえるからである。もっとも，私人の私生活上の行状であっても，「そのたずさわる社会的活動の性質及びこれを通じて社会に及ぼす影響力の程度などのいかんによっては，その社会的活動に対する批判ないし評価の一資料として」なおこの要件を充たすとして，大規模な宗教団体の会長であり政治的にも大きな影響力を有している人物の異性関係に関する事実について公共性を認めた判例がある（最判昭和56・4・16刑集35巻3号84頁〔百選Ⅱ 20事件〕）。第2に，「専ら公益を図る目的」で行われることが必要である。ただ，この点を厳格に解してしまうと表現の自由を著しく制約することになり得るため，一般的には「主たる動機」が公益を図るためであれば**目的の公益性**は充たされると解されている（東京地判昭和58・6・10判時1084号37頁）。以上の二点が充足された場合に限り，真実性の証明を行うことが認められる。

なお特別の規定として，230条の2第2項は公訴が提起されるに至っていない犯罪行為に関する事実については事実の公共性が存在することを擬制しており，同条第3項は公務員または公選による公務員の候補者に関する事実については事実の公共性と目的の公益性の双方が存在することを擬制している。

▶▶挙証責任の転換

このような要件の下，真実性の証明がなされれば行為者は不可罰となる。すなわち被告人の側が一定の事実を証明することで初めて処罰を免れるという関係にある。（処罰を基礎付ける方向であれ否定する方向であれ）犯罪の成否に関する事実の存否については専ら捜査機関側に立証する責任が課されているのが刑事法の大原則であるところ，この規定は以上の原則に対する例外を認め，挙証責任を被告人側に転換した規定であると理解されている（同様に解されている規定として同時傷害罪〔207条〕がある）。

☑ Check Points

□ 230条の2は名誉の保護と表現の自由の保護とを調和させるために新設された規定であり，事実の公共性と目的の公益性が認められる場合に限り，被告人に事実の真実性の証明を許している。

□ 真実性の証明に成功すれば被告人は処罰されない。この意味で，230条の2は挙証責任を被告人に転換しており，刑事法の大原則に対する例外を認めた規定である。

4　真実性の誤信が存在した場合

確実と思われた証拠・資料に基づいて事実を摘示したが，結果的に真実でなかった場合，常に名誉毀損罪で処罰されるのだろうか。そうでないとすればその理論的根拠はどのように説明されるか。

▶▶判例の変遷

それでは真実性の証明に失敗した場合，常に被告人は処罰されるのだろうか。この点，かつての判例は免責の余地を一切認めない立場であると解されていたが（前掲最判昭和34・5・7参照），その後民事事件において，仮に真実性の証明がなされなくても行為者においてその事実を真実と信じたことにつき相当の理由があるときには「故意もしくは過失がなく，結局，不法行為は成立しない」とした最高裁判例が出現し（最判昭和41・6・23民集20巻5号1118頁），刑事事件においても同様の判断を示す裁判例が蓄積しつつあった。

そして，最高裁はこうした傾向に従う形で，「その事実を真実であると誤信し，その誤信したことについて，確実な資料，根拠に照らし相当の理由があるときは，犯罪の故意がなく，名誉毀損の罪は成立しない」（最大判昭和44・6・25刑集23巻7号975頁〔百選Ⅱ 21事件〕）として，前掲最高裁昭和34・5・7判決（刑集13巻5号641頁）を変更し，行為当時において客観的に確実と思われた証拠資料に基づいて真実性を誤信していた場合には「故意」が阻却されるとする理解を示すに至ったのである（この基準がインターネット上の言論についても妥当するとした判例として，最決平成22・3・15刑集64巻2号1頁）。

▶▶学説の対立状況

こうした結論それ自体は，一定の範囲で表現の自由に配慮し，名誉の保護との調和を目指したものであるとして支持されたが，問題はどのような理論的根拠からこの結論を導くかという点にあった。この点をめぐる議論は非常に難解であるが，その理由は，① 230条の2の法的性質（「罰しない」の意義）をめぐる対立と②この場合にどの要件の次元で解決を図るべきかについての対立とが組み合わされているため，議論の内容を把握すること自体が難しいという点にある。最初に上記①と②における学説の対立軸を整理しておく。

(①について)

ⅰ，ⅴ（一部を除く），ⅶ	処罰阻却事由であるとする
ⅱ	構成要件該当性阻却事由であるとする
ⅲ，ⅳ，ⅵ（＋ⅴの一部）	違法性阻却事由であるとする

(②について)

ⅰ	処罰される（犯罪の成否や処罰の有無に影響しない）
ⅱ，ⅲ	故意阻却の余地を認める（事実の錯誤であり，故意を阻却する）
ⅳ	責任阻却の余地を認める（法律の錯誤であり，故意を阻却しない）
ⅴ	35条による違法性阻却の余地を認める（230条の2が適用される場面ではない）
ⅵ	230条の2は過失犯処罰規定である（過失がなければ不可罰）
ⅶ	誤信につき「過失」がない場合，犯罪は成立するが，なお処罰が阻却される

▶▶「故意阻却」のレベルにおける議論

ⅰ説は，真実性の証明に失敗した場合には常に犯罪が成立するのであり，真実性の誤信は犯罪の成否に影響しないとする。この見解は，230条の2を犯罪の成否とは無関係な処罰阻却事由と解しており，最も名誉の保護に厚い見解といえる。しかしながら，表現の自由の保護に欠けるとして批判され，判例もこうした立場を棄て去るに至った。

そこで，判例と同様に故意を阻却するという方向性が目指されたが，まずⅱ説は，230条の2は挙証責任の転換を定めた訴訟法上の規定であるところ，これを実体法上の議論に「引き直す」と，そこでいう真実性とは「証明が可能な程度の真実」であるとする。その上で，常識的に見て行為者が「証明が可能な程度の資料・根拠」をもって真実であると誤信していた場合には，構成要件該当性阻却事由の認識があった（＝事実の錯誤があった）として故意が阻却されるという理解を示している。本説は，230条の2を構成要件該当性阻却事由と解しており，最も表現の自由の保護に厚いといえよう。しかし，訴訟法上の規定内容を実体法上の成立要件に引き直したときになぜ「証明が可能な程度の真実」ということになるのか（あくまで「真実」であることの証明が必要ではないのか），資料の「事実判断」ではなく「価値評価」を誤った場合には法律の錯誤に過ぎないとされるが実際上両者の区別は困難ではないか，「名誉の保護と表現の自由の保護の調和」という実質的な考慮はむしろ違法性阻却事由の次元に位置付けることが適切ではないか，といった批判を受けた。

こうした前提から，実質的にはⅱ説のスタンスと共通するものの，本条を違法性阻却事由であると解した上で，真実性の誤信について（誤想防衛などの）違法性阻却事由に関する事実の錯誤と同様に故意を阻却すると解する見解（ⅲ説）が有力化するに至った。なお，同様の前提から，違法性阻却事由の錯誤は法律の錯誤であって故意を阻却しないが，その錯誤が避けられなかったと解される場合には「違法性の意識の可能性」が欠け，責任が阻却され得ると解する（厳格責任説を採用する）見解（ⅳ説）も主張されたが，前提となる厳格責任説自体が少数説にとどまっていることから，ここでも同様の評価を受けている（違法性阻却事由に関する錯誤につき Unit 10 を参照）。

▶▶「違法性阻却」のレベルにおける議論

もっとも，以上のようなⅲ説（および判例）に対しては，もし仮に事実の錯誤であるならば確実な証拠資料に依拠しようがしまいが常に故意を阻却するのが論理的な帰結ではないかという疑問が投げかけられた。他方で，結果的に真実でなかったとしてもそのことのみをもって「違法」な言論であるとするのは表現の自由を過度に制約するおそれがあり，その意味で，表現の自由として保護されるべき範囲と 230 条の 2 によって免責される範囲との間にギャップがあることが意識された結果，以下のような見解（ⅴ説）が有力に主張されることとなった。すなわち，行為当時の確実な信頼すべき資料を基礎として合理的に真実だと判断したような場合には，刑法 35 条により「業務上正当行為」あるいは「法令行為」（憲法 21 条が根拠だとされる）として既に違法性が阻却されるのであり，他方で 230 条の 2 それ自体については処罰阻却事由であって真実性の誤信の場合には適用されないと解するのである（なお，230 条の 2 それ自体についても別個の理由から違法性阻却事由だと解する見解や，違法性阻却事由と処罰阻却事由の双方を含んでいると説明する見解もある）。

本説については，問題の解決をこのために新設されたと解される 230 条の 2

にではなく，一般条項と考えられる35条に委ねるという理解には，立法趣旨との関係で不自然さが残るという指摘がなされている。

▶▶「過失の否定」のレベルにおける議論

さらに，以上のようなv説は，事後的に名誉を傷つける行為であったとしても，行為態様が社会生活上のルールに則していると評価できればなお適法として扱うべきという前提に立脚しているが，違法性の本質に関する理解からこれを支持できない立場（結果無価値論）からは，事後的に「虚偽」であると判明した言論によって名誉を侵害した以上，その行為はなお違法であると解される。このような理解を前提とした免責の理論構成として，以下の見解がある。

まずvi説は，虚名は本罪による保護に値しないとする前提から，230条の2は，被告人の指摘が真実であることの証明ができた場合に違法性阻却を認めた規定だと解する。その上で，証明に失敗した場合は違法となるが，軽率な言論については「情報収集義務」に違反して過失により虚偽性を認識できなかった場合であると位置付け，本条をこの意味での過失が存在した場合に限り処罰を認めるための「特別の規定」（38条1項ただし書）であるとする。これは従来過失犯処罰は不可能だと考えられていた前提を覆そうとする試みであるが，まさにその点に批判が集中しており，230条のような程度の法定刑が定められている条文において故意犯と過失犯を同時に規定していると解すること，230条の2が「過失があれば処罰する」ことを認めている規定だと解することのいずれについても無理があると評されている。

他方，vii説は，230条の2を違法性阻却事由だと解すると挙証責任が被告人に転換されていることが正当化できないとして，同条は摘示した事実が真実であれば法益侵害性が低下することに鑑みて処罰範囲から除外することを認めた処罰阻却事由であると解する。その上で，真実性の証明に失敗した場合にも，責任主義の見地から処罰のためにはなお過失の存在が必要であるとし，過失がなければ処罰が阻却されるとする。本説に対しては，判例のようなケースについて「犯罪の成立」を認めるのは不当である，真実性の証明を（犯罪の成否それ自体とは無関係の）処罰阻却事由と解しておきながら，なお誤信したことについて「過失」を要求するのは一貫していないといった指摘がなされている。

▶▶名誉に対する法的保護のあり方

近年では，議論の出発点となった判例を批判的に再検討し，むしろ確実な証拠資料に依拠しなくとも真実性の誤信があった場合は常に故意を阻却すべきだとする見解も主張されている。こうした見解は理論的には一貫しているし，証明の失敗のみで常に「違法」，「犯罪」だとするのが不当であることは上述の通りである。しかし他方でこうした見解に対しては，それで名誉の保護として十分なのかという疑問が提起され得る。SNS の隆盛により，多くの者が匿名のまま流言飛語に飛びつき，不確かな情報を広範囲に拡散させることによって，短期間のうちに甚大な被害が生じ，インターネットの特性上その痕跡を完全に消去することができない，といった事態が頻発するに至っていること，従来民事責任の追及すら非常に困難とされてきたことを踏まえるならば，刑事罰よりも効果的な救済手段の提案とセットで主張されるのでない限り，こうした見解は表現の自由の保護に過度に傾斜しているとの批判を免れない。

結局，現代の社会状況を踏まえた法改正がなされない限り，議論の錯綜した状態は容易に解消されないように思われる。なお，2022 年の改正により侮辱罪の法定刑が加重されたが，その主たる立法事実がインターネット上の誹謗中傷問題であることを踏まえるとき，例えばメールや SNS のダイレクトメッセージによる誹謗中傷には対処できない（公然性に欠ける），逆に正当な表現の自由の行使に対して不当な制約を及ぼすおそれがある，といった問題がなお残っており，今後さらに掘り下げた議論が必要である。

☑ Check Points

☐ 判例は，確実な資料・根拠に基づいて真実であると誤信していた場合には，故意が阻却されて名誉毀損罪は成立しないと解している。

☐ 一定の場合に免責を認めようとする学説の理論構成は多岐にわたっているが，未だ解決に至っていない。

【参考文献】

山口厚編著『クローズアップ刑法各論』（成文堂，2007 年）123 頁以下（島田聡一郎執筆），176 頁以下（和田俊憲執筆）

井田良 = 佐藤拓磨『刑法各論〔第 3 版〕』（弘文堂，2017 年）77 頁以下

小池信太郎「侮辱罪の法定刑引上げ」法学教室 507 号（2022 年）49 頁以下

Unit 20

財産犯の保護法益

■ Topics ■　自分の物でも取り返せないの？

大学生のＡくんがある日，道を歩いていたら，一台の自転車がある店の前に停められていた。なぜか妙に気になりその自転車を二度見をしたら，彼は気付いてしまった――それがかつて盗まれた自分の自転車に違いないということに。そのやや珍しい特徴的な形も，お気に入りの色も，以前ガードレールにぶつけてついた傷の位置も，間違いなく自分の自転車と同じだと思った。

ようやく見つけた自分の自転車だ，取り返して問題なかろう，と彼は思うことだろう。しかし，そのまま黙ってその自転車を持ち帰ってしまうことに，刑法上問題はないのだろうか。

刑法において，財産を保護法益とする犯罪のことを，財産犯（財産罪）と総称する。この財産犯の保護法益をどのように理解すべきかについては，実は古くから，「本権説」と「占有説」と呼ばれる見解の対立がある。詳細は，本Unitの解説に委ねるが，端的に言えば，所有権つまり誰のものであるかを重視するのか，それとも現在占有しているその状態を保護するのか，という観点の違いによる対立である。この違いを単純に適用するならば，前者の立場からはＡくんの取り返し行為は財産犯を構成しないことに，後者の立場からは現在の占有者の占有を害するためにＡくんの取り返し行為は財産犯を構成することになる。もちろん，これらは構成要件段階での話であり，自救行為として違法性阻却の余地があるのだから，構成要件該当性を認めても必ず処罰に結び付くというわけではないが，そもそも犯罪の形にあてはまることになるかどうかだって，重要なはずである。

そこで，本Unitでは，刑法上の財産犯にはどのようなものがあるかをまず確認したうえで，財産犯の保護法益の理解について考えてみよう。

1　財産犯総説

財産犯（財産罪）には，どのようなものがあるか。

▶▶財産犯（財産罪）とは

個人的法益に対する罪のうち，財産に対する罪の一連の規定を総称して，一般に**財産犯**あるいは**財産罪**と呼ぶ。財産犯の諸規定は，財産という保護法益を侵害する罪という点では共通していても，侵害手段によって規定が細分化されている。また，規定されている手段によらずに財産を侵害する行為は，財産犯を構成しない。そのため，財産犯の規定のあり方を見ることで，刑法がどのような観点から財産を保護しているのかをみてとることができよう。

▶▶財産犯（財産罪）の分類と規定相互の関係

まず，財産犯は，**行為客体**により，財物を対象とする**財物罪**と，財物以外の財産上の利益を対象とする**利益罪**とに区別される。財物とは一般に有体物をいうと考えられる（民法85条参照）が，財物の意義について管理可能性説と有体物説の対立がある（後述▶▶**財物の概念**を参照）。

次に，財産犯は，**行為態様**により，財物の利用可能性を獲得する**領得罪**と，財物を利用不能にする**毀棄罪**とに区別される。本人加害目的の背任罪と，毀棄罪に分類される毀棄・隠匿罪とを除いて，その他の財産犯はすべて領得罪に分類される。領得罪のうち，盗品関与罪は，他人が犯した財産犯に事後的に関与する犯罪類型であるが，他人の領得行為を継承し助長することから領得罪に分類される。この違いをふまえて，盗品関与罪を**間接領得罪**，それ以外の領得罪を**直接領得罪**と呼ぶ。背任罪には，領得罪的態様と毀棄罪的態様の両方が含まれる（Unit 24を参照）。直接領得罪は，占有の移転を伴うか否かの観点から，**占有移転罪**（**奪取罪**）と**非移転罪**に分けられる。横領罪は，自己の占有する他人の物が客体となることから，占有移転を伴わない非移転罪である。占有移転罪はさらに，占有の移転が占有者の意思に反する**盗取罪**と，（瑕疵ある）意思に基づく**交付罪**とに区別される。窃盗罪，不動産侵奪罪，強盗罪は盗取罪であり，詐欺罪，恐喝罪は交付罪である。（→図①参照）

これらの分類とは別に，保護の対象となる財産の捉え方の観点による財産犯の分け方もある。保護の対象となる財産を個別的な財産に限定し，当該財産の侵害により直ちに犯罪が成立する**個別財産に対する罪**と，法益主体が有する財産を全体として見て減少があった場合にのみ犯罪が成立する**全体財産に対する罪**の２つに区別する考え方である。背任罪は，現行刑法の規定上，財産上の損害の発生を成立要件としていることから，全体財産に対する罪である。そして，その他の財産犯は，基本的に個別財産に対する罪と考えられている。

■ 図①　財産犯の分類 ■

<table>
<tr><td rowspan="8">個別財産に対する罪</td><td rowspan="7">領得罪</td><td rowspan="5">直接領得罪</td><td rowspan="4">占有移転罪</td><td rowspan="3">盗取罪</td><td>窃盗罪</td></tr>
<tr><td>不動産侵奪罪</td></tr>
<tr><td>強盗罪</td></tr>
<tr><td rowspan="2">交付罪</td><td>詐欺罪</td></tr>
<tr><td>恐喝罪</td></tr>
<tr><td colspan="2">非移転罪</td><td>横領罪</td></tr>
<tr><td colspan="3">間接領得罪</td><td>盗品関与罪</td></tr>
<tr><td colspan="4">毀棄罪</td><td>毀棄罪</td></tr>
<tr><td>全体財産に対する罪</td><td colspan="4">領得罪・
毀棄罪</td><td>背任罪</td></tr>
</table>

▶▶財物の概念

窃盗罪は，他人の財物を窃取した場合に成立する犯罪である。

まず，客体である「財物」の意義について，**管理可能性説**と**有体物説**の対立がある。刑法典には財物についての定義はないが，財産法秩序を定める民法に「『物』とは，有体物をいう」との文言があることから（民法 85 条），刑法においても同様に理解できよう。ただし，電気は有体物でないため，電気の不正使用について財物に当たらず窃盗罪が不成立となってしまうことを危惧して，財物の要件は管理可能性であり有体物ではない電気などのエネルギーも財物であるとする，管理可能性説が主張されるようになった（電気窃盗の可罰性を肯定したものとして，大判明治 36・5・21 刑録 9 輯 874 頁）。もっともその後，「電気は，財物とみなす」との規定が刑法245条におかれたことにより，電気窃盗の処罰は可能となった。もっとも，これはあくまでも電気についてのみ例外的な取り扱いが認められたにとどまり，今日の多数説である有体物説からは，それ以外の無形の利益・エネルギー等についてはやはり財物には該当せず，窃盗罪の処罰対象とならない点に注意を要する。

▶▶他人性の意義

なお，235条の「他人の」財物は，その文言のみからは「他人が所有する」財物を意味するように思えるが，注意すべきは，242条のみなし規定である。そこでは，「自己の財物であっても，他人が占有し，または公務所の命令により他人が看守するものであるときは，この章（第36章　窃盗及び強盗の罪）の罪については，他人の財物とみなす」と定められており，自己の所有物でも他人が占有していれば「他人の財物」とみなされる。つまり，自己の占有する自己の財物以外のもの，言い換えれば他人が占有する自己および他人の財物が「他人の財物」に当たることになり，ここから「他人の財物」の文言は「他人の占有する財物」と理解されることになる（もっとも，横領罪〔252条〕の客体である「自己の占有する他人の物」や器物損壊罪〔261条〕の客体である「他人の物」については，242条のみなし規定の準用がないことから，「他人が所有する財物」を指す）。この242条の「他人が占有」の意義についての理解が，*2*で後述する，財産犯の保護法益は「本権」なのか「占有」なのかという対立につながる。

▶▶占有移転罪における占有とは何か

ここでいう占有は，民法上の占有概念とは異なり，事実上の占有を指すと解される（公園のベンチに置き忘れたポシェットにつき，被害者の現実的支配を直ちにかつ容易に回復できる状態にあったことを理由に，被害者の占有が肯定された事案として，最決平成16・8・25刑集58巻6号515頁〔百選Ⅱ 28事件〕）。ただし，現実に握持していることまでは要求されておらず，例えば占有者がその場を離れてから行為者が領得するまでの時間・距離，周囲の客観的状況などを踏まえて，社会的な文脈に照らし，なお占有者の「支配」が認められるかどうかを検討する必要があると考えられている。

これに対して，横領罪の「占有」は行為者側の要件であり，他人の所有権を攻撃するための前提条件が備わっていること（濫用のおそれのある支配力）が存在していれば足りるので，事実上の占有のみならず法律上の占有も含まれると解されている（Unit 24 の *1* を参照）。

☑ Check Points
- □ 財産犯（財産罪）とは，財産を保護法益とする犯罪類型の総称である。
- □ 財産犯の分類の観点には，①財物罪か利益罪か，②領得罪か毀棄罪か，③個別財産に対する罪か全体財産に対する罪か，の３つがある。
- □ 窃盗罪（235 条）における「他人の財物」には，242 条によれば，他人の占有する他人の財物の他，他人の占有する自己の財物も含まれる。

2 財産犯（窃盗罪）の保護法益

財産犯（窃盗罪）の保護法益についての理解には，どのような対立があるか。

▶▶財産犯（窃盗罪）の保護法益をめぐる対立

財産犯（窃盗罪）の保護法益については，かねてより，「**本権説**」と「**占有説**」の対立がある。本権説とは，民事法上の所有権その他の本権が財産犯の保護法益であるとする考え方であり，占有説とは，事実上の占有それ自体が財産犯の保護法益であるとする考え方である。この対立はもともと，前述した 242 条の解釈問題に起因するものである。そして 242 条は窃盗罪のほか不動産侵奪罪や強盗罪にも適用され，また 251 条により詐欺罪と恐喝罪にも準用されることから，窃盗罪の保護法益の問題のみにとどまらず，財産犯の保護法益の問題として捉えられるべき内容である。

本権説によれば，235 条の窃盗罪は「他人の財物」を客体とすることから，その保護法益は所有権であり，242 条による「自己の財物であっても他人が占有する」場合についての構成要件の拡張は，その占有が質権・賃借権・留置権などの私法上の本権に基づく場合に限られるとする。これは，私法上の正当な権利関係，つまり財産の静的安全を重視する考え方である。他方，占有説によれば，235条の「他人の財物」は「他人の占有する財物」と読めることから，財物の占有それ自体が保護法益であり，構成要件段階ではその占有の法的正当性を考慮しない。

このような見解の相違は，**自己物の取り戻し**の場面において，窃盗罪の成否判断を異なるものとさせる。本権説からは，自己物の取り戻しの場合はおよそ他人の所有権を害していないことから構成要件に該当せず，窃盗罪は成立しない。この場合，窃盗犯人からの取り戻しであれば合理的な結論であるが，盗品であることを知らずに占有している第三者から取り戻した場合には，第三者の財産の保護に欠ける側面もある。他方で，占有説からは，すべての占有が原則として保護の対象となるため，窃盗犯人からの自己物の取り戻しであったとしても構成要件上は窃盗罪に該当し，自救行為として違法性が阻却される余地が残るにとどまる。自力救済を原則的に禁止し，自救行為が認められる範囲を狭く設定すること自体は妥当であろうが，本来的には権利があるはずの自己物の取り戻しが原則的に犯罪を構成することには批判もあり得よう。

▶▶判例における変遷

窃盗罪の保護法益をめぐる判例の立場は，戦前・戦後で大きく変遷している。

戦前の大審院判例は，本権説の立場を採っていたと理解されている（例えば，大判大正7・9・25刑録24輯1219頁，大判大正12・6・9刑集2巻508頁など)。

これに対して，戦後の最高裁判例は，本権説から占有説へ移行したものと理解されている。担保に差し入れた国鉄公傷年金証書を債務者が詐取した事案（最判昭和34・8・28刑集13巻10号2906頁）においては，戦前の本権説的な論理が明確に変更され，242条の理解についての占有説の論理構成により詐欺罪の成立が認められた。さらに窃盗罪に関しては，自動車金融を行っていた債権者が債務者と買戻約款付き自動車売買契約を締結し，ひそかに作成していたスペアキーで債務者の買戻権喪失直後に無断で自動車を引き揚げた事案において，占有説の論理構成による窃盗罪の成立を認めている（最決平成元・7・7刑集43

巻7号607頁〔百選26事件〕)。原審(大阪高判昭和59・7・3刑集43巻7号631頁)は，窃盗罪の成立を認めるにあたり，契約自体が出資法違反で無効の可能性があり，有効だとしても権利濫用で買戻権喪失事由が発生しているか疑問であることから，「担保提供者の占有はいまだ法律上の保護に値する利益を有していた」と判断したが，これに対し最高裁は，「被告人が自動車を引き揚げた時点においては，自動車は借主の事実上の支配下にあったことが明らかであるから，かりに被告人にその所有権があったとしても，被告人の引揚行為は，刑法242条にいう他人の占有に属する物を窃取したものとして窃盗罪を構成する」「その行為は，社会通念上借主に受忍を求める限度を超えた違法なもの」と判断した。これは，債務不履行になったからといってすぐ持って行っていいわけではなく，自動車の所有権が被告人(債権者)にあったにせよ，自動車が借主(債務者)の事実上の支配内にあったことが明らかで242条の要件に当てはまることを重視した判断である。原審の判断は，民事法上適法な権限に基づく占有であることまでは要求しないが，確定的ではなくても要保護性がある場合には占有が保護されるとするものであり，私法上の要保護性を要求している点において現在の多数説に親和的だが，最高裁の判断は，事実上の占有をしていることを理由とするものであり，占有説そのものであった。

▶▶保護法益理解の対立をめぐる学説上の展開

上記のような判例の変遷に対応して，学説にも変化が現れた。すなわち，自己物の取り戻しを合理的に説明するために，要保護性のある占有を保護すべく，本権説と占有説の中間に位置する**中間説**が主張されるようになったのである。中でも有力となったのは，占有開始時に平穏な占有を保護法益とする平穏占有説であり，この立場に立つならば窃盗犯人からの自己物の取戻しの場合は窃盗罪の構成要件から排除されるがその他の場合は占有説と同様の結論を採ることになる。他方で，本権説を出発点とする修正本権説からは，本権の裏付けがあるとの一応の外観を呈する占有が保護されるとされることで，民事法上の権利関係が確定しないと刑法上の財産犯の成否が確定できない弊害を回避することが試みられた。

また，禁制品の奪取の場合についても，保護法益についての理解により扱いが異なってくる。占有説からは占有が害されるため問題なく処罰可能となるが，本権説からは要保護性がないため説明は困難である。多数説はこの場合につき一定の要保護性が認められるとして処罰可能と考えている。

☑ Check Points

□ 財産犯の保護法益の理解については，本権説と占有説の対立がある。

□ 判例の立場は，戦前の本権説から戦後の占有説へと変遷してきたと理解されており，これに対応して，学説上も中間説が主張されるようになっている。

3 権利行使と財産犯の成否

行為者に正当な権利がある場合でも，権利行使につき恐喝罪などの財産犯が成立する余地はあるだろうか。

▶▶権利行使と恐喝罪

行為者が自己の正当な権利を実現するために恐喝の手段（暴行・脅迫）を使用した場合，恐喝罪は成立するだろうか。もちろん，そのような手段は用いられないに越したことはないが，通常の請求のしかたでは応じない債務者に対して債権者が強く出る，という状況も考えられなくはない。

この点が問題となるのは，大きく分けて，①他人が不法に占有している自己の所有物を取り返す場合と，②正当な債権を有する者が，恐喝手段によって弁済を受ける場合である。①は，財産犯の保護法益の理解，すなわち 251 条によって準用される，他人の占有する自己の財物に関する規定（242 条）の解釈問題に帰着するので，以下では，②の場合について検討する。

恐喝罪（249 条）は，人を恐喝して，財物を交付させる，または財産上不法の利益を得る・他人に得させる行為を犯罪として規定している。つまり，恐喝罪が成立するには，財産を交付させる手段としての「恐喝」と，恐喝によって畏怖した相手方の交付行為による財産の移転およびそれらの間の因果的なつながりが必要である。恐喝罪は，詐欺罪と同様に占有者の意思に基づく占有移転を要件とする交付罪と理解されており，意思が抑圧されているならば意思に基づくとはいえないため，恐喝は相手方の反抗を抑圧するに至らない程度であることが要求される。

恐喝手段を用いて債務の弁済を受ける場合，正当な債権を有する者の行為であっても財産犯を構成すると理解すれば恐喝罪が成立し，財産侵害はないと理解するならばその手段行為について脅迫罪が成立するにとどまることになる。戦前の判例は，正当な権利の範囲内であれば，恐喝手段を用いて財産の交付を受けても，権利実行の意思がないのにそれに託(かこつ)けて恐喝を行った場合を除いて，不当な利得はないため恐喝罪は成立しないとし（大判大正 2・12・23 刑録 19 輯 1502 頁），手段が正当な範囲を超えた場合には脅迫罪が成立する（大判昭和 5・5・26 刑集 9 巻 342 頁）としていた。

しかし，戦後の判例は，奪取罪の保護法益の理解が占有説へと移行するにともない，このような場合についても恐喝罪の成立を認める立場へと移行した（最判昭和 30・10・14 刑集 9 巻 11 号 2173 頁〔百選Ⅱ 61 事件〕）。そして，権利行使の範囲内であれば不可罰であるが，その範囲を超えれば恐喝罪が成立すると判断されるようになり，手段のみを捉えて脅迫罪の成立を認めることはなくなった。

学説でも，恐喝罪の成立を認める見解が支配的となっており，恐喝による財産の移転があれば恐喝罪が成立し，権利の範囲内であって用いた手段が必要かつ相当である場合にのみ違法性が阻却される，との考え方がとられている。他方で，被害者の側に期限の利益など保護に値する利益のある場合を除けば，権利の行使が債権の範囲内にとどまる限り債務者に財産上の損害はないとして，恐喝罪の成立を否定し，手段の違法性のみを評価して暴行罪・脅迫罪の成立を認める見解も存在する。

また，同様の問題が，欺罔手段を用いて弁済を受ける「権利行使と詐欺罪」の場合にも存在する。

☑ Check Points

□ 行為者に正当な権利がある場合の権利行使であっても，恐喝に当たる手段が用いられた場合には，恐喝罪が成立する余地がある。

□ かつては，手段のみの違法性を捉えて財産犯の成立を否定する判例もあったが，その後の判例は，権利の範囲内であっても用いた手段が不相当であれば財産犯の成立を認めている。

4　不法原因給付と財産犯の成否

被害者が交付・委託した財産が不法原因給付（民法 708 条）にあたる場合でも，財産犯は成立しうるだろうか。

▶▶不法原因給付と詐欺罪

民法では，不法な原因のために給付をした者は給付物の返還を請求することができず（民法 708 条本文），不法な原因が受益者にのみあったときはその例外となる（同条ただし書）旨が定められている。では，欺かれた内容が不法な目的である場合，たとえば，麻薬を売ると欺かれて代金を交付した場合，民法上は代金の返還請求ができないが，刑法上の詐欺罪は成立するだろうか。

判例は，このような場合，一貫して詐欺罪の成立を認めている。通貨偽造の資金やヤミ米の購入代金と欺いて金銭を詐取した事例や，闇取引の代金に見せかけ古雑誌入りの鞄を渡して綿糸を詐取した事例（最判昭和 25・7・4 刑集 4 巻 7 号 1168 頁〔百選Ⅱ 46 事件〕），売春すると偽って前借金を詐取した事例などがそうである。通説も詐欺罪の成立を肯定しており，その理由は，欺かれなかったならば財物を交付しなかったことや，欺罔によって被害者の適法な財産状態が侵害されたことを理由とする。この場合を処罰しなければ，不法な目的を持ちかけて欺罔する働きかけが横行しかねないと思われるので，合理的な判断であろう。もっとも，実質的な財産的損害を独立の成立要件とする立場からは，民法上の返還請求権がないと損害は認められないことになる（詳しくは Unit 23

を参照)。この立場からは，不法な行為をもっぱら欺罔行為者が持ちかけた場合につき民法 708 条ただし書が適用され，返還請求権が認められることを理由として損害が認められる。

▶▶不法原因給付・委託と横領罪

民法 708 条により，不法原因のため給付した者は，給付物の返還を請求することができないが，不法原因給付物について委託物横領罪は成立しうるだろうか。給付者が返還請求できないことの反射的効果として受給者に所有権が帰属することから（最大判昭和 45・10・21 民集 24 巻 11 号 1560 頁），給付物は「他人の物」ではないため，受給者が処分しても委託物横領罪は成立しない。

では，不法な原因に基づく委託物の場合はどうだろうか。判例は，贈賄の依頼を受けて委託された金銭を費消した事案で，横領罪の目的物は民法上その返還を請求できることを要件としないとして横領罪の成立を認めている（最判昭和 23・6・5 刑集 2 巻 7 号 641 頁〔百選Ⅱ 63 事件〕)。しかし，現在の学説の多数説によれば，この場合にも横領罪は成立しない。学説の中には不法原因給付を限定的に解し，終局的な利益移転ではない金銭寄託は給付にあたらないとして，返還請求権があるとする見解もあり，この立場に立つならば，不法原因寄託については受寄者が処分した場合に委託物横領罪が成立する。もっとも，このように「給付」と「寄託」を分けて考えることの是非については，学説上争いがあり，給付と寄託は分けられないとする考え方もある。

☑ Check Points

□ 欺罔の内容が不法な目的である不法原因給付の場合であっても，詐欺罪は成立する。

□ 不法原因給付物・委託物について，刑事判例は横領罪の成立を認めているが，多数説はその結論に反対している。

【参考文献】

橋爪隆『刑法各論の悩みどころ』（2022 年，有斐閣）110 頁以下

Unit 21

不法領得の意思

■ Topics ■　これ今盗ってきたので自首します！

他人の物を盗んだら泥棒だ，絶対に盗んじゃいけない，と我々は幼少時から大人に言い聞かされて育つ。確かに，他人の財産を侵害した場合に，財産犯が成立する余地は大きい。しかし，日常用語でいう「盗み」「泥棒」と，刑法上の「窃盗罪」との間には，刑法の解釈論上の視点からは少しズレがある。そのポイントは，本 Unit で扱う「不法領得の意思」という概念にある。

例えば，毎日の生活に困窮した人が，刑務所に入れば食事に困らないだろうからぜひ捕まりたいと思い，道で他人の財布をすり取り，その中身に手をつけることなく財布片手にその足で交番に向かって犯行を申し出たとしよう。通常，すり行為は，典型的な窃盗罪の実行行為の一つである。たいていの場合，すり行為に及んだ犯人は，奪った財布に入った現金を自分のものとすることを意図しているだろう。しかし，もし，刑務所に入ることだけが，つまり逮捕されて刑事訴追され自由刑の執行を受けることだけが唯一の目的であり，奪った現金を用いるつもりがまったくなかったというような場合は，当該「盗み」から直接に財産的なメリットを得ることを意図していない。このような場合でも，窃盗罪は成立するのだろうか。あるいは，専ら被害者に対する嫌がらせの意図で被害者の所有物を持ち去ったとしたら，どうだろうか。

財産犯総説（→ Unit 20 の *1*）の冒頭で述べたように，財産という保護法益が侵害された場合に成立する犯罪類型はいろいろあるが，その分類の中に「領得罪」と「毀棄・隠匿罪」という区分があったのをご記憶だろうか。財産罪は，行為態様によって，財物の利用可能性を獲得する領得罪と，財物を利用不能にする毀棄罪とに区別される。行為者に毀棄・隠匿の意思しかない場合は領得罪ではなく毀棄罪に当たるため，窃盗罪をはじめとする領得罪は成立しえない。

このような基準はなぜ存在するのだろうか。その疑問を解決するために，まずは不法領得の意思の概念の内容について確認することから始めよう。

1　不法領得の意思とは

不法領得の意思は，なぜ故意とは別に必要とされるのか。
また，不法領得の意思の内容はどのようなものか。

▶▶書かれざる主観的構成要件要素？

窃盗罪は，故意犯であるので，その成立のために窃盗罪の故意が，つまり他人の財物を奪うことの認識・認容が必要であることは，言うまでもない。犯罪の成立に故意が必要であるのは，すべての故意犯において共通の成立要件である。

しかし，窃盗罪を成立させるための**主観的構成要件要素**は，故意だけではない。判例・通説によれば，窃盗罪の故意に加えてさらに，「不法領得の意思」が要求されている。これは，窃盗罪の条文である235条の文言にはない要件であるが，書かれざる主観的構成要件要素として理解されている。その内容は，大きく分けて「権利者排除意思」と「利用・処分意思」の二つの要素に分けられると考えられている。

そこで，本Unitでは，まず不法領得の意思の内容についての判例における理解を確認した後に，なぜ領得罪においては不法領得の意思が要求されるのか考えるとともに，権利者排除意思の存否が問題とされた事例，利用処分意思の存否が問題とされた事例，ならびに毀棄目的の場合に不法領得の意思の有無が問題とされた事例とそれらにおける判断を見ていくことにする（なお，横領罪における不法領得の意思については，やや異なった定義がなされている。詳しくは，Unit 24を参照）。

▶▶判例における不法領得の意思

不法領得の意思とは，判例の理解によれば，権利者を排除し，他人の物を自己の所有物として，その経済的用法に従い利用処分する意思のことをいうとされる（大判大正4・5・21刑録21輯663頁など）。この内容は，前半部分の「**権利者排除意思**」と後半部分の「**利用・処分意思**」とに分けられ，権利者排除意思は窃盗罪と不可罰の無断一時使用を区別する機能（可罰性限定機能）を，利用・

処分意思は窃盗罪と利用妨害を目的とする毀棄・隠匿罪を区別する機能（犯罪個別化機能）をそれぞれ有すると理解されている。

▶▶不法領得の意思の要否とその体系的位置づけ

学説では，この不法領得の意思を窃盗罪成立の要件とするか否かにつき，見解の対立があり，権利者排除意思と利用・処分意思の両方を要求する見解が多数説であるが，両者のいずれかのみで足りる，あるいは不法領得の意思はおよそ不要であるとする見解もある。これらの不要説からは，不法領得の意思によらずとも客観面での区別が可能と主張される。

しかし，判例・通説の立場によれば，行為者が財物の占有を取得した時点で既遂に達すると考えられているため，占有移転段階で終局的に窃盗罪の成否を判断する必要があるが，不法領得の意思の対象とされている事実は，いずれも占有移転の後に客観化される事情についてである。無断一時使用にすぎないのか恒久的な占有侵害になるのかも，占有移転後に利用・処分するか否かも，占有移転段階の客観面だけで判断することはできない。したがって，占有移転段階における行為者の意思という主観面によって判断せざるを得ないのである。

不法領得の意思の要否は，かつて，財産罪の保護法益論（→ Unit 20 を参照）と理論的に関連し，本権説をとれば必要説に，占有説をとれば不要説になると理解されていた。しかし，判例は占有説的な立場に移行しつつもなお不法領得の意思を必要としており，他方で本権説をとりながら不法領得の意思を不要とする学説も存在することから，現在はこれらの間に関連性はないと考えられている。

不法領得の意思の体系的位置づけに関しては，権利者排除意思が概ね主観的違法要素と解されているのに対して，利用処分意思については主観的違法要素と解する見解と責任要素と解する見解とが対立している。前者の立場は，不法領得の意思が窃盗の実行行為である奪取・占有移転をこえて領得罪を特徴づける事情であることを理由とし，後者の立場は，利用処分意思が利欲的動機を表すことを理由としている。

☑ Check Points

□ 不法領得の意思とは，判例によれば，「権利者を排除し，他人の物を自己の所有物として，その経済的用法に従い利用処分する意思」のことをいい，その内容は「権利者排除意思」と「利用・処分意思」の２つに分類できる。

2 権利者排除意思

権利者排除意思が必要とされるのはなぜか。
また，権利者排除意思の有無で何を区別することができるのか。

▶▶権利者排除意思の内容

判例による不法領得の意思の定義のうち「**権利者排除意思**」に当たる内容は，「権利者を排除し，他人の物を自己の所有物と」する意思である。権利者排除意思の有無は，窃盗罪（あるいは他の領得罪）が成立するか，不可罰の一時使用（使用窃盗）にとどまるかを分ける基準となる。例えば，他人の消しゴムをほんの一時無断借用して返却した場合，その行為による損害は軽微であり，使用の利益に過ぎないのであるから，刑事罰をもって対処するほどの可罰的違法性がないといえる。他方で，他人の自転車を無断で拝借し，元の置き場から離れた場所で乗り捨てるつもりがあるならば，自分のものにするつもりではなくても，元の権利者が再度利用することは著しく困難になるため，自分のものにするのと同程度の法益侵害があったといえよう。

▶▶権利者排除意思の有無と返還意思

では，行為者に返還意思があった場合には，権利者排除意思が否定されるのだろうか。かつての判例では，一時使用で不可罰となるか否かの基準として，行為者に返還意思があったかを用いていたようである。大審院は自転車の無断使用に関して，自己の占有下においた時点で一時使用の意思しかない場合は窃盗罪にはならないが，返還せず乗り捨てる意思だった場合は不法領得の意思があるとして窃盗罪の成立を認めた（大判大正 9・2・4 刑録 26 輯 26 頁。船の乗り捨てについて，最判昭和 26・7・13 刑集 5 巻 8 号 1437 頁）。しかし，その後判例の判断は以下で見るように変化し，返還意思のある一時使用でも基本的に窃盗罪の成立を認める方向に変わっている。

▶▶近時の判例の動向

返還意思があったにもかかわらず不法領得の意思が肯定された事例としては，他人の自動車を 18 時間乗り回した場合（東京高判昭和 33・3・4 高刑集 11 巻 2 号 67 頁）や，同じく他人の自動車を夜間使用し翌朝元の場所に戻すことを繰り返した場合（最決昭和 43・9・17 判時 534 号 85 頁），景品交換の目的でパチンコ機からパチンコ玉を磁石でとる行為（最決昭和 31・8・22 刑集 10 巻 8 号 1260 頁）などが挙げられる。なぜ，以前のように返還意思があれば不可罰とする結論にならなかったのかを考えるにあたっては，その客体の性質や権利者に与える損害の内容が手がかりとなるだろう。

客体が自転車である場合と自動車である場合を比較すると，前者に比べ後者の方が財物自体の財産的価値が高い上，後者の方が短時間の一時使用であってもかなり遠くまで移動できるという違いがある。自動車のガソリンが減るとかタイヤが摩耗するといった要素ももちろんあろうが，重視されているのは，権利者の利用を排除する程度の大きさであると考えるべきであろう。また，景品交換目的でパチンコ玉をとる行為は，パチンコ玉それ自体をパチンコ店に返還することになるとはいえ，それを用いて景品を得ようとしていることから，単なる一時使用にとどまらない損害を与えているといえる。つまり，行為者に返還意思があるかどうかだけではなく，無断使用によって権利者にどれだけ大きな損害が生じるかも，権利者排除意思の有無の判断に内在させているといえる。

☑ Check Points

□ 権利者排除意思は不可罰の無断一時使用を窃盗罪から除外する機能（可罰性限定機能）を有する。

□ 近時は，行為者の返還意思の有無のみならず，無断使用により権利者に与える損失の程度も，権利者排除意思の有無を判断する要素に内在している。

3　利用・処分意思

利用・処分意思が必要とされるのはなぜか。
また，利用・処分意思の有無で何を区別することができるのか。

▶▶利用・処分意思の内容

判例による不法領得の意思の定義のうち「利用・処分意思」に当たる内容は，「経済的用法に従い利用処分する意思」である。利用・処分意思が認められる場合は領得罪が成立しうる一方で，認められない場合には，毀棄・隠匿罪が成立するにとどまる。財物が毀棄・隠匿された場合に成立する器物損壊罪（261条）の法定刑は「3年以下の拘禁刑又は30万円以下の罰金若しくは科料」であり，領得罪の法定刑よりずいぶん軽い処罰となっている（例えば，窃盗罪は「10年以下の拘禁刑又は50万円以下の罰金」〔235条〕，詐欺罪・恐喝罪は「10年以下の拘禁刑」〔246条・249条〕）。これは，利用・処分意思が法的非難を一層強くする要素と捉えられているためである。

利用・処分意思の内容はさらに，①利用妨害すなわち毀棄目的でないことの裏返しとしての利用・処分の目的，という要素と，②物の利用意思としての経済的用法に従った利用，という要素の2つに分けることができよう。判例は，これらのうち①については基本的に必要とする一方で，②については必ずしも厳密に要求せず，経済的用法でなくてもその物の本来的用法であればよい，あるいはもっと広く，その財物自体の持つ利益や効用を享受する意思であればよい，と解しているようである。

▶▶利用・処分の目的

まず，①利用処分の目的に関して，毀棄・隠匿目的がある場合は，窃盗罪の成立が否定されている。利用・処分意思に関するリーディングケースとされる，小学校教員が校長を失脚させる目的で教育勅語謄本等を持ち出して教室の天井裏に隠匿した事例（前掲大判大正4・5・21）では，「其物ヲ自己ニ領得スルノ意思ニ出テタルモノ」でないことを理由に，窃盗罪の成立が否定されている。その後も，いたずらされた仕返しのためにチェーンソーを海中に投棄する目的で持ち出した事例（仙台高判昭和46・6・21高刑集24巻2号418頁），犯行の発覚を防ぐため殺害後の死体から貴金属を取り去った事例（東京地判昭和62・10・6判時1259号137頁）などにおいて，それぞれ，利用処分意思の欠如を理由として窃盗罪の成立が否定されている。

▶▶経済的用法に従った利用？

他方，②物の利用意思に関しては，前述したように，かなり広く解されていることが裁判例からうかがえる。景品交換の手段とする目的でパチンコ台から磁石を用いて玉を取った事例（前掲最決昭和31・8・22），特定候補者の氏名を記入して投票に混入する目的で投票用紙を持ち出した事例（最判昭和33・4・17刑集12巻6号1079頁），木材を繋留するために他人の電線を勝手に切断して用いた事例（最決昭和35・9・9刑集14巻11号1457頁），性的目的で女性の下着を持ち去った事例（最決昭和37・6・26集刑143号201頁）などについて，不法領得の意思，とりわけ利用・処分意思の存在が認められている。これらは，その物の経済的用法・本来的用法に従った利用意思ではないものの，その物の利用・処分から直接利得を得ている場合であるといえる。つまり，目的物から何らかの効用を享受するつもりがあるならば利欲犯である，との扱いであり，この方向性を追求するならば，枕や漬物石の代わりにするために書店から六法全書を持ち去った場合も，物の利用意思があったと判断されることになりそうである。

▶▶毀棄目的と利用・処分意思の関係

以上の分析からは，毀棄目的があれば必ず利用・処分意思がないといえるようにも思える。しかしながら，事はそう単純ではない。その物を毀棄すること自体がその物の用法である，という状況もありうるからである。例えば，たき火をするための薪は，木材であり財物であるが，その用法は，暖をとるために火にくべてその存在を滅失させ灰にしてしまうというものである。たき火をするために他人の薪を奪ってきて点火した場合，薪そのものの形はなくなり，物を壊しているようにも思えるが，それ自体が薪の本来的な用法である。他方で，他人の木製のテーブルを奪って分解して火にくべて暖をとったという場合，同じ木材であっても，そのような行為は，ただ壊しているだけに過ぎず，木製のテーブルの本来的な用法とはほど遠いといえる。しかしながら，行為者にとって，火にくべて暖をとりたいという要望が満たされているという点では，同じのようにも思えてくる。

判例では，行為者の意図はもともと毀棄目的であったが，毀棄することが経済的利得に結び付く特殊事情がある事案が問題となったことがある。この点をどのように考えるべきか，次の項目で検討してみよう。

☑ Check Points

☐ 利用・処分意思は利用妨害を目的とする毀棄・隠匿罪から窃盗罪を区別する機能（犯罪個別化機能）を有する。

☐ 利用・処分意思の内容は，さらに①利用妨害すなわち毀棄目的でないことの裏返しとしての利用・処分の目的と②物の利用意思としての経済的用法に従った利用の２つの要素の２つに分けられる。

4　物の毀棄・隠匿により得る効用？

物を毀棄・隠匿することがその物の効用を得るための通常の用法である場合，領得罪と毀棄罪のいずれが成立するか。

▶▶毀棄したのに領得罪？

物を毀棄・隠匿することによって何らかの効用を得ようとしている場合は，どのように扱われるべきだろうか。物の毀棄がその物の用法である場合（例えば，花火に着火する行為）や，所有者にとってはそのような用法が予定されていないが行為者にとっては効用がある場合（例えば，祝賀会のビールかけ）には，利用処分意思が認められるが，しかし他方で，物を毀棄・隠匿することで持ち主を困らせて心理的満足を得ようとした場合は，利用処分意思が認められないと考えられる。この違いは，窃盗罪が単なる利得罪ではなく個別の財物に対する罪であり，その物の利用処分から直接利益を得る目的に限定する必要があるからだと説明される。

そして，他人に利用されないという消極的な目的についても，財物の毀棄・隠匿が財産上の利益の取得と直接結び付いている場合，例えば債務者が債務の支払いを免れようとして債権者から借用証書を盗んで破り捨ててしまう場合には，例外的に不法領得の意思を認めることができるように思われる。

▶▶毀棄・隠匿目的の併存と領得罪

近時，毀棄・隠匿目的と領得罪との関係が問題となった事例として，欺罔により支払督促正本を受領し直ちに廃棄した場合（最決平成16・11・30刑集58巻8号1005頁〔百選Ⅱ 31事件〕）がある。本件のやや特殊な事情として，虚偽の支払督促の申し立てをした被告人が，支払督促正本が債務者に到達して一定期間に督促異議の申立てがなければ債務名義を得られる制度を悪用し，債務者のふりをして支払督促正本を受領し廃棄することで債務者の異議申立ての機会を奪って債務名義を得ようとした事案であったことが挙げられる。つまり，本事案では，行為者は当初より受け取った支払督促正本等を毀棄する目的であったが，毀棄することが経済的利得に結び付くという，特殊な事情があった。かような，物を毀棄・隠匿することによって何らかの効用を得ようとしている場合は，①利用・処分の目的（毀棄目的でない）の要素はおよそ満たさないが，②経済的用法に従った利用の要素は満たす可能性がある。果たして，不法領得の意思の存在は認められることになるだろうか。第1審・第2審は，利用処分意思の内容のうち「経済的用法」という基準に注目し，不法領得の意思の存在を肯定したが，最高裁は，被告人らの意図は被害者の異議申し立ての機会を奪うことにあり，廃棄することは支払督促正本等から生ずる何らかの効用を得るためには当たらないと考え，支払督促正本等の毀棄と財産的利得の取得の関係が間接的であることから，利用処分意思を否定した。

▶▶刑務所に入るための“窃盗罪”？

それでは，冒頭のTopicsで挙げた，専ら刑務所に入る目的で財物を奪取した場合は，どのように説明されるだろうか。下級審裁判例（広島地判昭和50・6・24刑月7巻6号692頁）では，利用・処分意思がないことを理由に領得罪の成立が否定されている。行為者が思い描いた通りに刑事施設に収容されたとしたら，1日3度の食事の提供を受けることができるかもしれないが，それは，奪取した財物の本来的用法や経済的用法からはほど遠く，およそ直接的な効用とは言い難いからである（比較的軽微な窃盗の初犯で自由刑が宣告されることはあまりないことも，本題とは関係ないが，付言しておく）。この点につき，前述した最決昭和31・8・22において取得したパチンコ玉が「景品交換ができる資格を有していることの証明手段」として用いられていることに注目し，「自己の犯行を証明する手段」ひいては「刑務所に入る資格を有していることの証明手段」として被害品である財物が用いられており，それは財物から何らかの効用を享受する意思があったものと解する議論もある。しかし，景品交換の手段として事実上特化している（そして他の用途がほぼない）パチンコ玉と，窃取した一般的な財物とを同じ構図で捉えることには無理があるようにも思える。

☑ Check Points

☐ 物を毀棄・隠匿することによって何らかの効用を得ようとする場合にも，利用・処分意思が認められる可能性はあるが，その物の利用処分から直接利益を得る目的の場合に限定されるため，かなり例外的である。

【参考文献】

橋爪隆『刑法各論の悩みどころ』（有斐閣，2022年）152頁以下

Unit 22

1項強盗・2項強盗・事後強盗

■ Topics ■　居直り強盗と事後強盗

当初から強盗をしようとは思っておらずせいぜい窃盗のつもりが，最終的に強盗になってしまう場合として，「**居直り強盗**」と「**事後強盗**」がある。前者は刑法上の罪名ではなく慣用的な呼び名だが，当初は窃盗の意図で行動していた行為者が，侵入した家の家人に見つかるなどしてそのまま窃盗行為だけを続けられなくなり，開き直って相手方に暴行・脅迫を加えて財産侵害を遂行する場合で，これは通常の強盗罪の一態様である。他方，後者は，すでに窃盗行為を行った行為者が，財物の取返しを防ぐため，逮捕を免れるため，あるいは罪証隠滅のために暴行・脅迫を行った場合のことをいう。両罪を構成する要素はかなり似ているが，大きな相違は時系列的な点にあり，前者においては暴行・脅迫が財物奪取に先行するのに対し，後者においては財物奪取が暴行・脅迫に先行する。

しかし，理論上はともかく，両概念はそこまではっきりと分けられるものなのだろうか。窃盗の意思で侵入した行為者が窃盗罪の実行に着手した後に家人に見つかったならば，家人に対する暴行・脅迫は，開き直って行われる財産奪取に向けられた手段行為とも評価しうるが，概ね確保した財物の占有を確定的なものにして取返しを防ぐため，あるいは家人による逮捕を免れるためとも説明できそうである。

居直り強盗の場合は通常の強盗罪が成立するため，手段行為である暴行・脅迫を行った時点で，強盗罪の未遂犯が成立し得る。他方で，事後強盗の場合は，事後強盗罪の制定目的の理解によって，結論が異なってきそうである。財物の取返しや逮捕を免れるために暴行・脅迫を用いることが類型的にみて多いという点を重視すれば，窃盗未遂の場合にも事後強盗罪は既遂となる。しかし，事後強盗も時系列が逆になるのみで財物奪取と暴行・脅迫の合わせ技だと捉えるのであれば，窃盗未遂の場合は事後強盗罪も未遂にとどまるべきということになりそうである。いずれが妥当であろうか。

1　強盗罪総論

強盗罪とはどのような犯罪か。また，強盗罪にはどのような類型があるか。

▶▶強盗罪とは

強盗罪（236条）とは，暴行または脅迫を用いて，他人の財物・財産上の利益を奪う犯罪である。236条の規定は，行為客体を「財物」とする1項（1項強盗罪，強盗取財罪）と「財産上の利益」とする2項（2項強盗罪，強盗利得罪）から成る。強盗罪は重大な犯罪であるため，未遂が処罰される（243条）ほか，予備罪も処罰される（237条）。

▶▶強盗罪の関連規定

236条の強盗罪に関連して，条文上「強盗として論ずる」と規定されている事後強盗罪（238条）と昏酔強盗罪（239条）がある。事後強盗罪は，窃盗犯人が，財物の取返しを防ぐため，逮捕免脱のため，または罪責隠滅のために，暴行・脅迫を行った場合に成立し，強盗として処断することになる。また，強盗に付随して他の法益侵害結果も生じさせた場合の規定として，強盗致死傷罪（240条）と強盗・不同意性交等罪および同致死傷罪（241条）がある。

☑ Check Points

☐ 強盗罪（236条）は，その客体により強盗取財罪（236条1項）と強盗利得罪（同2項）に分けられる。その他，事後強盗罪（238条）と昏酔強盗罪（239条）は，強盗として扱われる。

2　強盗罪の成立要件

強盗罪の成立要件は何か。

▶▶手段としての暴行・脅迫

強盗罪の成立要件は，①暴行または脅迫により相手方の**反抗を抑圧**して，これに乗じて②財物・財産上の利益を奪うこと（「**強取**」）である。

強盗罪における暴行・脅迫は，被害者の反抗を抑圧するに足る程度の強度のものであることが要求され，それに至らない程度であった場合には恐喝罪が成立する余地があるにとどまる。もっとも判例の立場によれば反抗抑圧に足るか否かの判断は一般人基準で行うので，客観的には反抗の抑圧に足りる程度だったが現実の被害者が反抗を抑圧されるに至らなかった場合であってもなお強盗罪の暴行・脅迫に当たるとされる（最判昭和 24・2・8 刑集 3 巻 2 号 75 頁）。

これらに加えて，よく問題とされるのが「**ひったくり**」の事例である。歩道を歩く歩行者が肩にかけているハンドバッグを行為者がひったくって奪おうとした場合，どんなにスムーズに奪ったとしても多少の有形力の行使を伴うが，その程度が軽微である場合は強盗罪の暴行とは判断されず，窃盗罪の成立に留まる。他方で，被害者がバッグを離すまいと握りしめたところ，行為者がバッグごと被害者を自動車で引きずったような場合は，反抗抑圧に足る暴行と捉えられ強盗罪となる余地がある（最決昭和 45・12・22 刑集 24 巻 13 号 1882 頁）。

▶▶客体としての財物・財産上の利益

強盗罪の客体は，財物（1 項）および財産上の利益（2 項）である。財産上の利益とは，通説・判例によれば，財物以外の財産的利益の一切をいい，債権の取得や役務・サービスの享受などといった積極的利得のみならず，債務の免除や支払の猶予といった消極的利得も広くこれに含まれるとされる。また，役務の提供も基本的には財産上の利益に当たると考えられるが，役務のすべてが金銭的な評価を受ける利益とは限らないことから，一定の限定が必要であると考えられ，客体が財産上の利益に当たらないと解される場合は強要罪（223 条）が成立するにすぎないことになる。その限定の基準としては，対価性による限定を加えて社会通念上対価を伴う役務のみを財産上の利益とする**有償役務説**，役務の対価である支払債務を不法に免脱することが財産上の利益であるとする**債務免脱説**などがあり，前者が現在の通説的見解となっている。

もっとも強盗罪は盗取罪（奪取罪）であることから，財産上の利益の移転を判断するにあたって，処分行為を厳格に要求することはできないため，とりわけ2項強盗に関しては，その成否の判断に困難を伴う場合がある（後述*3*参照)。

▶▶強取の意義

強盗罪が成立するためには，手段行為としての暴行・脅迫が存在し，財物奪取・財産上の利益の移転という結果が発生していることに加えて，両者の間の因果関係が必要であると解される。そのため，被害者は暴行・脅迫により反抗抑圧状態になることはなかったが，被害者の身の上を哀れに思い憐憫の情から金品を渡したような場合，強盗は既遂とならず未遂にとどまることとなる。

ここで問題となるのが，行為者に当初は領得意思がなかったものの，暴行・脅迫後に領得意思が生じたという場合である。当初は強盗以外の目的（不同意性交目的など）で暴行・脅迫を加えて相手方の反抗を抑圧した後に初めて財物奪取の意思を生じ，反抗抑圧状態を利用して財物を奪取した場合，暴行・脅迫自体が遡って手段行為となることはない。現在の判例および多数説は，少なくとも既に生じている反抗抑圧状態を維持・継続させる程度の新たな暴行・脅迫の存在を要求しており（もっとも実際には，例えば睨んだり，既に被害者の襟元を掴んでいる手に多少力を入れたりすれば，この意味における新たな暴行・脅迫の存在が容易に認められる余地があることにも注意したい)，したがって，例えば被害者を気絶させた後に領得意思が生じた場合には新たな反抗抑圧状態を観念できないことから，強盗罪の成立は否定される。

では，これが殺害後の財物取得であった場合はどうだろうか。強盗の罪には強盗殺人罪（240条）の類型が存在することから検討が必要になる。殺害時に領得意思があれば強盗殺人罪が成立するが，殺害時にはおよそ領得意思がなく，殺害後の被害者の持ち物を改めて見た後に領得意思が生じたという場合，先行する殺害行為は究極の反抗抑圧効果を生じさせているとはいえようが，もはや新たな暴行・脅迫により反抗抑圧を維持・継続させることはできない。そのため，このような場合は強盗殺人罪は成立せず，殺人罪に加えて，被害者の死亡に関与した者との関係では生前の占有がなお保護されると解して窃盗罪の成立を認めるか（最判昭和41・4・8刑集20巻4号207頁〔百選Ⅱ 29事件〕参照)，あるいは占有離脱物横領罪の成立を認めるにとどめるということになろう。

☑ Check Points
□ 強盗罪の成立要件は，①手段としての暴行・脅迫により相手方の反抗を抑圧すること，②相手方から財物・財産上の利益を強取すること，③両者の間に因果関係があることである。
□ 暴行・脅迫後に領得意思を生じた場合には，既に生じている反抗抑圧状態を維持・継続させる程度の新たな暴行・脅迫が存在すれば，強盗罪が成立する。

3　2項強盗をめぐる利益移転の問題

強盗利得罪の成立範囲が問題になるのは，どのような場合か。

▶▶強盗利得罪の特殊性

2項犯罪における財産上の利益に当たるか否かの判断が必ずしも容易でないことは，前述した。とりわけ強盗罪においては，交付罪である詐欺罪や恐喝罪とは異なり，被害者の処分行為（交付行為）を厳密に要求して利益移転の有無を確定することができないため，その利益の内容を明確に捉えることが一層強く求められる。そこで，以下では，財産を入手できる地位・立場を手に入れることが2項強盗罪の成立を基礎づけるかどうかが争われた事例をいくつか検討する。

裁判例において，金銭を入手できる「地位」を財産上の利益と捉えることが可能かが争点となったものとして，①行為者が被相続人を殺害して財産を相続しようとした事案における「相続の開始による財産の承継」（東京高判平成元・2・27高刑集42巻1号87頁）や，②行為者が会社経営者を殺害して自らが次の経営者となって会社の経営権等を手に入れた事案における「経営上の権益」（神戸地判平成17・4・26判時1904号152頁），③キャッシュカードと暗証番号を併せ持ち，ATMを操作してその預貯金残額の範囲内で「預貯金の払戻しを受け得る地位」（東京高判平成21・11・16判時2103号158頁〔百選Ⅱ 41事件〕）が挙げられる。これらの場合は，行為者が入手できる財産の経済的価値が必ずしも確定していない点では共通しているようにみえるが，その「財産上の利益」性が①②では否定され③では肯定された。

▶▶利益の「具体性」「現実性」

「財産上の利益」という概念は広範なものであるため，その限定のために，利得罪と並び規定されている財物罪における財物の移転と同視しうる内容であることを要求し，利得罪の成立を認めるために利益の具体性・現実性が必要とされる。財産上の利益を財物のように物理的に把握することは難しいが，可能な限り客観的に把握することが望ましい。その理由を踏まえると，ここでいう「具体性」「確実性」は，「財産上の利益」が有体物である「財物」と同視できる程度に具体的かつ現実的な財産的利益であることを要求するものであるといえる。

▶▶利益移転の「確実性」「直接性」

また，処分行為に代わって利益移転の有無を明らかにするための基準として，利益移転の「確実性」「直接性」の視点が用いられる。

利益移転の「確実性」という要件もまた，基本的には1項と2項の共通性を担保し，当該対象が2項強盗の客体といえるかを判断する際に，それが財物と同視しうる程度に現実的で具体的で確実な利益かどうかを考慮するために用いられる。例えば被害者の意思表示がおよそ存在しないことが問題となる，タクシー料金の免脱や飲食代金の免脱の場合は，行為者がその場から逃れることで被害者はその後代金請求をすることが現実的に不可能になるといえ，通常は利益移転の「確実性」があるといえる。また，債務者が債務を免れるために債権者を殺害する場合も，そのことにより債権回収が著しく困難になるのであれば「確実性」に欠けるところはないと解される。他方で，相続の後順位者が先順位者を殺害して相続順位を上げたが被相続人はまだ生きているような場合は，ただ期待権を得たにすぎず，この利益には未だ確実性がないと判断されよう。

利益移転の「直接性」という観点は，かつて客体が財産上の利益の場合の強盗殺人罪の成否が問題となった事案に関して積極的に言及された。すなわち債権者の殺害や履行猶予の場合は，その行為によって直接に行為者が財産上の利益を得ることができるので直接性ありといえる。一方で，前述した裁判例のうち①財産を相続するために被相続人を殺害した場合は，相続というそれ自体は法的に有効な手続きが財産移転のために介在しており，②会社経営の権益を得るための経営者殺害の場合も，従業員の了解を得た上で届け出るなどの法的に有効な手続きが介在していることから，直接性が欠けると判断されることになる。

▶▶キャッシュカードの暗証番号は「財産上の利益」か

これらに対して前述③の事案では，キャッシュカードとその暗証番号を併せ持つことはそれ自体財産上の利益とみるのが相当であり「キャッシュカードとその暗証番号を用いて，事実上，ATM を通して当該預貯金口座から預貯金の払戻しを受け得る地位」が財産上の利益であると判示された。他方で，強盗利得罪の「財産上不法の利益」は「移転性」のある利益に限られるかという点が争点となったが，裁判所は利益につき直接移転を必要とせず「自らの預金を被告人によって払い戻されかねないという事実上の不利益」「預金債権に対する支配が弱まるという財産上の損害」が存在すれば足りると説明された。そもそもこの事案の事実関係は，行為者が先行する窃盗によって財布とキャッシュカードを占有可能な状態にした後に，そのキャッシュカードで現金を引き出せるようにするために被害者に脅迫を加えて暗証番号を聞き出したというものであり，当初の問題設定は「キャッシュカードの暗証番号は財産上の利益か」であった。暗証番号自体は情報であるからそれ自体に財物性はなく，また単体で財産的な価値があるわけではないため財産上の利益と評価することもできない。しかし，これをキャッシュカードと同時に入手して用いることで金銭の払戻しが受けられることから，両者を併せ持つことで「預貯金の払戻しを受け得る地位」という財産上の利益を得たものと判断されている点が重要である。

☑ Check Points

☐ 2項強盗罪における財産上の利益に当たるかを判断するためには，1項強盗罪の客体である財物と同視できる程度の，利益の具体性と現実性が要求される。

☐ 強盗罪においては処分行為を厳密に要求することができないことから，2項強盗罪においては，利益移転の有無を明らかにするために利益移転の確実性・直接性があったかが重視される。

4 財物詐取・窃取後の暴行・脅迫

暴行・脅迫と財物奪取の順序が時系列的に逆転し，占有取得後に暴行・脅迫が行われた場合にも強盗罪は成立するか。

▶▶占有取得後の暴行・脅迫と強盗罪の成否

強盗罪においては，前述したように，暴行・脅迫が手段として用いられ，その影響により反抗抑圧状態にある被害者から財物・財産上の利益を得ることが必要である。それでは，この両要素が時系列的に逆転した場合は，およそ強盗の罪は成立しないのだろうか。前述したように，事後強盗罪は窃盗犯人が財物の取返しを防ぐため，逮捕免脱のため，または罪責隠滅のために，暴行・脅迫を行った場合に成立し，この場合は条文の規定により強盗として処断される。もっとも本罪が成立するためには，先行する犯罪が窃盗罪であること，そのことに伴い客体が財物に限られること，暴行・脅迫の目的が条文に列挙されている所定のものに限られること，**窃盗の機会**の継続中に暴行・脅迫がなされる必要があることなど，制約が多い。これは，時系列が逆転するだけで実質的には強盗罪に匹敵する行為類型について，限定的に，強盗として論ずることを定めた規定であると理解するのが素直であろう。

▶▶昭和61年決定の事案

より一般的に，先行する財産犯によって得られた財物・財産上の利益を確保するために暴行・脅迫を用いた場合には，いかなる犯罪が成立しうるだろうか。この点については，財物詐取後に被害者の射殺を試みた事案が問題となった，最決昭和61・11・18刑集40巻7号523頁が重要であるので，以下で詳しく検討する。

この事案では，被告人XとYはいずれも暴力団員であり，対立する暴力団組織の弱体化を図るべく，その幹部Aに覚醒剤取引を持ちかけておびき出し，Aを殺害するとともにその覚醒剤を入手しようとした。当初の計画では，①Yがホテルの一室でAと面会している間にXがAを拳銃で撃ち，その間にYが覚醒剤を奪って逃げる手順だったが，その後予定を変更し，②YがまずAと面会して覚醒剤を受け取って部屋を出て，その際Xが入れ替わりで部屋に入ってAを射殺することにした。現実には，③YがAと面会し，別室に覚醒剤の買主が待機しているかのように装い，先方が品物を受け取るまで金を渡さないと言っていると伝えて交渉したことから，Aが譲歩してYに覚醒剤を手渡し，Yはこれを受け取って退室し，別室で待機していたXに対し，しばらくしてから部屋に行くよう指示して，自らは覚醒剤をバッグに詰め込んで，一気に階段を駆け下り，ホテルの入口付近でタクシーに乗車して逃走した。なお，XはYの退室後しばらくしてからAのいる部屋に行き至近距離から拳銃を発射したが，Aは防弾チョッキを着ていたので重傷を負ったものの一命をとりとめた。

当初の計画である①は，殺害を手段として覚醒剤を奪おうとしており，1項強盗を目的とした強盗殺人罪となるが，予定変更後の②は先行する覚醒剤受取行為が窃盗罪あるいは詐欺罪を構成し（この判断に際しては，客体である覚醒剤の大きさ，持ち運び易さ，禁制品であること，1フロア当たりの客室数，Aが覚醒剤をYに手渡す際に「なら，これあんたに預けるわ」と伝えたことから推認される終局的な占有移転の意思の欠如，といった事情が影響し得る），現実に起きた③においても，結局いずれか一方は成立するがそのどちらとも断定できないとされた。では，②③において，覚醒剤受け取り後の射殺行為が，なお覚醒剤を客体とする1項強盗罪として，ひいては強盗殺人罪として評価される余地があるだろうか。

▶▶強盗罪・強盗殺人罪の成否の検討

検討の前提として，客体である覚醒剤は禁制品ではあるものの，没収等の正当な手続きによらずしては奪われないという限度でなおその占有には要保護性が認められ，財産犯による保護に値すると考えられる（Unit 20 参照）。その上で，まず**1項強盗罪**については，当初想定していた①の手順であればともかく，②③の手順の場合，暴行・脅迫が先行しておらず，仮にいわゆる「居直り強盗」の場合を想定しても，本件においてXが発砲した時点ではYは部屋を離れていたので，既に覚醒剤の占有はX・Y側に移転していたといえ（この判断に際しては，ホテルの規模，客室数，Xが部屋を出てホテルを離れるまでに要したと考えられる時間などが影響し得る），財産侵害に先立ちその「手段」となる暴行・脅迫の存在は認められないため，成立しない。

次に**事後強盗罪**については，本件では先行する犯罪が詐欺である可能性がある時点で，既に（**利益原則により**）本罪の余地は排斥される。仮に，先行する覚醒剤入手行為が窃盗に当たると評価されたとしても，覚醒剤を持ったYが既に安全圏に到達したと目される段階に至ってからXによる発砲が行われていることから，「被害者等から容易に発見されて，財物を取り返され，あるいは逮捕され得る状況」（最判平成16・12・10刑集58巻9号1047頁など参照）は脱しており，窃盗の機会継続性が否定されると解される。

それでは，**2項強盗罪**についてはどうだろうか。Xによる拳銃発射行為は，Aを殺害することによって，Aからの覚醒剤の返還ないし代金支払を免れるという財産上不法の利益を得るためになされたといえ，前者であれば所有権に基づく返還請求権の行使を侵害した，後者であれば代金債権の行使を侵害したという理由に基づき，2項強盗罪として評価され得る（ただし前者については不法原因給付〔民法708条〕が，後者についても当初の売買契約についての公序良俗違反〔民法90条〕がそれぞれ問題となる余地がある）。なお，本件ではYとAが顔見知りであったという事情があり，かつAは死亡していないのだから，果たして逃走したことによりこれらの権利行使を「免れた」と言い切れるかも問題となり得る。ただ，両者が互いに対立抗争中の暴力団に属していることを考えれば，その後返還や代金支払いを裁判を通じて請求するというのは現実的に考え難いし，禁制品が客体である以上，警察に被害を訴えるなどということも現実的に考え難いのであるから，発砲した時点で権利行使を著しく困難にしたとして，2項強盗の既遂を認める余地があるかもしれない。

概ね以上のような検討を経て，X，Y には 2 項強盗による強盗殺人未遂罪（の共同正犯）が成立する。なお，これに先行する覚せい剤の取得が窃盗罪あるいは詐欺罪（の共同正犯）を構成するところ，これと強盗殺人未遂罪とを単純に併合罪の関係に立つとしてしまうと二重処罰の疑いが濃くなるため，両者は時間的・場所的に連続した，同一被害者の同種の法益に対する侵害であることを理由として包括一罪の関係に立ち，より重い後者の刑で処断されることになると解される（Unit 16 参照）。

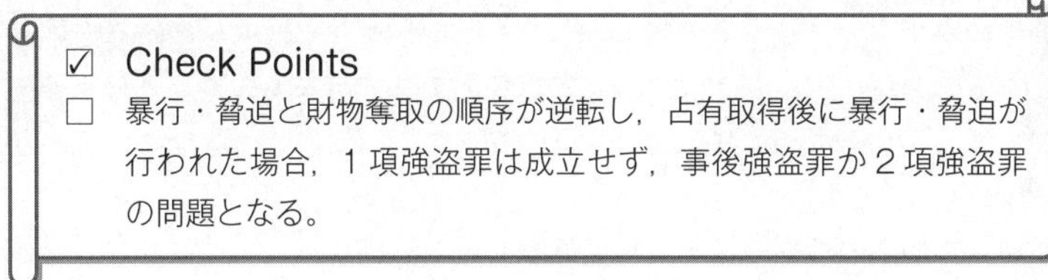

☑ Check Points

□ 暴行・脅迫と財物奪取の順序が逆転し，占有取得後に暴行・脅迫が行われた場合，1 項強盗罪は成立せず，事後強盗罪か 2 項強盗罪の問題となる。

【参考文献】

橋爪隆『刑法各論の悩みどころ』（2022 年）176 頁以下，196 頁以下

Unit 23

詐欺罪

■ Topics ■　嘘を吐いたら詐欺罪？　嘘を言わずとも詐欺罪？

世間で日常用いられる「詐欺」という言葉の守備範囲は，ずいぶんと広い。嘘の情報を提示して信じさせた場合，「それは詐欺でしょ！」という反応が返ってくるのみならず，例えば自撮り写真を加工して目を大きくしたり小顔にするなど盛っている場合にも，いわば比喩的に「詐欺だ」と言われることがある。

しかし，刑法の詐欺罪における「詐欺」は，これらに比べるとかなり厳密で限定的な概念である。詐欺罪を実行する手段として「人を欺く行為」（欺罔行為）が用いられるが，これは行為者が相手方に財産を交付させてそれを取得することに向けられたものでなければならない。およそ財産交付に関係のない嘘を吐いても，それは刑法上の詐欺罪を構成しない。

では，逆に，嘘を言わなければおよそ詐欺罪にはならないのかといえば，そうでもない。欺罔行為には必ずしも「嘘を言う」という積極的な働きかけが要求されるわけではなく，相手方が錯誤に陥っている状況を利用する「不作為による欺罔」の場合にも，詐欺罪は成立しうる。

もっとも，虚偽の内容を告げたのではなく真実を黙っていただけでも人を欺いたと扱うための判断は，慎重になされるべきであろう。また，詐欺罪が財産犯であるとの位置づけを維持するならば，客体に刑法で保護すべき財産的価値を要求するかも考えねばならない。これらの疑問を解決するために，詐欺罪の成立要件について確認してみよう。

1　詐欺罪の構造

詐欺罪が成立するためには，いかなる要件が必要となるか。

▶▶詐欺罪（246 条）とは

詐欺罪は，人を欺いて錯誤に陥れ，その錯誤に基づいて財物や財産上の利益を交付させた場合に成立する，財産犯の一類型である。詐欺罪は，人を欺いて財物を交付させ，または財産上不法の利益を得，もしくは他人に得させる行為として規定されている。ここから，詐欺罪の成立要件として，①**欺罔行為**（欺く行為），②**錯誤**，③**交付行為**，④**財産の移転**，の 4 つの要素が備わっていることと，それらの間に因果的なつながりがあることが必要だと解されている。これらに加えて「財産的損害」が成立要件として要求されるか否か，またその「損害」をいかなる意味合いで理解するかについては，争いがあるが，この点については後述 *4* で言及する。

□ 詐欺罪が成立するためには，①欺罔行為（欺く行為），②錯誤，③交付行為，④財産の移転，の 4 つの要素が備わっていることと，それらの間の因果的なつながりがあることが必要である。

2　欺罔行為と錯誤

詐欺罪の欺罔行為に当たるのは，どのように相手を欺く行為だろうか。

①　欺罔行為とは

詐欺罪が成立するために必要とされる「**欺罔行為**」とは，財産を交付させる相手方の錯誤を惹起する行為をいう。手段・方法は問わず，作為のみでなく不作為の態様で行うことも可能だと理解されている。他方で，錯誤に陥らない機械に対しては行い得ず，人に向けられることが必要である。また，単に虚偽であるだけでは足りず，財物または財産上の利益を相手方に交付させるための欺きであることが必要である。

▶▶不作為による欺罔

相手方がすでに錯誤に陥っているのを知りながら真実を告知せずにその状況を利用する場合は，不作為による欺罔となり得る。ただし，不作為犯論一般で論じられるのと同様，不作為の場合を処罰するには，作為の場合との同価値性を有していることが要求されよう（不作為犯論一般について，Unit 4 を参照）。真実を告知しない場合のすべてが不作為による欺罔になるわけではなく，告知義務を基礎づける保障人的地位が認められる場合など，限定的に理解されるべきである。例えば，支払い時に釣り銭が多すぎることに気づきつつ黙って受け取る，釣り銭詐欺とよばれる場合について，釣り銭を渡した店員の錯誤を利用した不作為による詐欺だとするならば，客に店の財産保全義務を課すことになるが，継続的取引を行っているわけでもない一見客にそのような義務を課すことは疑問であり，せいぜい占有離脱物横領罪の成立にとどめるべきであろう。

▶▶挙動による欺罔

他方で，不作為と一見似ているが区別されるべきなのが，挙動による欺罔である。挙動による欺罔とは，積極的に虚偽の事実に言及するわけではないが，社会一般においてその行動には特定の意思表示が含まれることが前提と理解される行為を利用して相手方を錯誤に陥れる場合をいい，これは作為による欺罔のうちの一類型である。例えば，当初より支払意思も支払能力もないにもかかわらずレストランで飲食する場合，飲食物を注文する行為には「飲食代を支払います」の内容が当然に含意されるから，支払意思・能力がないことを告げない不作為ではなく，挙動による欺罔に当たるとされる（無銭飲食については交付行為も問題になるが，それについては後述 *3* を参照）。初めから代金支払意思がないのに物品を取り寄せて転売などをする取り込み詐欺も，同様の構造であると説明できる（最決昭和 43・6・6 刑集 22 巻 6 号 434 頁）。

この区分によれば，重要な事情を秘して相手方に財産を交付させる行為は，挙動による欺罔とされる場合と不作為による欺罔とされる場合とがありうる。

②　近時の最高裁判例

近時の最高裁判例においては，重要な事情を秘していた場合に挙動による欺罔に当たると判断された事例がいくつか存在する。

譲渡目的を秘した銀行口座開設事案（判例①最決平成19・7・17刑集61巻5号521頁）では，銀行および窓口係員にとって本人確認の要請が重要であることが重視され，預金通帳等を第三者に譲渡する意図であるのにこれを秘して申込みを行う行為が欺罔行為に当たるとされた。また，同じく譲渡目的を秘した搭乗券事案（判例②最決平成22・7・29刑集64巻5号829頁〔百選Ⅱ50事件〕）では，係員らの本人確認の要請を，「搭乗券の交付を請求する者自身が航空機に搭乗するか」は「交付の判断の基礎となる重要な事項」なので，第三者を搭乗させる意図を秘して係員らに搭乗券の交付を請求する行為が欺罔行為に当たるとされた。

暴力団関係者であることを申告せずにゴルフ場を利用した事案では，判断が分かれている。判例③最判平成26・3・28刑集68巻3号582頁（百選Ⅱ51事件）では，暴力団関係者であるビジター利用客が，暴力団関係者であることを申告せずにビジター受付表等をフロント係の従業員に提出して施設利用を申し込む行為について，「申込者が当該ゴルフ場の施設を通常の方法で利用し，利用後に所定の料金を支払う旨の意思を表すもの」で「申込者が当然に暴力団関係者でないことまで表しているとは認められない」ので，欺罔行為には当たらないとされた。他方，判例④最決平成26・3・28刑集68巻3号646頁では，「同伴者が暴力団関係者でないことを保証する旨の意思を表している上，利用客が暴力団関係者かどうかは，本件ゴルフ倶楽部の従業員において施設利用の許否の判断の基礎となる重要な事項である」ので，同伴者が暴力団関係者であることを申告せずに施設利用を申し込む行為は「同伴者が暴力団関係者でないことを従業員に誤信させようとする」欺罔行為に当たるとされた。類似した事案であるにもかかわらずその結論が無罪と有罪に分かれたのは，当該ゴルフ場がどこまで厳格に暴力団関係者の利用防止に取り組んでいたかにより，身分を秘する行為が挙動による欺罔に当たるかどうかの判断が異なったためと考えられる。さらに，暴力団員であることを秘した銀行口座開設事案である判例⑤最決平成26・4・7刑集68巻4号715頁では，「申し込む者が暴力団員を含む反社会的勢力であるかどうかは，本件局員らにおいてその交付の判断の基礎となる重要な事項」として，「暴力団員である者が，自己が暴力団員でないことを表明，確約して上記申込みを行う行為」が欺罔行為に当たるとされた。

▶▶「重要な事項」性

これら5つの判例では，欺罔行為が「挙動による欺罔」，つまり，その挙動の社会的意味の解釈によって事実を偽ったとみなされるかが問題とされた。また，秘していたのが問題とされた内容は，判例①②では「第三者譲渡目的を秘していた」こと，判例③④⑤では「暴力団関係者であることを秘していた」ことであり，換言すれば「本人確認の要請」と政府の指針等による「反社会的勢力排除の要請」が詐欺罪の成否を決する「**重要な事項**」と捉えられているといえる。

☑ Check Points

□ 詐欺罪の欺罔行為に当たるのは，財産を交付させる相手方の錯誤を惹起する行為であり，作為でも不作為でも該当する。また，挙動による欺罔は不作為ではなく作為である。

3 交付行為

交付行為とは何か。どういう点を考慮して判断されるか。

▶▶交付行為とは

詐欺罪が成立するためには，欺罔により錯誤を生じさせ，その錯誤に基づいて財物・財産上の利益を「交付」させる必要がある。交付行為に向けられた欺罔行為はあるものの功を奏さず相手方が錯誤に陥らなかった場合は，別の理由で財物が交付されたとしても詐欺罪は未遂にとどまる。

▶▶交付の相手方

交付の相手方は，欺罔行為者に限定されないが，第三者が相手方となる場合には実質的に自分が得るのと同視できる状況でなければ詐欺罪の交付行為には当たらない。そうでなければ，行為者に不法領得の意思（→ Unit 21 を参照）が欠けるからである。

▶▶占有の終局的移転

詐欺罪における交付行為であるといえるためには，被欺罔者の意思に基づいて財物の占有が終局的に移転したことが必要である。たとえば，店員が客に店頭で洋服の試着を許すことは，占有の終局的移転はないため交付行為には当たらず，客が店員の隙を見て服を着たまま逃走する行為は，詐欺罪ではなく窃盗罪が成立するにとどまる（広島高判昭和30・9・6高刑集8巻8号1021頁）。他方で，自動車販売店において，添乗員がいなければ試乗車を乗り逃げしようとの意図で試乗を申し込み，試乗車にさらに給油するなどして乗り回していた行為につき，窃盗罪ではなく詐欺罪の成立を認めた下級審判例も存在する（東京地八王子支判平成3・8・28判タ768号249頁）。従来，試用のみが許されている場合にその財物を持ち去る行為は窃盗罪として評価されてきた中でそのような判断が示された理由としては，自動車という客体の性質が関係していると思われ，自動車はそれ自体が移動の手段として長距離を移動するのに適したものであるので，添乗員なしの試乗を認めたことですでに自動車販売店の事実上の支配が失われ，行為者に占有が移転していると判断されたことがうかがえる。

▶▶交付意思の要否

それでは，意思に基づく交付行為であるといえるためには，被欺罔者が交付の客体となる個々の財物や財産上の利益について認識していること，すなわち交付意思があることは必要だろうか。この点については，交付意思を必要とする**意識的交付行為説**（**交付意思必要説**）と，交付意思を不要とする**無意識的交付行為説**（**交付意思不要説**）とが対立している。

この問題を考える際に「魚箱事例」がよく用いられる。行為者が鮮魚店でアジ10尾入りの箱に無断でタイを1尾入れ込み，アジ10尾分の価格を支払って持ち帰った場合，交付行為があったといえるだろうか。交付の客体を「魚の入った箱」とざっくりと捉えるならば，タイ1尾も（アジ10尾と一緒に）無意識的だが鮮魚店から交付されているのであり，行為者はタイが存在しないかのように装って欺罔したとして詐欺罪とする，無意識的交付行為説の考え方に行き着く。他方，鮮魚店はアジ10尾を意識的に交付したが，タイ1尾については認識していないので交付したとはいえず窃取されたと理解するならば，詐欺罪ではなく窃盗罪の成立を認める，意識的交付行為説の考え方に行き着く。上記の対立は，移転する財物や利益について，その移転の外形的な事実の認識があれば交付意思として足りるか，その量や質を完全に認識している必要があるかの問題である。

▶▶無銭飲食・宿泊

この点について，再び**無銭飲食・宿泊**の例を考えてみよう。無銭飲食・宿泊とは，料理等や宿泊サービスの提供を受けたにもかかわらずその代金を支払わないことをいう。

判例は，無銭飲食・宿泊後に，知人を見送ると欺いて店先に出たまま逃走した事案において，債権者を欺罔して債務免除の意思表示をさせることが必要で，事実上支払いをしなかっただけでは足りないとしている（最決昭和 30・7・7 刑集 9 巻 9 号 1856 頁〔百選Ⅱ 53 事件〕）。これは，2 項詐欺罪でも，交付の客体についての認識と意識的な処分を必要とする，意識的交付行為説の立場に立つものと解される。ただし，この判例の事案は当初より支払意思がなかった場合であり，その後の下級審の事案についても判断が分かれている。すなわち，債務免除や支払猶予という意識的な交付行為が欠けるため無罪としたもの（東京高判昭和 31・12・5 東高刑時報 7 巻 12 号 460 頁）も，黙示的な支払猶予の意思表示を認めて 2 項詐欺の成立を認めたもの（東京高判昭和 33・7・7 高刑判特 5 巻 8 号 313 頁）も存在し，交付の客体の具体的な認識は必ずしも要求されていない。

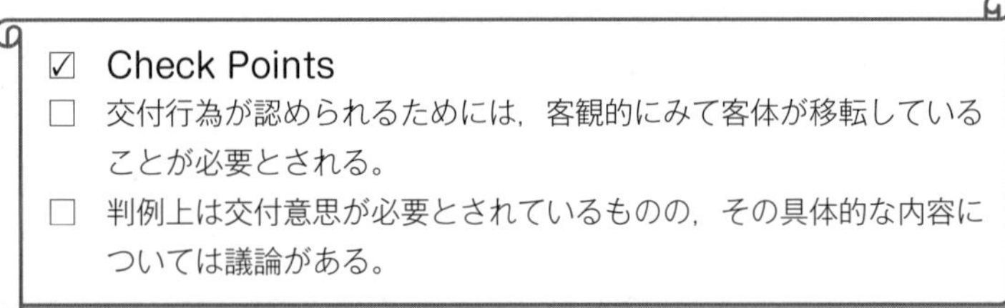

☑ Check Points

☐ 交付行為が認められるためには，客観的にみて客体が移転していることが必要とされる。

☐ 判例上は交付意思が必要とされているものの，その具体的な内容については議論がある。

4 いわゆる「財産的損害」をめぐる議論

財産的損害とは何か。
それは詐欺罪の成立要件として必要なのか。

▶▶「財産的損害」の要否

「財産的損害」の語が指す内容には，論者によって差がある。そもそも，詐欺罪の条文自体は，財産の移転を要件としているものの，財産的損害の発生を要件とはしていない。欺罔による錯誤に基づく形式的な財産の移転があれば詐欺罪が成立する，と説明することも，理論上は可能である。そのため，財産的損害が独立した成立要件であると考えるか否かについては議論が分かれている。

▶▶形式的損害説と実質的損害説

日本で詐欺罪の成立要件との関連で「財産的損害」の語が用いられる場合，その内容の理解は大きく「**形式的損害説**」と「**実質的損害説**」の二つの考え方に分けられる。かつては，欺罔によって「財産を交付したこと」あるいは「財物の喪失」それ自体を損害として捉える「形式的損害説」が有力であったが，この考え方では損害概念が形骸化してしまうことから，「実質的損害説」と呼ばれる損害の捉え方が提唱されるようになった。この見解は，「財産的損害」を詐欺罪の成立範囲の限界を画するメルクマールとして用いることを意図して，損害判断の基準を明確にしようとするものである。

▶▶実質的損害説における「損害」

「実質的損害説」に分類される考え方は，詐欺罪の解釈論における「財産的損害」の体系上の位置づけについて，独立した構成要件要素と捉えているように見受けられる見解から，財産的損害を「欺く行為」の要件として説明する見解まで，さまざまである。そのうち最も代表的なものとして，法益関係的錯誤説がある。例えば，未成年者に年齢制限付きの成人指定本を販売しないと決めている店主に対して，未成年者が自分は成人であると偽って成人指定本を購入したといういわゆる「成人指定本事例」の場合，この説によれば，お金をもらうことが店主の目的なので年齢を偽られていても法益関係的錯誤がなく実質的な損害はない，と説明される（法益関係的錯誤説についてはUnit 8の4を参照）。

また，詐欺罪は個別財産に対する罪と理解するのが現在の日本の多数説の見解であるが，これを全体財産に対する罪として理解するならば，財産的損害には全体財産が終局的に減少したか否かを判断するための役割が求められる（個別財産に対する罪，全体財産に対する罪の両概念については，Unit 20を参照）。もっとも，そのような前提を有しているわけではない見解の中にも，財産的損害に最終的な金銭的マイナスの要素を求めているように思える表現がしばしば見受けられる。「損害」とは一体何なのだろうか。

▶▶価格相当な商品の提供

被欺罔者が交付した財産に対して価格相当な対価が給付された場合，損害があるといえるだろうか。たとえば，高性能の機器を特価で販売すると申し向け，実は低性能の機器をそれ自体の市場価格相当で販売した場合，一見，代金の交付と価格相当の商品の提供という反対給付のつり合いがとれているようにもみえる。しかし，被欺罔者は，高性能の機器でなければ必要としておらず購入しなかったはずで，反対給付は，詐欺の手段として行われたにすぎない。それゆえ，この場合には，相当対価の給付があってもなお，財産的損害があったといえる（ごく普通の電気マッサージ器を特殊治療器であるとして売却した事案につき，最決昭和34・9・28刑集13巻11号2993頁〔百選Ⅱ 48事件〕）。他方，古い判例では，医師であると偽った行為者がある薬を相当価格で販売した行為について，詐欺罪不成立とした事案もある（大決昭和3・12・21刑集7巻772頁）。これら2つの事案における判断の差は，偽った内容の対象が何であったかによって生じたものと考えられる。前者の事例では，被欺罔者は病気に効能があるかにつき関心があったのに反対給付の商品自体の性能に偽りがあったが，後者の事例では，被欺罔者は薬自体にしか関心がなかったところ，偽られたのは販売者の属性であって，反対給付の商品の性能自体に偽りはなかった。これらの違いを踏まえると，いずれの事例の結論も，判例・多数説の立場からは矛盾なく理解できる。

▶▶証明書・文書の不正取得

虚偽の申立てによって証明書の交付を受けた場合は，詐欺罪に当たるだろうか。判例では，建物所有証明書，印鑑証明書，旅券の交付，運転免許証の再交付について詐欺罪の成立を否定しているが，米穀通帳，輸出証明書，国民健康保険証，簡易生命保険証書（最決平成12・3・27刑集54巻3号402頁）の不正受交付について詐欺罪の成立を認めている。

公的な証明書に限らず，たとえば，預金通帳といった私文書についても，その文書の財産的価値を基準にして詐欺罪の成否が判断されている。最高裁は，他人名義で銀行預金口座を開設し預金通帳の交付を受けた事案について，「預金通帳は，それ自体として所有権の対象となり得るものであるにとどまらず，これを利用して預金の預入れ，払戻しを受けられるなどの財産的な価値を有するものと認められる」ことを理由に，銀行から交付された預金通帳を詐欺罪の客体である財物に当たると判断している（最決平成14・10・21刑集56巻8号670頁）。さらに，第三者に譲渡する目的を秘して自己名義の預金口座を開設し預金通帳の交付を受ける行為についても，1項詐欺罪の成立を認めている（前掲判例①最決平成19・7・17）。金融機関にとっては，振り込め詐欺など犯罪に口座が利用されると金融庁からの処分を受けて業務ができなくなる可能性があるため，口座の不正利用の回避は重大な関心事であり，重要事項と解されているものと思われる。ただし，ここでの私文書の財産的価値は，その財物自体の経済的価値というよりはその利用可能性を判断しているものであり，そのような内容に実質的な財産的損害を認めることについては議論の余地がありうる。

▶▶「損害」概念と金銭的な損失との関係

挙動による欺罔に関して前述（→*2*）した5つの事例においては，金銭的な損失はないあるいは軽微であった。判例①⑤の通帳とキャッシュカード，判例②の搭乗券は，財物であり1項の客体だが，その実体は紙やプラスチック片であり，それ自体の金銭的価値は軽微である。また，判例③④の客体はゴルフ場を利用するという利益だが，これらのケースではゴルフ場利用料が支払われており，ゴルフ場側に金銭的な損失は発生していない。

判例②の搭乗券事例では「第三者譲渡目的を秘して自己名義の搭乗券を受け取ること」が欺罔行為に当たる，つまりカウンター係員が搭乗券交付の相手方本人が航空機に搭乗するつもりがないことを知っていたら搭乗券を交付しなかったから，そのことを告げずに搭乗券を受け取る行為が欺罔行為に当たるとされた。しかし，すでに代金の決済が完了しているのに，財物を受け取った後の使い道についてまで交付の相手方に伝えなければならないのだろうか。そしてそもそも，航空券は有価証券だが，搭乗券は航空券を提示して航空会社カウンターでチェックインした際に発券されるものであり，航空機に搭乗するための通行証にすぎないが，単なる紙切れである搭乗券に財産犯規定で保護すべき財産性があるのだろうか。このように見ていくと，「財産的損害」には必ずしも金銭的損失が要求されていないように見受けられる。

☑ Check Points

□ 財産的損害を考慮することは詐欺罪の理解のために重要であるが，判例では必ずしも独立した成立要件とは考えられていない。

5　詐欺罪の守備範囲

詐欺罪が財産犯であることの制約をどのように理解すべきか。

▶▶「重要事項性」の再考察

詐欺罪の成立が認められた判例①②④⑤において，挙動による欺罔を基礎づけるキーワードは，「本人確認」から，交付の判断の基礎となる「**重要な事項**」（**重要事項性**）へと移っているように見受けられる。しかし，重要であるか否かは，時には主観に左右され，個人差の生じうる基準ともなり得る。また，それが，ただその要素がなければ交付しなかった，という条件関係的な意味で重要なだけでは足りず，財産関連的な意味における「重要さ」を含んでいる必要もあると考えられる。

他方で，かような「重要事項性」の判断の背後には，法政策や政府指針を守ることの要請も見え隠れする。判例①～⑤の事案に対応させて具体的に挙げれば，預貯金口座を犯罪に利用されることの回避，航空機におけるテロの回避，反社会的勢力（暴力団など）の社会からの排除などが，それらの要請に当たる。

▶▶財産犯としての詐欺罪規定

しかし，かような要請を理由に「重要事項性」を認め，それが満たされない場合に欺罔行為としてよいのだろうか。あるいは逆に，法政策や政府指針の裏打ちがなければ「重要事項性」は認められない，ということになるのだろうか。他方で，被欺罔者にとって重要であればどんな内容でも詐欺罪と結び付けうるとするならば，それもまた問題となろう。「重要事項性」という基準には，詐欺罪が財産犯である以上，財産関連的な，つまり財産的な側面における重要性が要求されると解されるべきではなかろうか。

ここで紹介した判例における「本人確認の要請」や「反社会的勢力排除の要請」は，前述した法益関係的錯誤説によれば法益関係的だと判断されるかどうかを，各自で考えてみてほしい。

もし，法政策や制度保護のためだけに財産犯規定を積極的に利用するということになれば，このことが財産保護の範疇を超えて対象とする法益の範囲を広げてはしまわないかを考えねばならない。例えば，反社会的勢力の排除をポリシーにしているコンビニエンスストアで，親族に反社会的勢力の関係者がいる人が黙って買い物をしたら，代金を支払っても詐欺罪になるのだろうか。また逆に，法政策や制度保護の目的が背後にある場合しか「重要事項性」が認められないならば，個人レベルの財産の保護が手薄になり，詐欺罪規定が十分な財産保護機能を果たし得なくなる，との危惧もあろう。詐欺罪規定に求められている社会的役割との兼ね合いを，これからも注意してみていく必要がある。

☑　Check Points

☐　詐欺罪が財産犯であることに鑑みると，財産的な損失をおよそ度外視して政策実現目的のために詐欺罪規定を用いることは，必ずしも好ましくない。

【参考文献】

橋爪隆『刑法各論の悩みどころ』（有斐閣，2022 年）239 頁以下，263 頁以下，286 頁以下

Unit 24

横領と背任

■ Topics ■　信じる者はすくわれた，足元を

大学のテニスサークルに入って初めての合宿。Aは，サークルのメンバーたちと一緒に，集合場所の大学正門前で迎えの貸切バスを待っていた。しかし，待てど暮らせどバスは来ない。そして，なぜか，会計担当のB先輩の姿もない。幹事のC先輩が申込書の控を片手にバス会社に電話をかけると，なぜかみるみる顔面蒼白に……「えっ，2週間前にキャンセル連絡があって全額返金したって？」顔を見合わせて「Bにやられた」とため息を吐く先輩たち。そう，Bは旅費を集めて一旦申込みまでしておきながら，無断でキャンセルして返金分を持ち逃げしたのだった。この日のために必死でバイトをして貯めたお金なのに，先輩に裏切られたなんて，とAはうなだれた。

この場合，横領罪が成立する余地があると考えられるが，一連の行為のうち，いつの時点で既遂になるだろうか。Bのその後のお金の用途は，犯罪の成否に関係するだろうか。また，どのような要件が充足すれば，業務性が認められ業務上横領罪が適用されることになるのだろうか。

横領・背任と聞けば，社会の耳目を集めるような被害額が巨額で大掛かりな事件を想像しがちだが，必ずしもそうとは限らず，こんな身近な出来事の中でも問題となり得る。また，お釣りが余分であるのをごまかして受け取る行為が，横領罪の一種である占有離脱物横領罪に当たると判断されることもある。他方，横領と背任は，いずれも大雑把な意味では人の信頼を裏切る財産犯と言えそうだが，一方が成立すればもう一方は成立しないという排他的な関係にある。本Unitでは，そのような違いも含めて，両罪の性質と成立要件についてみていこう。

1　横領罪の成立要件

横領罪の罪質はどのようなものか。
横領罪の成立要件としては，いかなる要素が挙げられるか。

▶▶横領罪の３類型とその罪質

刑法は，横領の罪として，**単純横領罪**（252条），**業務上横領罪**（253条），**占有離脱物横領罪**（254条）の３つの類型を規定し，このうち前者２つは委託物横領罪と呼ばれる。

横領罪の基本的な類型は単純横領罪とされていることから，横領罪の本質的な要素は委託関係，すなわち委託者と受託者との間の信頼関係の侵害にあると考えられる。他方でその意味において，占有離脱物横領罪は，委託関係を前提とせず，本来的な横領罪とはかなり罪質の異なる犯罪類型である。占有離脱物横領罪はきわめて単純な領得罪であるのに対し，単純横領罪とその加重類型である業務上横領罪は委託に基づき自己の占有する他人の財物を領得するという背信性を有していることからすると，両者とはその罪質がかなり異なっている犯罪類型であるといえる（業務上横領罪における業務者の身分については，65条２項の責任身分とする説が多数である。Unit 28 を参照）。

なお，占有離脱物横領罪については，他の横領罪の類型と比べて，法定刑が極端に軽いが，これは，他人の占有侵害も信頼関係の侵害も伴っていないことに加え，たまたま拾うなどして得た他人の財物をネコババして自分の者にしてしまうことは，その動機の面で非常に誘惑的であるために有責性が低いことが理由である。

▶▶横領罪の成立要件

前述したように，占有離脱物横領罪は委託物横領罪とは罪質が異なることから，以下では，委託物横領を念頭において横領罪について論じる。

横領罪は，「自己の占有する他人の物」を客体とし，それを「横領した」場合に成立するため，横領罪の成立要件として，①物の他人性，②占有，③横領行為，④不法領得の意思の意義が，それぞれ問題となりうる。横領罪における

「占有」は自己が占有することで処分可能性を有することに着目するため，占有移転罪の「占有」のように事実的支配のみを意味するのではなく，さらに法律的支配も含むと解され，不動産の占有は法律上の登記名義を有していることにより示される（大判明治44・2・3刑録17輯32頁，最判昭和30・12・26刑集9巻14号3053頁）。

▶▶横領罪における「横領行為」

委託物横領罪の構成要件該当行為は，横領である。この**横領行為**の意義については，不法領得の意思を必要とする**領得行為説**と，不要とする**越権行為説**とが対立しており，判例・通説は前者の見解をとっている。領得行為説は，不法領得の意思を実現する一切の行為を横領と解し，他方，越権行為説は，委託の趣旨に反する権限逸脱行為のすべてを横領と解している。両説の違いは，越権行為説によると，他人の物を毀棄・隠匿する行為も横領になる点である。しかし，委託物横領罪は単なる背信罪ではないと考えられる上，その法定刑が器物損壊罪（261条）の法定刑よりも重い理由として物の効用の取得という動機があることに基づく責任加重が考えられるため，不法領得の意思を必要とする領得行為説が妥当と解される。

横領行為とは，領得行為説の立場からすると，自己の占有する他人の物について不法領得の意思を実現する一切の行為をいう。売買，贈与，質入れ，抵当権の設定，費消，着服（他人のための占有を自己のための占有に切り替え自分のものとする行為），拐帯（預かった物を持ち逃げする行為），抑留（返還せずにとどめ置く行為）などが含まれる。他方，質権者による新たな質権設定（転質）は，原質権の範囲内である限り委託物横領罪にはならない（民法348条）。

▶▶横領罪における不法領得の意思

それでは，横領行為の要件である**不法領得の意思**とは，いかなる内容を指すだろうか。判例では，「他人の物の占有者が委託の任務に背いて，その物につき権限がないのに所有者でなければできないような処分をする」意思をいうとされている（最判昭和24・3・8刑集3巻3号276頁〔百選Ⅱ 66事件〕）。これは，窃盗罪における不法領得の意思の定義とかなり異なっている（Unit 21を参照）。横領罪では，窃盗罪と異なり占有侵害が欠けるため，権利者排除という要素がないことが理由の1つであろうが，毀棄・隠匿罪との区別を曖昧にしないためにも，経済的用法に従った利用・処分という要素は，横領罪でもなお必要だと思われる。そこで，横領罪における不法領得の意思の内容は，窃盗罪におけるそれとパラレルに，「自己の占有する他人の物を，委託の趣旨に反して，その物の経済的用法に従い利用・処分する意思」と理解するのが適切であろう。そして，この理解からは，自己の占有する他人の物を毀棄・隠匿する行為は，不法領得の意思を欠くことから，横領罪にはあたらないと解することになる。

また，行為者が委託された物をもっぱら本人（委託者・所有者）のためにする意思で処分した場合，不法領得の意思は否定され，委託物横領罪は成立しない。判例では，寺院の住職が寺の建設費に充てるために什物を買戻し特約付きで売却した場合（大判大正 15・4・20 刑集 5 巻 136 頁）や，農業協同組合長が組合名義で組合資金を定款外の営業に支出した場合（最判昭和 28・12・25 刑集 7 巻 13 号 2721 頁）に，不法領得の意思を欠き横領罪は不成立としている。この場合には，背任罪も図利加害目的がないため不成立となる。

もっとも，従来の裁判例の中には，もっぱら本人のためにする意思であっても，本人がなすべきでない行為やなしえない行為を行う意思の場合には，不法領得の意思を肯定し，委託物横領罪が成立するとするものがある。しかし，本人が行えないからといって，自己のために行為したことにはならない。近時，最高裁も，法令に違反する行為であってもそれをもっぱら会社のためにするとの意識の下に行うことはありえないではないとした判断を示している（最決平成 13・11・5 刑集 55 巻 6 号 546 頁〔百選Ⅱ 67 事件〕）。

▶▶横領物の横領

自己が占有する他人の物について委託物横領罪が成立する場合，横領された同一物についてさらに不法な処分がなされれば，別途に委託物横領罪が成立するだろうか。この点につき，かつての判例は，さらなる不法処分は不可罰的事後行為であって横領罪を構成することはないとしていたが（大判明治 43・10・25 刑録 16 輯 1745 頁），近時最高裁は明示的に判例変更を行い，自己が管理する他人の土地を第三者に売却し所有権移転登記をしたが，すでに先行して当該土地に無断で抵当権設定がなされていた事案において，横領罪の成立を肯定した（最大判平成 15・4・23 刑集 57 巻 4 号 467 頁〔百選Ⅱ 69 事件〕）。当該売却行為を新たな所有権侵害と構成し，先行する抵当権設定行為を共罰的事前行為として扱ったものと解したと理解できる。

☑ Check Points
□ 委託物横領罪は，委託関係を侵害する領得罪である。
□ 横領罪の成立要件としては，①物の他人性，②占有，③横領行為，④不法領得の意思が挙げられる。横領行為の定義については，領得行為説と越権行為説の対立があり，前者が判例・通説である。

2　背任罪の成立要件

背任罪の罪質はどのようなものか。
背任罪の成立要件としては，どのような要素が挙げられるか。

▶▶背任罪の罪質

背任罪をどのような内容の財産犯として理解するか，つまり，その基本的な性格をどのように理解し，その主体の範囲および任務違背行為をどのように解釈するかについて，権限濫用説と背信説の対立がある。

権限濫用説とは，背任罪を，委託者によって与えられた法的処分権限の濫用による財産侵害と解する。この見解によれば，主体となる他人の事務処理者の範囲が法定代理権を有する者に限られ，行為も法律行為しか問題とならないため，背任罪の成立範囲を明確に画することができるという長所がある。他方，委託者本人との対内的関係での背任行為，事実行為，権限逸脱行為が含まれないことから，処罰範囲を限定しすぎる点が批判される。

背信説は，信任関係に違背した財産侵害が背任であると説明し，通説はこちらの立場に立つ。判例も，質物の保管者による債務者への質物返還，帳簿への虚偽記入，コンピュータ・プログラムの不正入力（東京地判昭和 60・3・6 判時 1147 号 162 頁）などの権限逸脱の事実行為について背任罪の成立を認めていることから，背信説をとっているといえる。

背信説に立つ場合に問題となるのは，背任罪を信任義務違反，信任関係違反として理解することにより，成立範囲が不明確になるおそれがある点である。このことから，学説では，さらなる成立範囲の明確化が試みられており，たとえば，権限濫用説を出発点にする「**背信的権限濫用説**」，背信説を出発点にして限定を加える「**限定背信説**」の考え方も主張されている。背信的権限濫用説は，権限の意味を法的な代理権に限定せず，他人の財産の管理権限あるいは事実上の事務処理権限として広く捉え，横領はその権限逸脱，背任は権限濫用として理解する見解である。もっとも，権限の意義をここまで広げるなら，実質は背信説と変わらないとの批判もある。

▶▶背任罪の成立要件

背任罪（247条）は，「他人のためにその事務を処理する者」を主体とし，この事務処理者が「自己若しくは第三者の利益を図り，又は本人に損害を加える目的」で「その任務に背く行為」をし，「本人に財産上の損害を加えた」場合に成立するため，背任罪の成立要件として，①他人の事務処理者，②図利加害目的，③任務違背行為，④財産上の損害の意義が，それぞれ問題となりうる。ここでいう任務違背行為とは，行為者と（事務処理の）委託者との間の委託関係を要する行為であるとされている。

▶▶背任罪における任務違背行為

背任罪の構成要件該当行為は，その任務に背く行為，すなわち**任務違背行為**である。任務違背行為とは，通説・判例のとる背信説の立場を前提とするならば，誠実な事務処理者としてなすべきものと法的に期待されるところに反する行為をいうとされ，法律行為に限らず，事実行為も含まれる。

任務違背の有無を判断するにあたっての基準は，法令・通達，定款，内規，契約などが形式面における重要な基準となる。任務違背の要件の意義は，本人にとって実質的に不利益な行為かどうかであるとして，形式的基準に加えて実質的な考慮を任務違背行為の要件の中で行う見解と，形式的基準のみを任務違背行為の要件として，実質的考慮は後述する図利加害目的の要件において行う見解とがある。

事務担当者が行う行為のうち，株式取引や商品先物取引といった，財産上の損害を生じさせるリスクをともなう冒険的取引についての任務違背性は，行為者が担当している事務の性質や，通常の業務の範囲からの逸脱の程度などを考慮して判断することになる。

任務違背行為の典型例としては，金融機関の役職員が回収の見込みがないことを知りつつ十分な担保や保証を提供させることなく金銭を貸し付ける「不良貸付」(最決平成21・11・9刑集63巻9号1117頁〔百選Ⅱ 71事件〕)，法令や定款に違反して虚偽の決算を行って利益がないのにあったかのように装い株主への利益配当などをする「粉飾決算」，取締役が取締役会の承認を受けずに会社に自己の財産を譲渡したり，会社から金銭の貸付を受けたりする「取締役の自己取引」などが挙げられる。

▶▶背任罪における図利加害目的と「本人のため」の意思

背任罪は故意犯であることから，成立要件として，任務違背と財産的加害についての認識・予見が必要である。さらに，主観的要件として「自己若しくは第三者の利益を図り，又は本人に損害を加える目的」すなわち**図利加害目的**が必要である。ここでいう第三者とは，自己と本人以外の者をいう。図利加害目的の内容としては，自己の利益を図る目的(**自己図利目的**)，第三者の利益を図る目的(**第三者図利目的**)，本人に損害を与える目的(**本人加害目的**)が規定されている。これらのことから，本罪は，利欲罪的性格と毀棄罪的性格の両方を併せ持っていることがわかる。なお，ここでいう利益が財産上の利益に限定されるかについては議論が分かれるが，図利目的が犯罪の動機だとすると，地位保全や信用・面目の維持といった身分上の利益，保身の利益も含まれると解すべきと考えられる。また，利益に対する毀棄が成立する場合として，個人情報を本人の許可なく開示する場合が考えられる。個人情報の中には，金銭的価値を産む個人情報が含まれるが，秘められていたものが開示されることによってその価値が失われ，元々その情報を管理していた者にとっての利益が消失するため，利益の領得ではなく毀棄に当たると考えられる。

図利加害目的について，財産的加害についての認識・予見があるならば常に本人に損害を加える目的があるといえるのではないか，そしてそうであるならば，図利加害目的は故意と別個の要件ではないのではないか，ということが議論される。別個の要件であると考える立場からは，図利加害目的においては図利・加害の事実につき確定的認識が必要であると解される。しかし，図利加害目的は，本人図利目的でないこと，つまり本人のためにする意思ではないことを規定していると理解できることから，未必的なもので足りると解すべきと考えられる。また，図利加害目的と本人図利目的とが併存する場合には，どちらの目的が主であるかによって背任罪の成否が決まるとするのが，判例の考え方である（最決平成10・11・25刑集52巻8号570頁〔百選Ⅱ 73事件〕など）。

▶▶背任罪における財産上の損害

背任罪は全体財産に対する罪であるため，個別財産に対する罪とは異なり，構成要件要素として「財産上の損害」の発生が要求される。もっとも，ここでいう「損害」は，必ずしも積極的損害である必要はなく，得ることができたはずの利益を喪失したといった消極的損害であっても足りると解されている。また，この損害を，法的見地と経済的見地のいずれで理解するかについては見解の対立があったが，判例は後者の立場である，経済的財産説の考え方に立っているものとされる。回収の見込みがない相手に無担保貸付を行った事案（最決昭和58・5・24刑集37巻4号437頁〔百選Ⅱ 72事件〕）においては，未だ債務不履行の段階に至っていなくても，経済的見地から財産的価値が減少したものと評価し，財産上の損害を加えたものと判断されている。

☑ Check Points

□ 背任罪は，（通説である背信説によれば）信任関係に違背した財産侵害をその内容とする。

□ 背任罪の成立要件としては，①他人の事務処理者，②図利加害目的，③任務違背行為，④財産上の損害が挙げられる。

3　横領と背任

横領罪と背任罪の範囲が重なり合う場合は，どのように扱うべきか。

委託物横領罪の主体と背任罪の主体の範囲は異なる。しかし，範囲が重なる場合があるため，その場合にいずれの犯罪が成立するかが問題となる。たとえば，他人の事務処理者が，自己が占有する他人の物について不法な処分を行った場合，委託物横領罪と背任罪のいずれが成立することになるか。この場合，法益侵害は1つであるから，両罪は法条競合の関係に立ち，重いほうの犯罪のみが成立することになる。そこで，重いほうの犯罪の限界が両罪の区別を画することとなり，委託物横領罪と背任罪の関係では，より重い委託物横領罪の成立の限界によって両罪の区別が画されることから，委託物横領罪の成立が否定された場合に，背任罪の成否を検討すれば足りる。また，財物以外が権利の客体となった場合，財物罪である横領罪は成立し得ないため，背任罪が成立するにとどまる。

委託物横領罪と背任罪の区別についての基準は，学説においてさまざまな見解が主張されている。①事実行為による物の侵害か法的処分権限の濫用か，②背信行為の客体が物か利益か，③権限逸脱か権限濫用か，④物の不法領得か事務処理者によるその他の任務違背行為か，という基準により，それぞれ前者であれば委託物横領罪，後者であれば背任罪が成立する，という見解である。両罪の区別の基準は委託物横領罪の成立範囲がどこまで及ぶかによって決するとする考え方からは，④の基準が支持される。

判例の立場も，④から説明することが可能である。委託物横領罪が成立するためには，物の所有権の侵害が必要である。他人の事務処理者が，自己の占有する他人の物を不法に処分した場合，自己のためその利益を図ったときには委託物横領罪が成立する。これに対し，第三者のために行った場合には，自己の名義または計算（経済的利益が帰属すること）で処分したときには不法領得の意思が肯定されるから委託物横領罪が成立し，本人の名義または計算で処分したときは領得意思が否定されるから背任罪が成立する（大判昭和9・7・19刑集13巻983頁〔百選Ⅱ68事件〕参照）。つまり，領得行為があって不法領得の意思がある場合は横領罪に当たり，領得行為があるが領得の意思がない場合は横領罪に当たらず背任罪が成立する余地が残るにとどまることになる。

☑ Check Points

□ 横領罪と背任罪は，主体が異なるにもかかわらず，その成立範囲が重なり合う場合がある。

□ 横領罪と背任罪の区別についての基準としてはさまざまな見解があるが，領得行為があることを前提に，領得意思の有無で分けることができる。

【参考文献】

橋爪隆『刑法各論の悩みどころ』（有斐閣，2022 年）309 頁以下，332 頁以下，379 頁以下，397 頁以下

Unit 25

放 火 罪

■ Topics ■　火事は社会の大損害

日常生活において，火は至る所で使われている。台所での調理，たき火，花火，アロマキャンドル……それは物だけでなく，心も温めてくれる効果がある。しかし，火は社会に甚大な被害をもたらすこともある。もともと木造建築が多く立ち並んでいた日本では，火の手が上がると一気に燃え広がりやすく，その被害は火元となった特定の建造物の範囲にとどまらず，不特定または多数の人々の生命・身体・財産に及びかねないと考えられていた。そこで刑法では，火を手段とする行為から生じる社会の危険，すなわち公共の危険を考慮して放火罪（108条以下）が定められたとされている。

もっとも，近年は建築技術の発展によって，耐火構造に優れた建造物も多く見られる。では，耐火性能をもつ鉄筋コンクリート製マンションにおいて，難燃性・不燃性の素材が使われているエレベーターの内部（かご）に火を放った場合，どのような罪責が問われるだろうか。このUnitでは，放火罪の体系を理解した上で，「現住建造物」の意義や既遂時期などを検討してみよう。

1　社会的法益に対する罪／放火罪総説

社会的法益に対する罪にはどのようなものがあるか。放火罪はそれらのうちどこに位置づけられ，さらにどのように分類されるか。

①　社会的法益に対する罪の分類

Unit 25・26では，私たちの「社会」それ自体を保護法益とする社会的法益に対する罪を扱う。社会的法益に対する罪は，その特徴に応じてさらに3つに分類されるのが一般的である。第1に,「**公共危険罪**」が挙げられる。不特定または多数の人々の生命・身体・財産に対して侵害の危険を生じさせる行為を処罰するものであり,放火罪をはじめ,騒乱罪(106条)や往来妨害罪(124条)などが含まれる。第2に,「**取引等の安全に対する罪**」が挙げられる。通貨や文書といった社会的に重要な証明手段の信頼を脅かす行為を処罰するものであり,通貨偽造罪(148条),公文書偽造罪(155条),私文書偽造罪(159条)などが含まれる。第3に,「**風俗に対する罪**」が挙げられる。わが国の社会において健全なものとして広く承認されている行動様式・風習・秩序を脅かす行為を処罰するものであり,公然わいせつ罪(174条),賭博罪(185条),死体損壊罪(190条)などが含まれる。

●● ② 放火罪の分類 ●●

▶▶建造物等の焼損とそれ以外の焼損

放火罪は,燃やそうとする物(客体)の性質に応じて,建造物等放火罪と建造物等以外放火罪に大別される。前者はさらに,現に人が住居に使用し,または現に人がいる建造物,汽車,電車,艦船または鉱坑を客体とする**現住建造物等放火罪**(108条)と,現に人が住居に使用せず,かつ,現に人がいない建造物,艦船または鉱坑を客体とする**非現住建造物等放火罪**(109条)に分けられる。

▶▶他人所有と自己所有

非現住建造物等放火罪と建造物等以外放火罪は,所有者が誰であるかに応じて,**他人所有の非現住建造物等放火罪**(109条1項)と**自己所有の非現住建造物等放火罪**(109条2項),**他人所有の建造物等以外放火罪**(110条1項)と**自己所有の建造物等以外放火罪**(110条2項)に区分される。ただし,自己の所有物でも,差押えを受け,物権を負担し,賃貸し,配偶者居住権が設定され,または保険に付したものを焼損したときは,他人の所有物を焼損した者と同様に扱われる(115条)。他人の所有物への放火については,他人の財産を侵害する財産犯としての一面があるため,自己の所有物への放火よりも重く処罰される。ぜひ条文を見て,法定刑の違いを確認してほしい。

なお,建造物等以外放火罪と自己所有の非現住建造物等放火罪は,条文上

「公共の危険」の発生が要求されていることから，現に法益侵害の危険が発生したことを要件とする**具体的危険犯**であると解されている。一方，現住建造物等放火罪と他人所有の非現住建造物等放火罪は，条文上そうした要求が見られないことから，実行行為が行われれば法益侵害の危険が発生したものと推定される**抽象的危険犯**であるとされ，未遂（112条）や予備（113条）も規定されている。

▶▶結果的加重犯と過失犯

自己所有の非現住建造物等放火罪または自己所有の建造物等以外放火罪を犯すことによって，108条（現住建造物等）または109条1項（他人所有の非現住建造物等）に規定された物に延焼させた場合は，**延焼罪**（111条）が成立する。これは結果的加重犯である。また，過失により出火させた場合については，**失火罪**（116条）や業務上失火罪，重失火罪（117条の2）が規定されている。

☑ Check Points

□ 社会的法益に対する罪は，公共危険罪，取引等の安全に対する罪，風俗に対する罪の３つに分類される。

□ 放火罪は公共危険罪の１つであり，現住建造物等放火罪，非現住建造物等放火罪，建造物等以外放火罪に分類される。後２者は，他人所有か自己所有かに応じてさらに区別される。

2　現住建造物の意義

「現住」建造物かどうかは，どのように判断されるのか。

放火罪の中でも現住建造物等放火罪（108条）は，極めて重い法定刑が定められている。その根拠は，建造物の「外部」における不特定多数の人々の生命・身体・財産に加えて，建造物の「内部」にいる特定の個人の生命・身体も，現住建造物等放火罪の保護法益に含まれる点にあるとされる。そこで，建造物内にいる人に対する危険に着目しながら，本罪の客体に関する問題を検討してみよう。

① 「現住」性とは何か

現住建造物等放火罪の客体は，犯人以外の者が現に住居に使用している建造物（**現住建造物**）等，または現に犯人以外の者がいる建造物（**現在建造物**）等である。このうち後者については，建造物内にいる人に対する危険が通常問題なく肯定されうる。これに対して前者については，住居として利用されている実態があるか，建造物内に人が出入りする可能性がある場合には，建造物内にいる人に対する危険が肯定されるため，「現住」建造物として認められよう。

判例では，現住性が認められるためには，人の起臥寝食（きがしんしょく）する場所として日常使用されていれば足り，昼夜間断なく人が現在する必要はないと解されている（大判大正2・12・24刑録19輯1517頁）。例えば，宿直室を備えた学校の校舎（前掲大判大正2・12・24）や警察官の仮眠休憩施設がある派出所（札幌地判平成6・2・7判タ873号288頁）は，「現住」建造物に当たるとされる。他方，居住者全員を殺害した後に家屋に放火した場合には現住性が否定され，非現住建造物等放火罪が成立すると解される（大判大正6・4・13刑録23輯312頁）。もっとも，妻が家出した後に夫が自殺目的で自宅に放火したような場合においても，妻が荷物等を残していて，いまだ居住意思を完全に放棄していない限り，なお住居としての実態が認められ，現住性が肯定されると解されている（横浜地判昭和58・7・20判時1108号138頁）。

また，自己の経営する会社の従業員らを交代で宿泊させていた家屋に対し，従業員らを旅行に連れ出した上で放火した事案では，人が寝泊まりする場所として継続的に利用され，旅行後は宿泊しなくてもよいと従業員に伝えておらず，従業員らは旅行後も交代での宿泊が継続されると認識し，旅行中も従業員が家屋の鍵を1本持参していたことが認定された上で，本件家屋は人の起居の場所として日常的に使用され，犯行時もその使用形態に変更はなかったとして，現住性が認められている（最決平成9・10・21刑集51巻9号755頁〔百選Ⅱ84事件〕）。

② 建造物の一体性

▶▶「建造物」とは

「建造物」とは，家屋その他これに類似する建築物で，屋根があり，壁または柱で支持されて土地に定着し，少なくとも人がその内部に出入りできるものをいう（大判大正 3・6・20 刑録 20 輯 1300 頁）。「建造物……を焼損した」（108 条・109 条 1 項）といえるためには，壊さず容易に取り外せるもの（カーテンや雨戸など）を燃やしただけ（この場合には器物損壊罪の成否が問題となる）では足りず，容易に取り外せないもの（天井や壁・床など）を焼損しなければならない。Topics で挙げたマンション内のエレベーターのかごに関しては，取り外しに際して作業員約 4 人がかりで 1 日の作業量を要することが認定された上で，「建造物」の一部を構成すると判断された判例がある（最決平成元・7・7 判時 1326 号 157 頁〔百選Ⅱ 82 事件〕。原判決である札幌高判昭和 63・9・8 高刑速（昭 63）号 214 頁参照）。

▶▶物理的一体性と機能的一体性

建造物には，複数の建造物が渡り廊下などでつながっており，その一部のみが居住部分として使用されているものも見られる。このような**複合建造物**の非現住かつ非現在部分に放火した場合に，「現住」区域と一体性を有すると評価して，現住建造物等放火罪の成立を認めることは可能だろうか。

多数説は，現住・現在部分との物理的一体性と機能的一体性を合わせて考慮し，「現住」建造物に当たるかどうかを判断している。**物理的一体性**とは，構造上の一体性を意味する。物理的一体性を有する場合は，現住・現在部分に延焼する可能性が高いため，通常は非現住・非現在部分に放火した場合でも建造物内にいる人に対する危険が肯定されうる。また，**機能的一体性**とは，使用上の一体性を意味する。機能的一体性を有する場合は，建造物内に人が居合わせる可能性が高いため，そうした人に対する危険が肯定されうる。

例えば，深夜，平安神宮の祭具庫に放火し，隣接する本殿などを焼損したが，それらは非現住・非現在部分であったことから，現住部分の社務所などとの一体性が問題となった平安神宮事件（最決平成元・7・14 刑集 43 巻 7 号 641 頁〔百選Ⅱ 83 事件〕）では，①社殿の建物はすべて廻廊・歩廊でつながっており，

②それらはすべて木造であるため延焼可能性が否定できず，③昼間は拝殿に参拝客が訪れ，④夜間は神職らが巡回していたことなどが指摘された上で，「右社殿は，その一部に放火されることにより全体に危険が及ぶと考えられる一体の構造であり，また，全体が一体として日夜人の起居に利用されていたものと認められ……，物理的に見ても，機能的に見ても，その全体が一個の現住建造物であったと認めるのが相当である」とされた。この事案では，①や②が物理的一体性を根拠づけ，③や④が機能的一体性を根拠づける事実であるといえよう。

これに対して，駅直結型マンションのように，物理的一体性を有する場合でも駅とマンションを1個の現住建造物と評価することが好ましくない場合もあるとして，機能的一体性のみ考慮すれば足りるとの考え方も見られる（大判大正3・6・9刑録20輯1147頁も参照）。しかし，こうした考え方に対しては，1個の現住建造「物」といえるためには，最低限，現住部分との物理的一体性の存在を前提とする必要があるとの批判が向けられている。

▶▶難燃性・不燃性建造物の場合

マンションのような耐火構造の建造物（難燃性・不燃性建造物）において，その1区画の空室に放火した場合，他の区画の現住部分に延焼する可能性は極めて低い。このような場合にも現住区域との一体性は認められるだろうか。

現住建造物等放火罪が建造物内にいる人に対する危険も考慮していることを踏まえれば，現住部分への延焼可能性がほとんどない場合や来訪者への危険が認められない場合には，「現住」建造物との一体性が否定されよう。例えば，深夜，鉄筋10階建てマンションの1階にある無人の医院に放火して焼損させた事案（仙台地判昭和58・3・28判時1086号160頁）では，「すぐれた防火構造を備え，一区画から他の区画へ容易に延焼しにくい構造となっているマンションの一室であり，しかも，構造上及び効用上の独立性が強く認められる」として，外観上1個の建築物であることのみを理由に現住建造物と評価するのは相当でなく，「非現住」建造物に当たると評価された。これに対して，Topicsで挙げた事例と類似の事案（前掲最決平成元・7・7）では，エレベーターが，マンションの各居住空間の部分と一体として機能し，現住建造物である本件マンションの一部を構成しているとした原判決が是認された。この事案では，エレベーターが常時利用される共有部分であり，現住区域に火勢が及ぶ可能性がまったくないとまではいえないことから一体性が認められたものと解されよう。

☑ Check Points
- □ 「現住」性は，住居として利用される実態があるか，建造物内に人がいる可能性があるか，といった観点から判断される。
- □ 「建造物」とは，家屋その他これに類似する建築物で，屋根があり，壁または柱で支持されて土地に定着し，少なくとも人がその内部に出入りできるものをいう。
- □ 1個の建造物かどうかは，物理的一体性と機能的一体性の両面から判断される。
- □ 難燃性・不燃性建造物については，現住部分への延焼可能性がまったく認められないような場合には一体性が否定される。

3　放火罪の実行行為と既遂時期

「焼損」とは，どのような状態を意味するのか。

①　放火行為

放火罪の実行行為は，放火行為である。「放火」とは，目的物の焼損を惹き起こす行為であり，家屋の床に灯油を撒いて点火する行為や，新聞紙にライターで点火する行為などが「放火」に当たる。ガソリンなど引火性の強い物質を散布する場合は，点火行為前であっても，散布した時点で実行の着手が認められる余地がある（広島地判昭和49・4・3判タ316号289頁）。その時点で焼損を惹き起こす現実的危険が生じるからである（Unit 12を参照）。なお，放火行為には不作為の場合も含まれる（Unit 4の*3*を参照）。

② 「焼損」の意義

現住建造物等放火罪（108条），他人所有の非現住建造物等放火罪（109条1項）は，目的物を「焼損」した時に既遂となる。では，「焼損」とは，どのような状態を意味するのか。以下では，他人の住居に侵入し，①カーテンに火をつけたところ，②炎が天井板に燃え移り，③天井板が焼失し，④柱や屋根が燃焼し，⑤それらが焼け落ちた事例をもとに考えてみよう。

▶▶独立燃焼説

判例は，火が媒介物から離れ，目的物が独立して燃焼するに至った状態を「焼損」と解している（**独立燃焼説**。大判大正7・3・15刑録24輯219頁，最判昭和25・5・25刑集4巻5号854頁〔百選Ⅱ 81事件〕）。放火罪が公共危険罪であることを踏まえると，独立して燃焼した時点で公共の危険が生じているからである。この考え方によれば，先の事例では②の時点で「焼損」が認められる。

しかし，②の時点では消火器などで容易に消火できるにもかかわらず，その時点で既遂となれば，未遂犯（中止未遂の場合を含む）の成立範囲は過度に狭くなる。そのため，独立燃焼説を前提としつつ，燃焼がある程度継続することを要求する見解が有力である。

▶▶効用喪失説

既遂時期を遅らせる考え方として，火力によって目的物の重要部分が燃焼し，その本来の効用を失った時に「焼損」といえるとする考え方（**効用喪失説**）が主張されている。この考え方は，放火罪が目的物の効用を失わせるという財産犯的側面を有している点に力点を置き，全焼ないし半焼に至った段階で既遂が認められるとしている。これを先の事例に当てはめると，⑤の時点で「焼損」が認められよう。しかし，この考え方によると逆に既遂の成立が遅すぎて，例えば自己所有の非現住建造物の場合には，未遂犯処罰規定がないため⑤に至るまで不可罰となるが，そのような帰結は不当であるとの批判がある。

▶▶燃え上がり説

そこで，独立燃焼説を修正し，目的物が燃え上がった時，すなわち目的物の重要部分が燃焼を開始した時に「焼損」を認める考え方（**燃え上がり説**または**重要部分燃焼開始説**）が主張されている。この考え方を先の事例に当てはめると，柱や屋根は家屋の重要部分であるため，遅くとも④の時点で「焼損」が認められる。しかし，天井板も家屋にとって重要部分であるともいえ，「重要部分」かどうかの判断基準が不明確であると評されている。

▶▶毀棄説

一方，効用喪失説を修正し，目的物が毀棄罪（Unit 20を参照）にいう「損壊」の程度に達すれば「焼損」とする考え方（**毀棄説または一部損壊説**）もある。本説によれば，先の事例では③の時点で「焼損」したと認められよう。しかし，そもそも財産犯における「毀棄」の解釈を公共危険の存否に関する判断に用いるのは適切でないとの批判がある。

▶▶新効用喪失説

上記に挙げたいずれの見解も，最低限，建造物の一部が独立して燃焼しなければ「焼損」したとは認められないとする点では一致している。もっとも，難燃性・不燃性建造物の場合には，建造物が独立して燃焼する状態に至らないか，あるいはそもそも燃焼しないため，せいぜい有毒ガスや煙が発生するにとどまることになる。そこで，独立して燃焼する状態に至らなくても，媒介物の火力によって建造物が効用を失う程度になった場合には「焼損」に当たる（**新効用喪失説**）との考え方も主張されている。この考え方によれば，先に挙げた事例の住居が難燃性建造物であった場合，①の時点で有毒ガスや煙などが発生すれば，「焼損」と認められよう。しかし，放火罪は，「火力」を用いて目的物を焼損することが必要と考えられるため，目的物の燃焼によらない危険な状態を「焼損」とは評価できないと批判されている。

☑　Check Points

□　判例によれば，「焼損」とは，火が媒介物から離れ，目的物が独立して燃焼する状態をいう。もっとも，それだけで「焼損」と評価してよいか，難燃性・不燃性建造物を想定すると独立燃焼の状態すら不要ではないか，といった議論が見られる。

4　公共の危険の意義

109条2項・110条に規定されている「公共の危険」はどんな内容か。行為者はその認識を有している必要があるか。

▶▶「公共の危険」とは

自己所有の非現住建造物等放火罪（109条2項），建造物等以外放火罪（110条）では，条文上「公共の危険」の発生が要求されている。その意義をめぐり，①周囲の建造物への延焼を介して発生することが必要と解するか（**限定説**），それとも②そのような限定は不要か（**非限定説**）が議論されている。

判例は②の考え方を採用し，110条1項にいう「公共の危険」とは必ずしも108条および109条1項所定の客体（建造物）に対する延焼の危険のみに限られるものではなく，不特定または多数の人の生命，身体または前記建造物等以外の財産に対する危険も含まれると解されている（最決平成15・4・14刑集57巻4号445頁〔百選Ⅱ 85事件〕）。この考え方によれば，例えば火のついた新聞紙を停車中のバスの車内に投げ入れる行為は，周囲の建造物への延焼を介さずに乗客の生命・身体に危険が及んでいるが，それでも建造物等以外放火罪が成立することになる（東京地判昭和59・4・24判時1119号40頁）。学説上はこれをさらに推し進めて，例えば消火作業中の消防士が負傷したり，周囲の人々が逃げる際に転倒して負傷したりするような危険についても「公共の危険」に含めてよいとする見解も主張されている。これに対しては，燃焼作用による危険とは無関係に「公共の危険」を広範に認めるべきではないとの批判もある。

▶▶「公共の危険」の認識

多数説は，109条2項や110条が具体的危険犯であり，公共の危険の発生が構成要件要素であることから，同罪の故意が認められるためには公共の危険を認識している必要があると解している（**認識必要説**）。しかし，「周囲の建造物に延焼する危険」の認識を要求すると，現住建造物等放火罪や他人所有の非現住建造物等放火罪の故意と区別がつかなくなるとして，公共の危険の認識は不要であるとの主張も見られる（**認識不要説**）。判例は公共危険の認識を不要と解しているが（最判昭和60・3・28刑集39巻2号75頁〔百選Ⅱ 86事件〕），そうすると器物損壊罪（261条）の認識だけで建造物等以外放火罪（110条）の故意が認められたり，適法である自損行為の認識だけで自己所有の非現住建造物等放火罪（109条2項）の故意が認められたりしてしまい，不当であるとの批判がある。

☑ Check Points

□ 109条2項・110条における「公共の危険」について，判例によれば，周囲の建造物への延焼を介さずに発生する場合を含み，公共の危険の発生を認識する必要はないと解されている。

【参考文献】

井田良『講義刑法学・各論〔第3版〕』（有斐閣，2023年）432頁以下
橋爪隆『刑法各論の悩みどころ』（有斐閣，2022年）437頁以下

Unit 26

文書偽造罪

■ Topics ■　代返，代筆，替え玉受験，カンニング

最近では少人数教育の重要性が指摘されることも増えてきているとはいえ，大半の大学の法学部では未だに多数の学生が大教室に出席して受講するという授業形態が中心を占めていると思われる。そんな中，（読者の皆さんはまさかそんなことはないと思うが）学生が不正手段を用いて単位を取得しようとするケースはなお身近な問題であるかもしれない。例えば，①欠席している友達に頼まれて出席簿やリアクションペーパーに友達の氏名等を記入してやる行為（いわゆる代返）や，②レポートの提出が求められた際，友達に頼まれて内容を作成し，表紙に友達の氏名等を記入して提出する行為（代筆）などがありそうである。極端な場合には，③友達になりすまして期末試験を受け，答案に友達の氏名等を記入する行為（替え玉受験）も考えられるかもしれない。

判例の中には，大学入試の替え玉受験の事案において有印私文書偽造罪・行使罪の成立を認めたものがある（最決平成 6・11・29 刑集 48 巻 7 号 453 頁〔百選Ⅱ 89 事件〕）。ここでは本決定における争点や判例としての射程などについて説明することはできないが，仮にこれを前提とした場合，上述の①～③の行為も同様に私文書偽造罪を構成するのだろうか。さらに，いわゆるカンニングは文書偽造に該当するのだろうか（本 Unit で学習したのち，照沼亮介「演習」法学教室 411 号〔2014 年〕160 頁以下も参照して考えてみて欲しい）。

1　文書の意義

刑法上の「文書」とは何か。紙に書かれたものに限定されるのか。

▶▶意思を表示した「証拠」

刑法上の**文書**とは，文字またはこれに代わるべき可読的符号（例えば点字など）を用いて，人の意思または観念を表示したものと解されており（大判明治43・9・30刑録16輯1572頁），必ずしも紙と筆記用具を用いたものに限定されない（さらに，象形的な表現方法を用いて意思・観念を表示したものについては**図画**とされるが，広義では文書に含まれる）。ここで保護の対象となるのは，人が一定の意思を表示したという事実を証明できるもの，いわば意思表示の「証拠」となり得るものであると解されている（その理由については*2*で「偽造」の意義を説明する際に確認する）。その関係で，その性質や状況から一般人が一定の意思内容を読み取ることができれば足りるともいわれており，例えば郵便局の日付印や手荷物預かり札なども文書に含まれ得るとされる。

ただしその性質上，以下の二点に留意が必要である。第1に，記録内容が物体上に表示され，外観から意思表示の内容や意思表示した者が誰かなどといった情報を知覚できる必要がある（**可視性・可読性**が必要である）。したがって，録音データやUSBメモリ・CD等の媒体に記録された内容などは文書には含まれない。第2に，表示された意思を客観化されたものとして安定的に保護する以上，そこでは意思表示について一定程度の継続性・確定性が必要となる。例えば，砂浜の上に書いた文字の場合にはこれが欠けるなどといわれている。

▶▶コピーの文書性

文書を上述のように定義した場合，その「原本性」が重要だとされる。これに対して原本と同じ内容を手書きで筆写したもの，すなわち「写し」は，これを現実に書き写した人が新たな意思・観念の表示主体となり，原本を作成した者とその意思表示の内容が外観上認識し得ないのであるから，原本と同じものとしては扱えず，まったく別個の文書となる（したがって原本を正しく写した旨の文言〔認証文言〕が認証者の名称と共に記載されている場合に限って，写しの文書性は肯定されると解されている。最決昭和34・8・17刑集13巻10号2757頁参照）。しかしコピー（フォトコピー）は，原本の機械的に正確な再現によって社会生活上原本の代用ないし原本に準ずるものとされており，例えば病院で診察を受ける際，健康保険証についてはコピーを提出すれば足りるのが通常である。そのため，コピーについて原本そのものと同様の「文書」性を肯定できるかが問題となる。具体的には，あたかも正式な原本を自分が保有しておりその正確なコピーであるように見せかけて使用する目的で，不正なコピーを作成した場合の処理が問われる（これに対して，「原本そのものに見せかけて」使用する目的でコピーを作成した場合は，原本である「文書」を偽造したことになる点に注意してほしい）。

この点，判例は，公務員である供託官が職務上作成し，正規に発行した供託金受領証のうち，供託官の記名・押印部分を切り離して，これを予め用意してあった虚偽事実記入済みの供託書用紙と合わせて（この段階では一見して不正に手を加えたことが明らかである），これをコピー機で複写して加工の痕跡を消すことで，あたかもそのような内容の原本が存在しており，その正確なコピーであるかのように見せかけた行為について，フォトコピーは原本の内容のみならず，筆跡，形状まで機械的かつ正確に再現するという点で「原本が右コピーどおりの内容，形状において存在していること」についてきわめて強力な証明力を持ち得るのであり，原本と同程度の社会的機能と信用性を有しているとした上で，本件コピーも原本の作成名義人である供託官の名義による有印公文書に当たるとした（最判昭和51・4・30刑集30巻3号453頁〔百選Ⅱ88事件〕）。

他方，学説ではこれに反対する見解が支配的であり，コピーはいかに精巧なものであっても写しに過ぎず，原本の作成者が表示した意思内容ではなく，「原本が存在するという事実」を証明するにとどまるものであると主張されている。また判例の考え方では，文書のコピーを作成すること自体は本来自由であるはずなのに常に有形偽造を構成することになってしまう点も問題視されている。判例の立場からこの結論を回避すべく，一般的にコピーが許されている公文書について常に原本が必要だとするのは過度な負担となることから，官公庁は私人に対して内容に手を加えず単にコピーする行為を事前に「包括的に許諾」しているという説明もなされている。もっとも，この場合の許諾は「コピーの作成」にしか及んでおらず，その後コピーされたものが社会生活上の広範な場面で多様な用いられ方をすることに対してまでは及んでいないのではないかといった疑問がなお向けられている。

☑ Check Points
- □ 刑法上の文書とは，文字などの可読的な符号を用いて，人の意思・観念を，一定程度の継続性をもって表示したものを指す。
- □ コピーの文書性については，判例は高度の証明力や社会的信用性を根拠としてこれを肯定するが，学説上は批判的な見解が多い。

2　保護法益と「偽造」の意義

文書偽造罪の保護法益は何か。有形偽造と無形偽造とはどのように区別されるか。

▶▶「名義」の保護と「内容」の保護

社会的法益に対する罪の総説部分（Unit 25 の *1*）で触れたように，およそ偽造の罪は，社会的な重要性を備えた証明手段に対する信頼を保護しようとするものである。その中でも代表的な存在である文書偽造罪につき，わが国の刑法では原則として，表示された「内容」の真実性ではなく，文書の作成「名義」の真実性，すなわち文書から読み取られる意思・観念の主体（後述する作成名義人）の真実性に対する信頼の保護を目的としており，例外的に，公文書のすべて（156 条）と私文書の一部（160 条）については作成名義人本人が内容虚偽の文書を作成することについても処罰対象に含めるという構造になっている。

以上につき，文書の作成名義に対する信頼を保護する考え方を**形式主義**と呼び，文書の内容に対する信頼を保護する考え方を**実質主義**と呼ぶことがあるが，わが国の刑法では形式主義が原則とされつつ一定の場合に実質主義による補完がなされているということになろう。その理由については一般に以下のように説明されている。すなわち，たとえ虚偽の内容が記載されていても，名義さえ真実であれば，それを信頼した者は名義人に対して記載された意思表示の内容につき責任を問うことができる。しかし，名義の真実性が偽られてしまえば，意思表示をした者が分からず，責任の所在が不明となり，文書という制度一般に対する社会の信頼がより傷付けられるおそれがある。したがって，名義の真実性を偽る後者の行為により高い処罰の必要性が認められる，というものである。

▶▶有形偽造と無形偽造，偽造と変造

このような「名義を偽る」行為と「内容を偽る」行為との区別は，「偽造」という本罪の実行行為の解釈にそのまま反映される。すなわち，前者の，他人の作成名義を勝手に用いて文書を作成する行為を**有形偽造**といい，後者の，内容虚偽の文書を作成するにとどまる行為を**無形偽造**という。そして，実際上問題となることが多い私文書については有形偽造に該当しなければ処罰対象とならないのが原則である（159条）から，その判断基準が非常に重要となるのである。

現在の判例では，有形偽造について**作成者**と**作成名義人**との間の人格の同一性を偽ること，または両者の間に不一致を生じさせることであると定義される（最決平成5・10・5刑集47巻8号7頁〔百選Ⅱ 95事件〕，最決平成11・12・20刑集53巻9号1495頁）。かつては，作成権限のない者が他人の名義を冒用して文書を作成することが有形偽造だとする定義もみられたが（例えば公文書偽造に関する事案ではあるが最判昭和51・5・6刑集30巻4号591頁〔百選Ⅱ 91事件〕は有形偽造をこのように定義している。また最判昭和59・2・17刑集38巻3号336頁〔百選Ⅱ 94事件〕は有形偽造をいったんこのように定義しつつ，その本質は「文書の名義人と作成者との間の人格の同一性を偽る」点にあるとした原判決を正当としている），そもそも「権限」の意義自体が不明瞭であり，特に私文書の場合にはそのようなものの所在を認めること自体困難であることも踏まえれば，直截に意思表示について責任の所在を不明瞭にさせる点を中心に据える現在の定義の方がより適切であろう。

なお，以上の区別とは別に（つまり，有形・無形を問わず），文書偽造罪の行為類型では**偽造**と**変造**とが区別されて規定されている。偽造とは「新たに文書を作出する」ことであるのに対し，変造とは既に真正に作成されている既存文書の「同一性を損なわない範囲で改ざんする」ことを指す。他人名義の借用証書の金額を勝手に書き換える行為は，文書の同一性を保ちつつ非本質的な部分を改ざんするにとどまるので変造に当たる（大判明治44・11・9刑録17輯1843頁）。

▶▶作成者の意義

上述の定義からすれば，文書の作成者と，文書上作成者として認識される者（作成名義人）とが一致しない場合に，初めて名義の真正が損ねられることになる。それでは，「作成者」に該当するか否かはどのように判断されるのだろうか。

まず，直感的にイメージし易いのは，筆記用具やワープロソフトを用いて物理的に文書を作り上げた者を作成者とする考え方（**事実説・行為説**などといわれる）であろう。しかしこの考え方によれば，例えば 例1 秘書Xが社長Yの指示を受けてY名義の文書を作った場合のような典型的な代筆のケースでも，作成名義人がYであるのに対して作成者がXだということになって，両者の人格の同一性が損ねられており，Xの行為は有形偽造とされるという非常識な帰結に至ることになる。おそらくはこれを回避するための理由付けとして，従来は有形偽造の定義に関し「作成権限の有無」という基準を設けた上で，例1 ではXに「作成権限が与えられていたから」偽造に該当しないとする説明を施していたのではないかと思われる。しかし，このように組織内において指揮命令の関係や代理権の授与といった事実が認められる事案はそれでよいとしても，私文書はそのような場合に限られず「権限」の存否が不明な場合も多くあるため，このような基準が適切に機能するかは疑わしい。

そこで，代理・代筆行為が一般にみられる今日では，文書に表示された意思・観念が精神的に由来する者，文書作成に際しての意思表示の主体となった者を作成者として扱う考え方（**意思説・観念説**）を出発点とすべきであると解されている。これによれば，例1 のような場合はYの意思に合致する（意思表示に由来する）文書ができているので，Yは作成名義人であるだけでなく作成者でもあるといえる。したがって両者の間の人格の同一性は損なわれておらず，Xの行為は有形偽造に該当しないという帰結を導くことができる。

また，文書の定義が「人の意思・観念が表示されたもの」であるのならば，その文書上に意思・観念を表示した者，ここではYを作成者として考えるというのが論理的であるといえよう（この点と関連して，一見すると公的な性質を有しているように見える文書でも，そこで意思表示をした主体〔作成者〕が私人なのであればなお私文書となる。逐一説明する余裕がないが，例えば以下 *3* で取り上げる判例の事案につき，いずれも私文書であることを確認して欲しい）。

▶▶「意思に合致」していればよいか

もっとも，実は問題はここから始まる。例えば，例2代理権のないXが「Y代理人X」という名義の文書を作成した無権代理の場合において，「Yの意思に反していた」という点のみを強調すると，Xが単に見栄を張って自分の肩書きを偽っていただけのような一般に無形偽造であると考えられる場合にも一律に有形偽造と評価されることになりかねない。場合分けをした上で，当罰性の高い場合に限り有形偽造とする方法は考えられないだろうか。

こうした問題を考える際に，上述の意思説から出発しながら，法的な効果が帰属され，内容につき法的責任を負うことになる者を作成者として扱う考え方（効果説）も主張された。これによれば，例2において本人Yが事後的にXの行為に承諾を与えたような場合（追認した場合）にはYに私法上の効果が帰属され（民法113条）作成者となるので，Xの行為は直ちに無形偽造として扱われることになる。しかし，こうした私法上の意思表示の効力に関する規定はさまざまな政策的考慮から設けられているものであり，こうした事情によって刑事責任の有無が変動するというのは不安定・不自然である。何よりも，これでは文書の「内容」を考慮して有形偽造の成否を判断していることにほかならず，形式主義に正面から矛盾することになってしまう。

そこで現在では，以下のような考え方が有力に主張されている。すなわち，文書が真正であるかどうかは，法的効果が最終的に認められるかどうかではなく，意思・観念を表示した「証拠」として使用し得るものが作成されたかどうかという観点から決せられる。いわば，文書の「作成」責任，意思表示の責任が帰属される主体が作成者である，というものである。これによれば例2のような事案であっても，それが無権代理かどうか，追認があったかどうか，表見代理（民法109条・110条・112条）の要件を充足するかどうか……といった問題は有形偽造の成否を左右するものではなく，むしろAがXのような者に意思表示を委ねた（Aが文書上にあるような意思表示をした）と評価して差し支えないだけの事実関係があるかどうかが検討されることになる。

▶▶「文書の性質」論と規範的判断

近年では有形偽造の成否の判断に際して「文書の性質」が重視されることが多い。つまり，文書の性質上，作成者や作成名義人となるには特定の事情が要求される場合には，たとえ文書の外観上名義の存在が認められる者の意思に事実上合致した文書が作成されていたとしても，なおそうした事情が本人に欠如していれば有形偽造として評価されることになる。

もっともその際の理由付けとしては，大きく分けて2つの説明がなされている。第1に，作成者の判断を行う際，こうした事情の欠如した者には，作成責任（意思表示の責任）を規範的な見地から「帰属させるべきではない」ので，作成者になり得ないとするものである。こうした立場によれば，例えば性質上一定の適格のある者のみに作成が認められる文書については，仮にXがYの意思に従った形でY名義の文書を完成させたとしても，Yにはその意思表示の責任を帰属させることが規範的に認められないので，Yは作成者となり得ない。したがって作成者はX，作成名義人はYとなり，Xには有形偽造が成立することになる（Yはその共犯となり得る）。

第2の説明は，こうした場合に作成者については意思説の出発点に忠実な形でYであるとしつつ，作成名義人は，文書の性質上「○○の事情が備わったY」であると解する。ここでの作成名義人は現実には存在していない架空の人格（**虚無人**）であるが，一般的に作成名義人はこうしたものであっても足りると考えられているので，これが作成者とは別の人格であるとして有形偽造の成立を肯定するのである（Xはその共犯となり得る）。

以上のような規範的考慮によって有形偽造の成立を認める考え方（規範的意思説）に対しては，文書の性質を考慮することをはじめ，一定の地位，資格，属性などを取り込んだ形で作成名義を判断するというのは，文書の内容と名義との区別を失わせるものであって，有形偽造と無形偽造の成否を不明確にするという批判がある。このような見地から，出発点に忠実に，あくまでも作成者の意思に適った文書が事実として作出されているかのみを問題とすべきだとする見解（事実的意思説）も主張されている。

☑ Check Points

☐ 私文書については，原則として有形偽造のみが処罰対象とされている。

☐ 現在では，作成者と作成名義人との間の人格の同一性を偽る行為が有形偽造であると考えられている。

☐ 作成者は，文書上に自己の意思を表示した者と解される（意思説）。もっとも，事実上自分の意思と合致した形で自己の名義を表示した文書が作成されればそれで常に作成者となり得るかについては議論がある。

3　有形偽造の成否が特に問題となる場合

一定の性質を有した文書について，承諾を得て他人の名義を用いたり，偽名を用いたり，経歴詐称した場合に，有形偽造と解する余地はあるか。

▶▶作成名義人の承諾

外形上，作成名義人にあたる者が自己の名義の使用を承諾している場合，その者の名義で文書を作成しても，その者の意思に合致した文書が作られたにすぎないのであるから，意思説の前提からは有形偽造は成立しないようにも思われる。ところが，判例ではこうした事例において有形偽造の成立が認められたものが多く，その当否をめぐって議論がなされている。

例えば，運転免許停止の処分を受けていたXが無免許運転で警察官の取調べを受けた際に，交通事件原票の供述書部分に，自らの氏名ではなく事前に同意していた知人Yの氏名を記入した事案において，最高裁は，交通事件原票供述書はその性質上作成名義人以外の者がこれを作成することは法令上許されない文書であり，Yが名義の使用について同意していてもそのような同意は違法であって無効であり，有形偽造が成立するとした（最決昭和56・4・8刑集35巻3号57頁〔百選Ⅱ97事件〕)。有形偽造の成否を規範的に判断する見解は，①

文書の性質上，Yに供述書を作成した効果を帰属させることは規範的に許容されないので，作成者はXであり，これと名義人Yとは別人格であるとか，②文書の性質上，違反者は文書上の意思表示を自分以外の者に引き受けさせることはできない以上，供述書の作成名義人は「警察官に違反を現認されたY」であり，Xあるいは実際のYはこれとは別人格であるとして，この結論を支持している（なお，こうした形で有形偽造の成立を認めた場合にはYにも共犯の成立する余地がある）。ここで注意すべきなのは，文書偽造罪の保護法益は「社会」の側の信頼であるから，一個人が自己名義の使用について承諾しているとしても，それは「被害者」の承諾に該当せず，違法性を阻却する効果を持ち得ないという点であろう（Unit 8 参照）。

他方，事実的意思説の側からは，供述書において「自署」が要求されているのは事件処理の迅速性・画一性の担保といった行政上の目的によるものであり，こうした点の瑕疵は名義の使用に対するYの承諾の有効性には何ら影響を与えないと批判されている。

▶▶通称・偽名の使用

以上のような，文書の性質を根拠として一定の地位・資格・属性を文書の「名義」にも組み込む余地を認める立場からは，通称や偽名を用いた場合においても架空の別人格を作出したとして有形偽造の成立を認める余地が生じる。最高裁は，日本に密入国したのち25年以上も適法な在留資格を有するA名義で生活していたXが，入国管理事務所における再入国許可申請書に自己の通称名として広く使用している「A」名義を記入したという事案において，再入国許可申請書は審査の前提として申請人の本名を用いて作成することが当然に予定されており，その偽名がいかに実生活上定着していたとしても，外国人登録の関係では「別人」になりすましていた事実は否定できないとした上で，「適法に本邦に在留することを許されているA」（作成名義人）と，何らの在留資格をも有しないX（作成者）とは別人格であるとして有形偽造の成立を認めた（前掲最判昭和59・2・17）。また，指名手配されて逃走中であったXが就職するため，市販の履歴書用紙に自分の顔写真を添付し，偽名・虚偽の住所および生年月日等を記載して就職先に提出した事案においては，たとえ自分の顔写真が貼り付けられ，文書から生ずる法的責任を免れる意図がなくとも，表示された人格はXとは別人格であるとして有形偽造の成立が認められた（前掲最決平成11・12・20）。

▶▶肩書・資格の冒用

さらに同様の前提から，肩書や資格を偽った事案においても一定の場合に有形偽造の成立が認められている。ジュネーブ条約に基づき権限のある当局・団体しか発給できない国際運転免許証につき，Xが表紙に英仏語で「国際運転免許証」などの文字を記載するなど，形状，記載内容等が酷似した文書を作成したという事案で，表紙には「国際旅行連盟」という団体が発給者として表示されており，Xは外国に実在する同連盟から文書の作成を委託されていたが，実際には同連盟が条約に基づく国際運転免許証の発給権限を与えられた事実はなく，Xもこのことを認識していたという場合に，最高裁は，ここでの作成名義人は「ジュネーブ条約に基づく国際運転免許証の発給権限を有する団体である国際旅行連盟」であって，実際の同連盟には発給権限はなかった以上，同連盟がXに対してその作成を委託していたとしても，Xの行為は人格の同一性を偽るものであって有形偽造が成立するとした（最決平成15・10・6刑集57巻9号987頁〔百選Ⅱ 96事件〕）。ここではX自身は委託者の意思に基づいた上でその名義を用いた文書を作成している。しかし，最高裁は「発給権限」という資格を名義に組み込んだ上で，これを有していない現実の委託者との間には齟齬があるとしており，規範的判断を行う学説のうち第2の立場と共通する手法が用いられているといえよう。

▶▶有形偽造の限界はどこか

判例やこれを支持する学説の立場に対しては，これらの文書を提示された相手は表示された名義から実際の作成者に到達でき，内容に関する責任も追及し得るのだから，人格の同一性は害されておらず文書の信用も害されたとはいえないとする批判がなされている。ここでは，文書の性質を根拠にどこまでの属性を名義（人格）の中に取り込み得るのか，ということが問われているといえる。では，例えば以下のような事案についてはどのように考えるべきだろうか。

①既婚者が仕事の便宜上旧姓を記載した書類を職場に提出した

②著名人がホテルに宿泊する際に偽名を宿泊申込書に記入した

③実際には有していない，「博士号」「社長」「○×大学卒業」「○×検定試験○級合格」などの資格・肩書を，自己名義で作成している履歴書に記入した

☑ Check Points

□ 形式的には名義人からの名義使用の承諾がある場合，通称・偽名を用いた場合，肩書・資格を冒用した場合などにつき，判例は文書の性質を根拠に有形偽造の成立を認める余地があるとしている。

【参考文献】

伊藤渉ほか『アクチュアル刑法各論』（弘文堂，2007 年）353 頁以下（成瀬幸典執筆）
安田拓人ほか『ひとりで学ぶ刑法』（有斐閣，2015 年）142 頁以下（和田俊憲執筆）

Unit 27

賄賂罪

■ Topics ■　「官と民」,「公と私」？

本 Unit の主な対象となる収賄罪は主体が公務員に限定された身分犯である（身分犯については Unit 2, Unit 28 を参照）。民間企業の重役が取引先に便宜を図ったことの見返りとして高級な飲食店で接待を受けたとしても，刑法上の収賄罪にはあたらない（ただし，会社法 967 条には罰則が存在している）。他方，刑法は，例えば公務員の職務＝公務が暴行・脅迫を用いて妨害された場合には，公務執行妨害罪（95 条）で対処している。民間企業の職務が同様に妨害を受けたとしても，業務妨害罪（233 条後段・234 条・234 条の 2）の限度でしか評価されないことと対比すると，判例上，公務については業務妨害罪による保護も（かなり広範に）及んでいることを考えれば（例えば，東京高判平成 21・3・12 高刑集 62 巻 1 号 21 頁などを参照），公務はより手厚く保護されているともいえる。

しかし，官公庁と民間企業とで職務それ自体の性質において明確な差異があるといえるかは微妙である。例えば国公立大学と私立大学とで授業や研究の性質に照らし上記のような区別が必要かと問われれば，双方で勤務した経験を有し，どちらの学生とも同じように親しく接していた（実際のところは「学生に同じように遊ばれていた」かもしれない）筆者としては，そこに合理的な理由はないように思える。これは，現行刑法制定当時とは状況が大幅に異なり，提供するサービスの性質においても，利用する側の意識においても，「官と民」,「公と私」の間にあった差異が失われつつあることの反映であるのかもしれない。

1 国家的法益に対する罪／賄賂罪総説

国家的法益に対する罪にはどのようなものがあるか。賄賂罪はそれらのうちどこに位置付けられるか。

▶▶3つの種類

法益は個人的法益，社会的法益，国家的法益とに大別されるが（Unit 1参照），各論の最後に登場する国家的法益に対する罪はその特徴に応じてさらに3つに分類されるのが一般的である。第1に，「国家の存立に対する罪」が挙げられる。国家の政治的組織を暴力で改変し，憲法を否定するような行為を処罰するものであり，例えば内乱罪（77条），外患誘致罪（81条）などがこれに含まれる。第2に，「国交に関する罪」がある。わが国の外交的利益を損なう行為を処罰するもので，例えば外国国章損壊罪（92条），私戦予備・陰謀罪（93条）などが含まれる。第3に，「国家作用に対する罪」があり，賄賂罪はここに含まれる。

なお，社会的法益に対する罪と同様に，いずれについてもその「危険」を生じさせる行為があれば既遂犯が成立する（**抽象的危険犯**である）と解されている。

▶▶外部からの侵害と内部からの侵害

国家作用に対する罪は，侵害の態様に応じて外部からの侵害によるタイプと内部からの侵害によるタイプに区分することができる。前者は，例えば公務執行妨害罪などの公務に対する罪や犯人蔵匿罪（103条）などの司法作用に対する罪であり，国家組織の「外側」から国家作用に攻撃を加えるタイプである。これに対して後者は，公務員職権濫用罪（193条）や賄賂罪などの汚職の罪であり，公務員として国家組織の「内側」から攻撃を加えるタイプである。

▶▶贈る側と受け取る側

わが国の刑法は賄賂罪につき197条以下に多くの態様を規定しているが，このうち贈賄に関する規定は198条のみである。そして，それ以外の収賄に関する規定とは，いわばワンセットであって一方が欠ければ他方は成立し得ない関係にある。このような類型を，**必要的共犯**の一つである「対向犯」と呼ぶ。

なお，贈賄罪については主体の限定はないが，収賄罪についてはTopicsで触れたように主体が公務員に限定されている。一応，事前収賄罪（197条2項）では「公務員になろうとする者」が，事後収賄罪（197条の3第3項）では「公務員であった者」がそれぞれ主体になるという差異はあるが，それでもおよそ公務と関係のない者では主体となり得ない点では共通している。以下ではそのことにどのような意味があるのかを中心に学ぶことにしよう。

☑ Check Points

□ 国家的法益に対する罪は，国家の存立に対する罪，国交に関する罪，国家作用に対する罪の３つに分類される。

□ 賄賂罪は国家作用に対する罪であり，「公務員」が賄賂を受け取る行為（収賄）によって国家機関の内部から攻撃を加えることを特徴としている。

2 賄賂罪の保護法益

賄賂罪は「公務」のどのような性質を保護しているのだろうか。

▶▶「信頼」の保護

判例は賄賂罪の保護法益につき「公務員の職務の公正」と「これに対する社会一般の信頼」の双方であると解しているが（最大判平成7・2・22刑集49巻2号1頁〔百選Ⅱ107事件，ロッキード事件丸紅ルート〕），こうした立場は信頼保護説と称され，学説上も多数説となっている。このうち，前者の「職務それ自体の公正」さが重要であることにはほぼ異論がないが，後者の「社会一般の側がどう受け止めるか」という評価を保護法益に含めるべきかをめぐっては議論がある。

この点につき，信頼保護説からは以下の2点が論拠として挙げられている。

すなわち，①それ自体は正当な職務行為に対して賄賂の授受があっても単純収賄罪が成立すると解すべきであること，②職務行為後の賄賂の授受であっても，（*3* で触れるように，どの類型であるかについては場合により議論があるものの，ともかく何らかの）収賄罪で処罰される以上，「職務の公正」さに対する攻撃だけでは説明がつかないので，保護の対象には「社会の信頼」も含まれていると解すべきであること，である。これらをみれば，職務の公正さそれ自体は何ら脅かされていなくとも，社会の側からみた「信頼」が脅かされたといえるのであれば本罪の成立を認め得るとされていることが分かる。

もっとも，これでは「公務員が何かおかしなことをやっているらしい」というだけで本罪の成立が認められかねないとして，「社会の信頼」の内容の不明確性が疑問視されてきた。例えば殺人罪の保護法益は「生命」のみであって，「生命が侵害されないことに対する社会一般の信頼」などというものは含まれていないことからも明らかなように，法益が侵害されないことに対する「信頼」はあらゆる犯罪類型において考えられるものであって，独自の法益を構成するものではないという批判が根強く主張されている。

▶▶「不可買収性」の意義

上記の点に関し，対価と引き換えに行われてはならないという性質こそが保護法益だとする見解（不可買収性説）も存在する。もっとも「なぜ」買収されてはならないのかを突き詰めれば，結局は職務との対価関係に至るのだから，この概念には保護法益とするだけの内容が伴っていないとする批判が多かった。これに対しては，職務それ自体の公正さが害されていないとしても，公務員が（正当な給与以外に）対価として利益を得ることそれ自体が公務の平等性・公平性に反しているとして本説を再評価する見解もある。

▶▶純粋性説の悩み

以上に対し，「信頼」を法益に含めるべきではない以上，保護法益は職務の公正（純粋性）のみに限られると主張するのが純粋性説である。本説からは信頼保護説の側が主張する①，②についての回答が必要となるが，①については，公務それ自体が適切になされているようにみえる場合でも，賄賂の授受があれば，他に優先的に処理されるべき職務が後回しにされるなど，「裁量が不当に行使される危険」が生じているとして，単純収賄罪は現実の職務行為を待たずに成立する「職務の公正に対する危険犯」であると説明される。これは，賄賂罪全体の中でも実際に職務行為自体が不正に行われた場合の規定である加重収賄罪（197条の3第1項，第2項）を基本類型とし，単純収賄罪はむしろその前段階としての危険犯に相当すると考えるものであるが，そのような理解が適切であるかについて疑問が向けられている。他方②については，職務行為後に対価の授受がなされた場合でも，「将来の職務行為」の公正に対する危険性が生じているとする説明や，「後に行われるべき贈与への期待によって左右される形で職務行為が行われた」のであって，賄賂の収受によりその影響が確証されたとして，あくまでも当該職務行為との関係で純粋性が脅かされているとする説明がなされているが，いずれについても疑問が向けられている。どのような点が問題とされているか，調べてみて欲しい。

☑ Check Points

- ☐ 賄賂罪の保護法益論については，判例・多数説は職務の公正さとそれに対する社会一般の信頼という二元的な理解をしている。
- ☐ これに対し，「信頼」それ自体の不明確さを問題視する見地から，職務の公正さのみを保護法益とする見解や，むしろ公務を不当に対価と引き換えにしてはならないという点に着眼する見解も主張されている。

3　職務行為の意義と限界

賄賂罪では「職務に関し」て賄賂の利益の授受がなされる必要があるとされているが，そこでいう関連性はどの程度のもので足りるのか。

▶▶一般的職務権限

賄賂罪における職務とは，公務員がその地位に伴い公務として取り扱うべき一切の仕事を指すが，その仕事が一般的（抽象的）職務権限の範囲に含まれている必要があるものの，内部的な事務分配の下で具体的・日常的に職務を担当していることまでは必要ないとされている（最判昭和37・5・29刑集16巻5号528頁では農地課「開拓係」の担当官が「農地係」の職務に関して利益を収受した際に収賄の成立が認められている）。つまり，具体的な権限に基づいて実際に職務を担当している必要はないとしても，およそ権限のないことについて利益の授受があったような場合には成立しないということである。この関係で，刑法は現在公務員である場合の単純収賄罪と，そうでない場合の事前収賄罪（197条2項）・事後収賄罪（197条の3第3項）とを区別しているため，その意義が問われることになる。

▶▶請託の意義

関連して触れておくと，単純収賄罪では要求されていないが事前・事後収賄罪では必要となるのが「請託を受けて」という要件である。請託とは公務員に対して一定の職務行為を依頼することを指しており（最判昭和27・7・22刑集6巻7号927頁），これが存在することによって対価関係や収賄者の悪性がより明確にされると説明されている。対象となる職務の範囲を明確に限定することまでは必要なく，包括的な依頼で足りるとされ，黙示による依頼であってもよいとされているが，上記の趣旨からすれば少なくとも対象となる行為や対価性が客観的に判断し得る程度に具体化されている必要がある。

▶▶過去の職務行為に関して対価を得た場合

まず，過去担当した職務行為との関係で対価を受け取ったが，その時点で既に当該職務権限を有していなかったケースを取り上げる。実際上は，一般的職務権限を異にするポストに異動した場合が特に問題となってきた。ここでは，請託の存在が要求される事後収賄罪のみが成立し得るのか，それとも「職務に関して受け取った」として単純収賄罪がなお成立しうる（請託の存在が認められればさらに重い受託収賄罪〔197条1項後段〕が成立する）のか，という点が問われることになる。

この点，判例では，賄賂を受け取った側がその当時に公務員であった以上は単純収賄罪が成立すると考えられている（最決昭和28・4・25刑集7巻4号881頁や，最決昭和58・3・25刑集37巻2号170頁〔百選Ⅱ 109事件〕などを参照）。学説上これを支持する見解（積極説）からは，公務員は制度上，転職や出向の機会が多く，公務を全体としてみれば，内部での事務分担の変更の場合（一般的職務権限の範囲内での異動の場合）と実質的には大差ないという点が強調されている。保護法益論との関係では，信頼保護説からは，賄賂罪は対価関係に立つ職務行為の公正のみならず賄賂の授受時に担当している職務の公正をも保護している以上は，社会の側の信頼についても同様のことがいえると説明される。また純粋性説からは，とにかく賄賂の授受時に「公務員」でありさえすれば対価関係の存在は肯定されると説明される。積極説では転職の前後を問わず全体として「公務」の一体性を認めることで職務行為との関連性を認めようとしている点で共通しているといえるだろう。もっとも文言上，197 条 1 項における「その職務」に「過去に担当していた職務」を含めてよいかが問題となり得る。

他方，これに対して事後収賄罪の成立のみを認める立場（消極説）からは，こうした一体性を認めることはできないとされる。具体的には，信頼保護説の見地から，収受の時点において実際に（一般的）職務権限を有しているからこそその職務の公正に対する信頼が害されるとする見解や，純粋性説の見地から，授受の時点で職務権限を有しているからこそ対価として賄賂を収受し易いのであって，単純収賄罪はこのような根拠から類型的に高度の違法性が備わっていると解されるところ，この場合にはそうした前提が充たされていないとする見解などが存在している。もっとも消極説にも，197 条の 3 第 3 項の「公務員であった者」に「現に公務員である者」を含めてよいかという問題がある。

▶▶将来担当する職務行為に関して対価を得た場合

次に，職務権限のある公務員としての地位を有していない段階で，将来その地位に就いた際に担当が予定されている職務行為の対価として利益を受け取った場合を取り上げる。ここでも，請託の存在が必要となる事前収賄罪のみが成立し得るのか，それとも単純・受託収賄罪が成立し得るのかが問題となる。

判例では，任期満了前の市長が，次期選挙で再選された場合に具体的にその職務執行が予定されていた市庁舎の建設工事等に関し，業者から入札の指名，執行等について便宜を図ってほしい旨請託を受け，報酬として現金の供与を受けたという事案につき，受託収賄罪の成立が認められている（最決昭和 61・6・27 刑集 40 巻 4 号 369 頁〔百選Ⅱ 108 事件〕）。本件では，収受の時点において被告人が現に市長であってその「一般的職務権限に属する事項」に関して請託を受け，収受したとされているが，問題となる職務行為はあくまでも再選という条件が充足された「将来」において担当が予定されているものであり，収受の段階において職務行為との関連性が直ちに認められるのではないという点に注意が必要であろう（もっとも，繰り返し接待漬けにしていたような場合のように，この両者を明確に区別した上で事実認定することが難しい場合もあり得る)。

この結論についても賛否両論がある。積極説からは，現職の市長が再選されるということも決して稀ではないことが強調され，同一の市長職である以上，現在の職務と将来の職務との関連性が高いとか，あるいはそれらに対する社会の側の信頼が同等に保護されるべきであるとされる。これに対しては，将来再選されるかどうかは確実でなく，いったん非公務員の立場になる以上，「公務」への信頼もその前後を通じて同等であるとはいえないという批判がある。消極説の側からは，収受の時点での「職務」関連性は認められないとして事前収賄罪の成立のみを認めるべきだとされる。ただし，197条2項の「公務員になろうとする者」に現に公務員である者を含めてよいかという問題がある。

☑ Check Points

- □ 賄賂罪における「職務に関し」とは，一般的職務権限の範疇にあることで足りると考えられている。
- □ 一般的職務権限を異にするポストに異動した後に賄賂を受け取った場合や，将来担当する予定である職務に関して賄賂を受け取った場合についても，判例上は職務関連性が肯定されているが，その当否をめぐって議論がある。

4　職務密接関連行為

職務行為そのものとはいえなくとも，それと密接な関係を有する行為について利益の収受があった場合，「職務に関し」て収受したといえるか。

▶▶意　義

たとえ一般的職務権限までは認められない場合でも，本来の職務行為と密接な関係を有する行為（**職務密接関連行為**，準職務行為，事実上所管する職務行為などといわれる）について利益の授受があれば，判例上は賄賂罪の成立が認められてきた。学説では，「職務に関し」の意義は対価関係としての性質に尽きると理解した上で，あくまでも本来の職務行為か否かに絞って検討すべきだとする見解（職務密接関連行為解消論）もあり，中でも純粋性説の見地からあくまでも「本来の職務」の公正性に対してどの程度事実的な影響力を及ぼしたかを判断の基準とする立場が有力に主張されている。ただ，基本的に判例を支持した上で，信頼保護説の見地から本来の職務行為の場合と同等に「信頼が害される」といえるか否かを判断基準とする見解が多数である。

▶▶本来の職務行為から派生した行為

まず，本来の職務行為の準備段階にある行為や，これに付随して行われる行為などについては，比較的，本来的な職務行為との同質性が認め易い。例えば村役場の書記が村長の補助として外国人登録事務を取り扱う行為（最決昭和31・7・12 刑集 10 巻 7 号 1058 頁）や，市議会議員の会派内において，同会派所属の議員が本番の選挙において投票すべき市議会議長候補者を選出する行為（最決昭和 60・6・11 刑集 39 巻 5 号 219 頁）などは，行為の連続性，信頼の害される程度などにおいて，本来の職務行為と同等に扱い易いといえよう。

▶▶他の公務員に対して働きかける行為

次に，職務権限を有する公務員に直接依頼するのではなく，権限を異にする他の公務員に対して，権限を有する者に働きかけて一定の職務行為をさせることを依頼する場合が問題となる。確かに部外者である贈賄側からすれば，権限のある者と直接の接点がある場合は多くないであろうから，例えば知人である公務員のつてをたどってその同僚である担当者に間接的に働きかけたり紹介して貰うなどの行為の方がより現実的に行い易いといえるだろう。しかしそのような働きかけ自体が一般的「職務」権限に含まれる行為であるとはいい難く，むしろ私的な行為としての性格が強いとも思われることから，問題となる。

この類型にかかわるものとして，以下の判例が重要である。すなわち，警視庁の「調布警察署地域課」に勤務する警察官が，「多摩中央警察署」の署長に対して告発状を提出していた者から，①告発状の検討・助言，②事件についての捜査情報の提供，③同署「刑事課」の捜査関係者への働きかけなどの便宜を図って貰いたいとの趣旨で現金の供与を受けたという事案につき，警察法64条等の関係法令から警視庁警察官の犯罪捜査に関する職務権限はその管轄区域である東京都全域に及ぶことを指摘して，単純収賄罪の成立を認めたものである（最決平成17・3・11刑集59巻2号1頁〔百選Ⅱ 105事件〕）。

本決定については根拠法令の条文解釈から出発していることが重要であるが，この点は後に触れることにして，ここでは①〜③が本来的な職務行為であるのか，それとも密接関連行為として扱われるべきなのかを考えてみよう。被告人が事実上，当該事件の捜査に関わることは考えにくかったようであるが，最高裁はそうした点は重視せず，少なくとも法的には，被告人がそうした立場になる可能性があったと評価して，事件捜査に携わる側が①〜③のような行為を行うことはいずれも本来的職務行為であると考えたのかもしれない。他方，およそ一般的な意味で警察官が知人に対してこれらの行為を行うことは，場合によっては私的行為にすぎないと考える余地もあり，特に③のような行為を一般的職務権限の範疇にあるとみることは従前の判例の理解（例えば最判昭和32・3・28刑集11巻3号1136頁を参照）と整合するのか，やや疑問が残る。そこで，これらの行為を対価と引き換えに行った場合に社会の側の信頼が害される程度や公務の公平性が害される程度が大きい点に注目し，これを本来的な職務行為の場合と同等であると評価するならば，むしろ密接関連行為として扱われるべきであったということになろう。

▶▶非公務員に対して働きかける行為

非公務員に対して働きかけをしてくれるように依頼する場合は，なおのこと本来的職務行為とは言いにくくなる。具体的には，紹介，指導助言，情報漏洩などについて本来的職務との関連性が認められるかが問題となることが多い。

この関係で最も重要な判例が，ロッキード事件丸紅ルート大法廷判決（前掲最大判平成7・2・22）である。事案は，商社社長が航空機の民間航空会社への売込みに際して，内閣総理大臣に対し，①直接に，および②運輸大臣（現国土交通大臣）に指示して，民間航空会社に特定機種の航空機を購入するよう働きかけることを依頼して，請託し，報酬として現金を供与した行為が贈賄にあたるとして起訴されたものである。まず①の直接働きかける行為については，控訴審判決により密接関連行為であると評価された（東京高判昭和 62・7・29 高刑集 40 巻 2 号 77 頁）。最高裁は，贈賄罪の成立が認められるかどうかという見地からは，少なくとも①，②のうちいずれかが職務行為（ないし密接関連行為）にあたるといえれば控訴審判決の結論は維持されるとした上で，②について以下のような判断を下し，上告を棄却した（①については判断を示さなかったため，この点については控訴審判決が先例性を有することになる）。

まず，内閣総理大臣から指示を受けた側である運輸大臣が航空会社に特定機種の選定購入を薦める行為については，運輸省設置法・航空法といった関係法令を根拠に，行政指導であって職務行為にあたるとした。次いで，内閣総理大臣が運輸大臣にこれを行うよう働きかける行為については，総理大臣は憲法 66 条，68 条，72 条から内閣を統率し，行政各部を統括調整する地位を有すること，内閣法 4 条，6 条，8 条から閣議にかけて決定した方針の下に行政各部に対し指揮監督する権限を有すること，閣議決定のない場合でも内閣の明示の意思に反しない限り行政各部に対して，「随時，その所掌事務について一定の方向で処理するよう指導，助言等の指示を与える権限」を有することなどを指摘して，一般的職務権限に属する行為であるとしたのである（他方，密接関連行為であるとする 4 名の裁判官の共同意見も付されている）。

▶▶判例における職務行為関連性の判断手法

内閣総理大臣のように裁量の余地が広く，職務権限の限界が必ずしも明瞭でない場合に，上記②のような行為が職務に関連しているといえるかどうかの判断は難しいが，上述の通り，最高裁は根拠法令の解釈から出発し，当該行為が一般的職務権限の範疇に含まれていると評価した。こうした手法はその後の判例にも受け継がれているが（例えば，前掲最決平成 17・3・11 を参照して欲しい），このように，まずは根拠法令の解釈に基づいて法的基礎が明確に存在する部分を本来の職務行為として扱い，そこに含まれない場合にもなお周辺の行為について密接関連性を肯定できるかが検討され，その際には本来の公務との結び付きや公正さに対する社会一般の信頼が害される程度を基準とする点に判例の特徴があるといえる。このような立場は「法律による行政」という行政法学の理念に忠実であるという評価もみられる。

☑ Check Points

□ 判例では，根拠となる法令の解釈により法的基礎が存在するといえる場合に本来の職務行為性が認められる。加えて，そこに含まれない場合にも，本来の公務との結び付きの程度や，対価を受け取った際に社会の信頼が害される程度を考慮して，なお密接関連行為といえるかどうかが判断される。

【参考文献】

橋爪隆『刑法各論の悩みどころ』（有斐閣，2022 年）489 頁以下

Unit 28

「論述式試験」の意義

1　何をどう「論じる」の？

本 Unit は，法学部の期末試験においてポピュラーな出題形式と思われる「○○について論じなさい」というスタイルの論述式試験を念頭に置いた上で，出題趣旨や論じるべき内容についてあくまでも「ひとつのサンプル」を示すものである。当然ながら「唯一の正解」ではないし（そもそもそんなものはあり得ないことにつき，Unit 0 を再度参照），この通りの答案を提出してもどう評価されるかは保証の限りではない。皆さんには授業担当者の指示に従ってきちんと準備し，試験後には公表されるであろう出題趣旨等を熟読し，講評を受けるなどして，「受けっ放し」にすることのないようお願いしておきたい。

ともかくこのような Unit を設けることで，「法学部の試験って『論じなさい』が多いんだけど，何をどう書きゃいいのかさっぱり分からないよ」という人を一人でも減らしたい，というのが本書の意図である。なお，いわゆる事例形式での問題においては，①その事例において何が論点なのかを指摘した上で，②その論点に関する判例・学説を用いて自分の立場を示し，③具体的な事実関係を適切に抽出して当てはめ，結論を導くという作業が必要となるが，本書では割愛する。興味のある方は末尾に掲げた参考文献にぜひ目を通して頂きたい。

2　「論じること」の内容

まず，「○○について論じなさい」という，一見したところテーマしか掲げられていないように見える出題であっても，当然ながらそのテーマについて授業中に詳しく扱っていたはずであろうから（そうでないとすれば，担当教員の能力に疑問符が付くことになろう），授業で学んだ（はずの）当該テーマの意義，そして何よりもこれに関する判例，および学説（特に多数説）の状況を正確に示すことが求められることになろう。学部の授業においては，まずはそのテーマに関する基本的な知識・理解が正確に身に付くような内容が求められる以上，定期試験もその定着の度合いを図るのに適した内容にすべきであって，それが公平な成績評価にも結びつくからである。

もし仮に，そのテーマの下で複数の重要な論点が存在しているような場合には，これらを網羅することが必要になろう。もっとも，試験では時間にも紙数にも制約がある上に，複数の論点相互の間に重要性のランクの差が存在する場合もある。したがって，詳しく論じるべきことについては手厚く，それほどでもないことについてはより簡潔に，メリハリをつけて記載することが求められることになろう。その種の出題の場合，おそらくは各論点の配点の比重にも重要性に応じて差が付けられているはずである。

なお，「あなた自身の考えを述べなさい」という設問であった場合の留意点についても補足しておきたい。とりわけ「自分は真剣に授業に取り組んだ」という自負がある学生の場合，判例や学説の説明を十分にしないまま延々と「自分の考え」を述べようとすることがある。しかし，「○○について」の答案なのであるから，その前提となる「○○」についていかに自分が正確に理解しているのかを客観的に示すことが何を差し置いても重要である。議論の対象が何なのか正確に把握しないままではおよそ噛み合った議論が成立しないのと同様に，論じるべき対象を正確に示すことなくして「自分の意見」はあり得ない。事前の知識も理解もなくただ感想だけ書いて提出するのとはわけが違うのである（筆者の仄聞するところ，いわゆるリアクションペーパーの類ではこの種の，悪く言えば「書きなぐり」だけでも足りる場合があるとのことだが，少なくとも法律学の論述式試験でこうした答案が通用するとは思われない）。以上のことを考えれば，仮に「自分の考え」を述べることが求められていたとしても，その部分の配点の比重は低い／副次的なものにとどまるのであって，厳しい言い方をすれば「救済」のための設問であると思っておいた方がよいだろう。あくまでも，授業で学んだ判例・多数説の議論を正確に，可能な限り詳しく示すことが最優先である。

こうしてみると,「法律学の答案だからこういうフォーマットを厳守して書かなければいけない」とか,「内容以前に形式・作法を身に付ける必要がある」などと肩肘張る必要はないことが分かって頂けると思う。「できていない答案」というのは,形式がどうこう以前に肝心の内容についての理解がまったく身に付いていないものが大半なのである。

3　例題と解答例

以下では刑法総論におけるサンプルを示すことにしたい。題材は本書では独立した章を割かなかった「共犯と身分」という重要論点である。

例題 刑法65条1項・2項の関係をめぐる議論について説明しなさい。

仮に筆者が出題するとすれば,これに関する「判例,多数説の議論について」詳しく説明しなさいという文章にするかもしれないが,いずれにせよ要求されている内容は変わらないというのは *2* で触れた通りである。

①　問題の所在

まずは,この出題が一体どういう意味であるのかにつき自分は正確に理解していますよ……という内容,すなわち問題の所在を分かり易く示しておくとよいであろう。

(1a) 犯罪の中には,行為者が一定の地位,資格,属性などを有していることが構成要件の内容となっており,主体が一定の者に限定されている類型がある。これを身分犯という。

(1b) 例えば単純収賄罪（197条1項前段）は公務員という資格を有する者に主体が限定された身分犯であり,民間企業の社員が職務に関して対価を受け取ったとしても本罪で処罰されることはない。

(1c) なお,判例によれば身分とは「男女の性別,内外国人の別,親族の関係，公務員たるの資格のような関係のみに限らず，総て一定の犯罪行為に関する犯人の人的関係である特殊の地位又は状態」を指すとされる。

(2) 身分犯においては，身分を有さない者（非身分者）が身分者の犯行に関与した場合，いかなる犯罪の共犯が成立するかが問題となる。この点，65条1項では身分犯の共犯の成立が認められており，ここでは身分が関与者間で連帯的に作用することが定められている。しかし他方で，同条2項では非身分者には「通常の刑」が科されるとされており，ここでは身分が各人ごとに個別的に作用することが定められている。そこで，一見したところ矛盾しているようにも思われるこれらの内容をいかに整合的に解すべきかが問われることになる。

以上のうち，(1a)～(1c)は前提となる概念を説明している部分である。(1a)～(1c)は試験時間等に応じて濃淡をつける趣旨で示したものだが，(1a)は最低限必要，(1b)はその意味を具体例を用いて示したものであり，(1c)はこの点に関する判例の定義（最判昭和27・9・19刑集6巻8号1083頁）である。適宜必要に応じて使い分けて貰えればよい。他方，(2)は文字通り，出題内容において何が問題となっているか，その所在を説明している部分である。

なお，以下すべてに共通するが，初出の際には関連する適用条文を括弧書きで示しておくことも重視される場合が多いので，念のため。

② 判例の状況

次いで，①で提示した内容について判例と学説の立場を説明していくことになる。まずは判例であるが，この点に関しては二通りの立場が示されているので，双方に言及する必要があろう。

(3) この点に関しては，従来，まず非身分者が単独で実行すれば何ら犯罪を構成しないタイプを真正身分犯（構成的身分犯）と呼び，身分の有無によって刑の軽重が区別されるにとどまるタイプを不真正身分犯（加減的身分犯）と呼んで区別した上で，判例の多くは，65条1項を真正身分犯の共犯のみに適用される規定であり，2項を不真正身分犯の共犯のみに適用される規定であると解してきている。

例えば，他人から預かった金銭を占有していたYと共同して金銭を費消したXにつき，目的物を占有している状態が「身分」にあたるとした上で，Xにつき65条1項を適用して委託物横領罪（252条1項）の共同正犯（60条）の成立を認めたものがある。また，非常習者Xが常習者Yの賭博行為を幇助した場合に，Xに65条2項を適用して単純賭博罪（185条）の幇助犯（62条）の成立を認めたものも存在する。

(4a) 他方において，特定の事例類型に関して異なった立場を採っている判例も存在する。この立場によれば，65条1項はすべての身分犯の共犯において適用されるが，不真正身分犯における非身分者については，併せて同条2項も適用され，その「科刑」のみを通常の犯罪の程度にとどめると解されることになる。

例えば，業務上他人の金銭を保管していたZと，そのような業務に従事していなかったX，Yとが共同して金銭を費消した事案につき，X，Yについては65条1項により業務上横領罪（253条）の共同正犯が成立するが，身分のない両名に対しては65条2項も適用されて単純横領罪の刑が科されるにとどまるとした最高裁判例がある。

(4b) なお，このような立場が採用された理由としては，業務上横領罪における「業務者」は，XやYのように「業務者」でも「占有者」でもない者との関係では「構成的」ともいえるものの，真正身分犯に関する判例の通常の処理に従って65条1項のみを適用すると重い本罪の共犯として処罰されることになる。しかし，「占有者」である者が関与した場合には軽い単純横領罪の共犯として処罰されることと比較すると，一部であっても身分を有している場合により軽く処罰されることになってしまうことになり不均衡であるため，これを回避すべく65条2項も適用して軽い刑にとどめたものと解されている。

以上のうち，考え方の内容を説明している部分は読んで字の如くである。その上で，可能であれば具体的な事案との関係でその立場を採用した判例がどのような解決を導いているかについても示すとよいだろう。(3)では前掲最判昭和 27・9・19 と大判大正 2・3・18 刑録 19 輯 353 頁を，(4a)では本問との関係で最も重要といえる最判昭和 32・11・19 刑集 11 巻 12 号 3073 頁（百選Ⅰ 94 事件）をそれぞれ取り上げている。

また，さらに可能であれば(4b)のように，なぜそうした立場が採用されたのかについての内在的な分析が教科書レベルでも示されている場合には，そうしたものに言及しておくとさらに手厚いであろう。

③ 学説の状況

学説に関しては，従来上述の判例 (3)(4) にそれぞれ対応する見解が主張されてきたのでまずこれらを説明し，次いで現在の多数説を説明することで，少なくとも 3 つの立場が存在することを示しておくべきであろう。可能であれば，それぞれの見解に対してどのような批判がなされているかなど，議論の内容についても触れられれば好ましい（当然，多数説である(7)についてもさまざまな批判がなされているので，興味があればゼミ等で掘り下げて検討してみて欲しい）。加えて，見解によって結論が分かれる代表的な事案（本問では，前掲最判昭和 32・11・19）を用いて具体的な当てはめを示すことができればさらによいと思われるので，適宜参考にして頂きたい。

なお最後の(8)については共同正犯の成立範囲の復習であるので，Unit 14 を参照。

(5) 以上の点に関し，学説においても従来，上述のそれぞれの判例の立場に対応する見解が主張されてきた。

　まず，判例の多くと同様に，1 項は真正身分犯のみに適用される規定であり，2 項は不真正身分犯のみに適用される規定であるとする見解が従来の多数説であった。しかしこの見解に対しては，例えば「公務員」のように同一の身分であっても条文の規定形式によって連帯する身分か個別化する身分かが変わるところ，本説からはその点に関する理論的な根拠が何も示されていないとする批判がなされてきた。

(6) 他方，業務上横領罪に関する上述の最高裁判例と同様に，1 項は身分犯の共犯全体の「成立」に関する規定であり，2項は不真正身分犯の共犯の「科刑」に関する規定であるとする見解も主張されていた。本説は共犯従属性を強調する見地から，1項を共犯成立の原則形態と把握し，他方，2項を例外的に科刑の程度を調節する規定と理解するものであり，2項の文理に忠実であるといえる。しかしこの見解に対しては，犯罪と刑の重さは一体として規定されたものであって，これらを分離させるのは罪刑法定主義の見地からも疑問であるとする批判がなされてきた。

(7) そこで，現在の多数説は以下のように説明する。適法な行為に関与した者は適法行為を行ったのであり，違法な行為に関与した者は同様に違法行為を行ったものと評価されるという論理を規定したのが65条1項であり，ここでの身分は行為の違法性に関するもの（違法身分）である。これに対して，責任が認められるかどうかは各人毎に考えられるべき一身的な問題であって，他の者に責任が認められるかどうかは共犯の成否に影響しないということを規定したものが65条2項であり，ここでの身分は行為の有責性に関係するもの（責任身分）である。以上のような理解は，犯罪の成立要件である違法性と有責性から身分の連帯的作用と個別的作用をそれぞれ説明し得るものであり，要素従属性に関する多数説である制限従属性説の論理と一致するものでもあって適切だとされる。

この見解からは，上述の業務上横領罪の事案（(4a)）においては以下のような解決がなされる。すなわち，横領罪における「占有」という要件は行為の前提となる状況を規定しており，他人の所有物を自己の支配下に置いているからこそ同罪の保護法益である所有権を侵害することが可能となる。すなわち，「占有者」とは法益侵害性を基礎付ける身分であるといえ，違法身分として65条1項の適用を受けることになる。他方，業務としてであってもそうでなくても100万円の横領をした者は100万円の所有権を侵害したのであって，「業務者」という身分の有無は違法性の程度には影響しない。むしろ，本罪が単純横領罪よりも重く処罰されるのは，「業として」特に重い責務のもとに財物の管理を任されていたにもかかわらずこれを費消した場合には通常の場合よりも重い責任非難に値するという理由によるものだと考えられる。したがって，「業務者」とは責任身分であって，65条2項の適用を受けるということになる。以上からX，Yについては，占有者の部分につき65条1項が適用され，業務者の部分につき65条2項が適用された結果，単純横領罪の共同正犯が成立することになる。

(8) なお，業務上横領罪が成立するZについては，X・Yとは構成要件的に重なり合う単純横領罪の限度で共同正犯の関係に立つことになる。したがってZについては業務上横領罪の単独正犯が別途成立し，これが単純横領罪の共同正犯の部分を吸収して，包括一罪として処断されることとなる。

4 最後に

本書の最後に，論述問題の解答にあたり注意すべき点についていくつか確認しておく。

①「何となく関係がありそうだから」「その辺りの箇所で説明されていたように思ったから」という程度の文章では「問題に対する」解答にならない。文字通り，問題の所在を正確に把握する必要がある。
②判例自身が示した内容と，学説の主張内容や講談事例等をごちゃ混ぜにしない。それぞれの内容を区別して説明する必要がある。
③その上で，解釈論の内容（規範）の部分と事案の処理（事実関係の抽出・当てはめ）の部分とはいわば車の両輪の関係に立っており，両者が揃うことで初めて適切な解決に至るということについてもぜひ意識して欲しい。

以上のような能力を法学部の学修の中で確実に身に付けておくことは，いかなる進路に進むとしても大切だと思われる。この点もUnit 0で再確認して頂けると幸いである。

【参考文献】

井田良ほか『法を学ぶ人のための文章作法〔第 2 版〕』（有斐閣，2019 年）
高橋直哉『刑法の授業〔下巻〕』（成文堂，2022 年）266 頁以下

●● 事項索引 ●●

▶ さ 行

▶ た 行

▶ な 行

▶ は 行

▶ ま 行

▶ や 行

▶ ら 行

判例索引

大審院

最高裁判所

高等裁判所

地方裁判所

一歩先への刑法入門

Introduction to criminal law: Let's study together!

2023 年 12 月 25 日 初版第 1 刷発行

著　者　照沼亮介　足立友子　小島秀夫
発行者　江草貞治
発行所　株式会社有斐閣
〒101-0051 東京都千代田区神田神保町 2-17
https://www.yuhikaku.co.jp/
装　丁　高野美緒子
印　刷　大日本法令印刷株式会社
製　本　大口製本印刷株式会社
装丁印刷　株式会社亨有堂印刷所

落丁・乱丁本はお取替えいたします。定価はカバーに表示してあります。

Printed in Japan ISBN 978-4-641-13952-7